AF325830

俄罗斯的战争艺术

西方是如何引导乌克兰走向失败的

Jacques Baud

俄罗斯的战争艺术

西方是如何引导乌克兰走向失败的

翻译者：锆石

Max Milo

© Max Milo, Paris, 2024
www.maxmilo.com
ISBN: 978-2-31502-318-9

1. 前言

　　1973年，我和家人在意大利度假，我们在蒙特卡西诺修道院停了下来，1943年盟军与纳粹在这里发生过激烈战斗。我记得我们在一位年轻的加拿大士兵墓前逗留了很长时间，阵亡那年他只有18岁，那天站在墓前的我也刚好18岁。

　　五十年后，弗拉基米尔·泽连斯基总统访问加拿大之际，[1]　加拿大议会为他安排出席议会的活动。在议会上演了全体议员为曾在党卫军第14武装掷弹兵师"加利西亚第1师"服役的老兵洪卡行起立鼓掌闹剧。二战期间这位纳粹士兵同苏联军队作战，并参与了对犹太人的暴行。[2] 议会议长安东尼·罗塔夸赞这位老兵"70年前为乌克兰独立而与俄国人战斗，今天他继续捍卫真理"。[3]　受丑闻牵连，几天后安东尼·罗塔尴尬地为自己辩解，声称他并不知道这个老兵的背景，撒谎！是他邀请了这位老兵，而受邀的每一个客人都是经过仔细审查而获得批准的。更可笑的是贾斯廷·特鲁多，这位加拿大总理，把这一切都归咎于"俄罗斯宣传和虚假信息"。[4] 人们想知道这些精英是故意这么做的呢，还是脑子真糊涂了。

　　这一事件说明了西方用来处理乌克兰冲突方法的几个特点。

　　首先，从安东尼·罗塔辩解的理由看，加拿大政府还知道底线在哪：所有加拿大议员口头上都赞美那些在第二次世界大战中为加拿大盟国而战的人。但他们内心里想的却是向这位年轻加拿大阵亡士兵的坟墓吐口

1. https://forward.com/fast-forward/561927/zelenskyy-joins-canadian-parliaments-ovation-to-98-year-old-veteran-who-fought-with-nazis/

2. https://komb-a-ingwar.blogspot.com/2010/10/blog-post_4610.html

3. https://ici.radio-canada.ca/rci/en/news/2012834/house-speaker-anthony-rota-to-address-parliament-amid-ukrainian-veteran-fallout

4. https://www.opindia.com/2023/09/justin-trudeau-blames-russian-propaganda-after-canadas-parliament-faces-global-shame-for-celebrating-nazis/

水，只因他与苏联人并肩作战。在会场上，泽连斯基本人为这位前武装党卫军鼓掌，尽管他非常清楚在第二次世界大战中与俄罗斯人作战意味着什么。我们不要忘记，二战期间有700万乌克兰人站在苏联和盟国一边与第三帝国作战…

其次，这些议员不假思索给前纳粹分子起立鼓掌，像绵羊一样。他们忽视了应该承担的义务，在缺乏知识和理解的情况下行事，他们无一例外都有无知政治阶层的典型样子：没有荣誉感，不负责任，完全没有反思和人性。他们是民主的耻辱。

第三，这一事件表明了乌克兰人处境的尴尬，他们第一次独立归功于第三帝国，这使得西欧的压迫者成为乌克兰人的解放者。问题在于，我们生活在连"摩尼教世界"都无法容纳这么多复杂关系里。这导致了一种否定主义。这种否定主义在我们的媒体中，在我们的记者和政治家中占据了一席之地。

第四，安东·尼罗塔没有说这位老兵曾与"苏联人"作战（这可能是指他们的意识形态，因为这是苏联），而是挑出"俄罗斯人"这样一个族群。议员们行起立鼓掌礼，让人们看清了过去的纳粹分子和今天的新纳粹分子嘴脸，加拿大议员及其他人的共同点——对俄罗斯人的仇恨。这是乌克兰冲突背后的驱动力。因为我们没有一个记者公开反对针对俄罗斯民众的制裁，没有一个记者公开谴责对俄罗斯社会公众人物的暗杀。针对俄罗斯艺术和艺术家的行动，甚至到了重新命名博物馆俄罗斯油画的地步！所有主流媒体，所有记者，无一例外地接受了一种二战大屠杀才采用的对个体的定罪方式：只对人，不对事。

与记者的做法不同，我并没有将绝大多数乌克兰人与这种仇恨联系起来，因为他们中的许多人并不认同这种仇恨。尽管战争使人们的思想两极分化。我还注意到乌克兰媒体经常反驳我们记者的说法。

这就是为什么加拿大议会的上演不仅仅是一出闹剧，它是一个随波逐流西方政治阶层的缩影。没有信仰和法律的媒体；以舔舐他人鲜血为生的政客和记者，正如我们将看到的，尤其是舔舐乌克兰人的鲜血。

这本书和我以前几本书一样，并不是想要给一方或另一方指点。它也不寻求为冲突中的任何一方辩护，而是解释他们在做什么以及他们为什么要这样做。

　　自然，人们不假思索地把俄罗斯所作所为都等同于"错误，愚蠢，坏"，如果谁想解释这些所作所为背后的原因，足以被定性是为"坏人辩护"。

　　与所有冲突一样，乌克兰这块地上虚假信息满天飞。这种现象并不罕见，但在这里，它几乎带有卡通色彩。从一开始，西方的叙事就围绕着"俄罗斯不能，也不应该赢得这场战争的想法"转。[5]

　　这种想法在2022年11月法国参议院的一个委员会听证会上得到了验证，[6] 法国陆军上将米歇尔·戈雅的作证词暴露出对俄罗斯军事学说一无所知，对作战艺术甚至大西洋联盟的内部运作都了解得非常有限，他根据法国士兵会做什么来分析战争。除了偏执外，他还展示了一种非常典型的西方理解战争的方式，即基于我们自己的逻辑，而不是我们对手的逻辑来理解战争。这就是导致法国1914年和1940年俩场灾难以及中东和萨赫勒地区行动失败的原因。

　　在2022年12月7日，在布鲁诺·克莱蒙将军的听证会上，参议员（LR）塞德里克·佩林把我们对战争理解力的缺失暴露无遗，反正我们无法以任何其他方式理解战争：[7]

> 俄国人一开始就犯了一个巨大的错误，没有按照西方学说的方式那样去做---立刻大规模轰炸乌克兰那些可能反击的地区。

　　换句话说，他对俄罗斯没有按照我们的作战原则行事感到惊讶。无法对同一问题想出不同的解决方案，也无法理解别人可能有不同的、甚至更有效解决方案，这是西方种族中心主义的一种表现。这正是马里和尼日尔要求法国军队离开其领土的原因。

　　这场冲突的特殊性在于，在西方，目的不是帮助乌克兰"赢"，而是迫使俄罗斯"输"。最终目的不是帮乌克兰赢回多少领土，而是想方设法让普京垮台。

---

5. https://www.assemblee-nationale.fr/dyn/16/rapports/cion_def/l16b1111_rapport-information.pdf
6. https://youtu.be/CvAYOHc8sv4
7."War in Ukraine: "It's a 20th-century war"", *Public Sénat/YouTube*, December 7, 2022 (https://youtu.be/kIJtZmzK1mc)

这就是为什么在2023年8月乌克兰反攻失利，让西方忧心忡忡的原因，他们担心"失去对叙事的控制"。[8]《纽约时报》爆出更离谱的事"美国官员说，他们担心乌克兰已经变得不那么愿意接受伤亡。"[9]

墨西哥总统洛佩斯在2022年6月针对北约和欧盟对乌克兰的政策，一针见血地指出：[10]

> 我们来提供武器；你们来供应士兵的命!这是不道德的!

因为，从西方的角度来看，冲突的进程取决于叙事。从俄罗斯在乌克兰的行动一开始，西方话语就营造出了一种虚假的优越感，导致乌克兰低估了俄罗斯威胁的现实。

我们将寻求恢复我们的媒体及其所谓记者故意伪造的信息的平衡。他们非常虚伪且嗜血，甚至设法反驳乌克兰记者提供的信息。在这场冲突中。记者拒绝了《慕尼黑宪章》的道义论，我们的媒体放弃了道德和荣誉感。他们舒舒服服地躲在编辑部，尽其所能延长冲突，想方设法消耗他人的生命，早于2022年2月24日冲突爆发前，他们就在这个地区挑唆是非。

我们的媒体和"专家"确确实实把乌克兰推入了冲突，而且堵死了任何谈判的路，但却让它相信俄罗斯是一个对手，一个它有能力击败的对手。他们是最可憎的，我希望这本书能帮助乌克兰人和俄罗斯人意识到，这些家伙对他们有多么不诚实。

对乌克兰冲突的误解的部分原因是，我们采用解释它的知识和语义出现了混乱。战略，战术和新的"作战艺术"这些概念被随意混合在一起，使得有根据找出俄罗斯行动的漏洞，好解释其即将到来的"失败"—— 西方仍在等待这样的事情发生!

今天西方的叙事在现实面前逐渐崩溃，2022年被描述为阴谋论的东西变成了现实。

---

8. Dan De Luce & Phil McCausland, "Is Ukraine's counteroffensive failing? Kyiv and its supporters worry about losing control of the narrative", *NBC News*, 4 août 2023 (https://www.nbcnews.com/news/investigations/ukraine-war-counteroffensive-russia-success-failure-rcna98054)
9. Helene Cooper, Thomas Gibbons-Neff, Eric Schmitt & Julian E. Barnes, "Troop Deaths and Injuries in Ukraine War Near 500,000, U.S. Officials Say", *The New York Times*, 18 août 2023 (https://www.nytimes.com/2023/08/18/us/politics/ukraine-russia-war-casualties.html)
10. « Mexican president slams NATO policy in Ukraine », *AP News*, 13 juin 2022 (https://apnews.com/article/russia-ukraine-mexico-caribbean-nato-b9aaddc8e3da3ad2b2cc013a6e8ff4bb)

　　与任何冲突一样，只有设法掌握冲突主导方的感知和逻辑才能理解冲突的本质。在随后的章节里，我们将回到俄罗斯看待和发动战争的方式。我们的军队无法了解乌克兰局势的现实情况，这不仅让我们为军队的未来感到担忧，这实际上也是乌克兰战败的主要原因之一。

2. 俄罗斯的军事思想

贯穿整个冷战时期，苏联将自己视为一场历史斗争的先锋，这场斗争将导致"资本主义制度"与"进步力量"之间的对抗。这种对一场永久和不可避免的战争的看法，导致苏联人以准科学的方式研究战争，并将这种思维结构创建为西方世界无与伦比的军事思想架构。

我们绝大多数所谓的军事专家的问题在于，他们无法理解俄罗斯的战争方式。这是我们从一波又一波的恐怖袭击中已经看到一种方式的结果--所有对手都是既蠢又邪恶，这让我们无法理解对手的思维方式。因此，我们无法为我们的军队制定清晰的战略，甚至不知装备哪些武器来应对真实的战争。这种方法的必然结果是我们的挫败感被肆无忌惮的媒体转化为一种叙事，这种叙事只会滋生仇恨，但也增加了我们的脆弱性。[11] 因此，我们无法找到合理和有效的解决方案。

俄罗斯人理解冲突的方式是整体的。换句话说，他们看到了在任何特定时刻发展和导致情形变化的全过程。这就解释了为什么弗拉基米尔·普京的演讲总是包括对历史的回顾。在西方，我们倾向于关注眼前看到的某一个时间点，X时刻，并试图看清它下一步会如何发展。我们希望立即对我们现在看到的情况作出反应。"从对危机如何产生的理解中得出解决危机的方法"的想法，对西方来说是完全陌生的。2023年9月，一位英文记者甚至为我演示了"鸭子测试"，"如果它长得像鸭子，游泳像鸭子，嘎嘎叫的像鸭子，那大概就是鸭子"。也就是说，他们所需要的只是一个符合他们偏见的形象来评估事态。

---

11. https://oumma.com/jacques-baud-lancien-espion-qui-aimait-poutine/

俄罗斯军事思想的架构

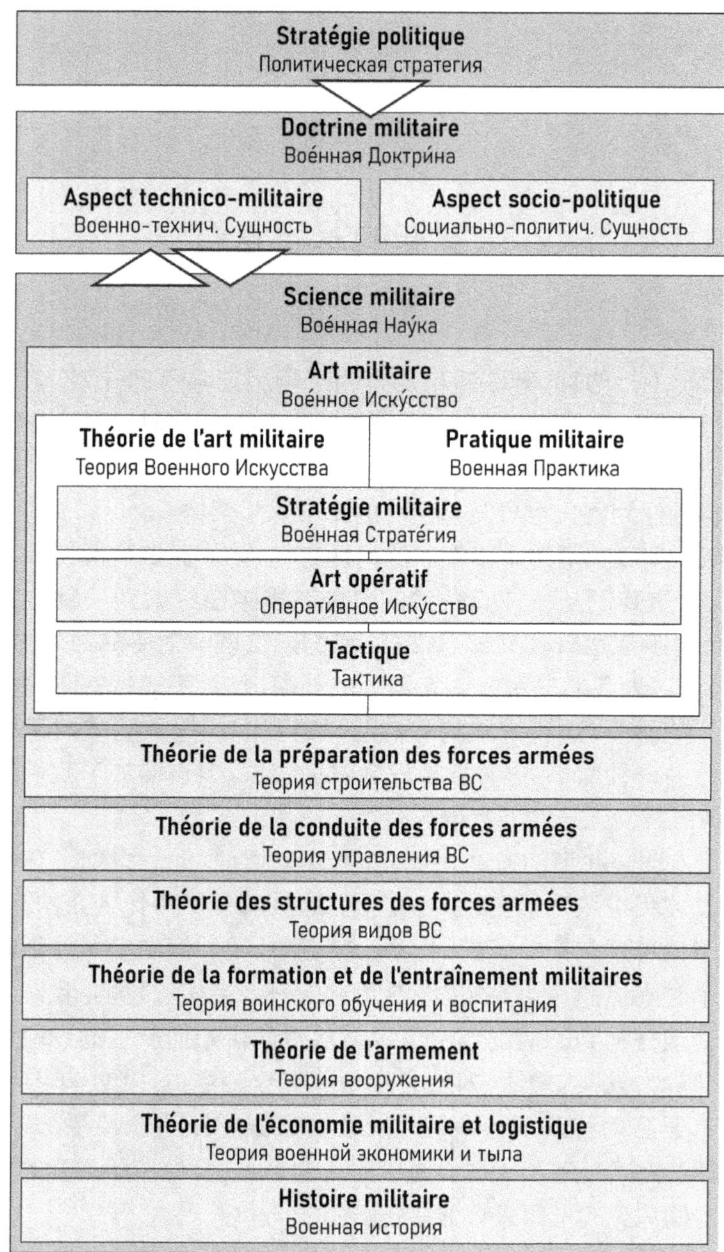

图1—当前俄罗斯的军事思想始于上个世纪20年代，仍保持非常好的逻辑架构，它是是基于经验而以准科学的方式建立的。

俄罗斯的战争艺术

现实远比鸭子模型微妙得多。在《新闻周刊》上，美国国防情报局(DIA)——相当法国的军事情报局(DRM)的一位分析师指出：[12]

> 与广泛流传观点不同，尽管俄罗斯发动这场残酷战争，但普京并不想摧毁乌克兰并造成最大规模的平民伤亡，而是展示了俄罗斯领导人的战略平衡行为。

俄罗斯人在乌克兰做的比西方更好的原因是，他们将冲突视为一个过程，而我们将其视为一系列独立的行动。俄罗斯人将诸多事件视为串起来的一部电影，我们把它们看作是几张零散照片。他们看到的是整个森林，而我们则只盯着的是树木。这就是为什么我们将冲突的开始时间定在2022年2月24日，或者把巴勒斯坦冲突的开始时间定在2023年10月7日。我们不愿了解困扰我们的原因，反而挑起我们自己都不明白的冲突。这就是我们输掉战争的原因。

俄国军事学说

学说要素

俄国军事学说是俄国国内大量研究和辩论的主题。我们西方把俄罗斯军事思想的理解过分简单化，并被美国的棱镜扭曲了。我们在这里不讨论俄国思想和学说的所有方面。我们将集中精力讨论与乌克兰冲突有关的问题，以及我们可以从中吸取的一些教训。

---

12. William M. Arkin, "Putin's Bombers Could Devastate Ukraine but He's Holding Back. Here's Why" *Newsweek,* March 22, 2022 (https://www.newsweek.com/putins-bombers-could-devas-tate-ukraine-hes-holding-back-heres-why-1690494)

军事艺术原则

各国都制定了自己的军事思想和围绕指导其防御和作战设计的一般原则的政策。原则的数量因国家而异，但非常相似。不出所料，在俄罗斯，苏联军队的军事艺术原则[13]为当下的应用带来灵感：[14]

- 执行指定任务的可行性；
- 专注于解决特定任务；
- 针对敌人的军事行动的突然性（非常规）；
- 目的决定了一组任务和每个任务的完成程度；
- 可用资源的总量决定了任务的解决方式和目标的实现途径（力量的相关性）；
- 领导的一致性（指挥的统一性）；
- 军队力量的经济，资源，时间和空间；
- 支持和恢复作战能力；
- 机动部署的自由。

应该指出的是，这些原则不仅适用于军事行动本身的实施。它们也可以作为一种思想体系适应于其他非军事活动。

对乌克兰冲突的诚实分析将确定这些不同的原则，并为乌克兰得出有益的结论。但是电视上自诩为专家的人中，没有一个在智力上能够做到这一点。

因此，西方人系统性地对俄罗斯许多方面取得的成就感到震惊，军事技术方面（例如高超音速武器），军事理论学说方面（例如作战艺术），经济方面（例如对抗西方制裁的韧性）。在某种程度上，俄罗斯人正在利用我们的偏见来应用出其不意的原则。我们可以在乌克兰冲突中看到这一点，西方的叙事导致乌克兰完全低估了俄罗斯的能力，这是其失败的主要因素。这就是为什么俄罗斯没有真正试图反驳这种说法并让它发挥作用的原因——自认为我们优越的信念使我们变得脆弱。

---

13. https://irp.fas.org/doddir/army/fm100-2-1.pdf

14. Васильев Е.В. "О некоторых принципах военного искусства", *Военная мысль*, 2005, № 4. pp. 23-29

力量的协同性

俄罗斯军事思想传统上是与整体战争方法联系在一起，这涉及在战略制定中整合大量因素。这种方法体现在"力量的协同性"概念中。这个概念通常被翻译为"力量平衡"或"力量分配比例"。西方人只将这个概念理解为定量，且仅限于军事领域。然而，在苏联军事思想中，力量的相关性反映了对战争的更全面的解读。[15]

> 有几个标准可以评估力量的相关性。在经济领域，人们通常比较的因素是人均国民生产总值，劳动生产率，经济增长动力，工业生产水平，特别是高科技部门，工具生产的技术基础设施，劳动力的资源和专业劳动人员的素质，专业技术人员的数量，以及理论和应用科学的发展水平。
>
> 在军事领域，比较的因素是武器的数量和质量，武装部队的火力配置，以及士兵的战斗力和道德素养，比较人员的训练水平，部队的组织及其战斗经验，军事学说的特征以及战略、作战和战术思维的方法。
>
> 在政治领域，要考虑的因素是国家权力的社会基础面，其组织机构与立法机构在宪法程序运行下作出行动的决定能力，以及民众对政府制定的国内和外交政策的支持程度和特点。
>
> 最后，在评估国际运动的力量时，考虑的因素是其数量构成对群众的影响，在每个国家的政治生活中的地位，其相关组织之间关系的原则和规范，以及它们的凝聚力大小。

换句话说，对局势的评估不仅限于战场上的力量平衡，而是考虑到对冲突演变有影响的所有因素。因此，对于他们的特别军事行动，俄罗斯当局已经通过常规经济模式来支持战争进程，而无需转向"战争经济制度"。这一点就与乌克兰不同，他们税收和福利机制在正常运行。

2014年对俄罗斯实施的制裁，客观上起到了双重积极影响。首先是，俄罗斯人认识到制裁不是短暂的，而且需要中长期面对的问题。他们鼓励

---

15. Shakhnavzarov, G., "On the problem of Correlation of Forces in the World", *Kommunist,* N° 3 (février 1974), p. 86

俄罗斯生产以前更愿意从国外购买的商品。第二个信号是，西方未来将越来越多地使用经济武器作为施压手段。因此，出于国家独立和主权的考虑，当务之急是准备好应对更大规模制裁对该国经济的影响。

实际上，人们早就知道制裁是行不通的。[16] 从逻辑上讲，它们产生了完全相反的效果。充当了俄罗斯的保护主义措施，从而能够巩固其经济，就像2014年制裁后的情况一样。如果俄罗斯与意大利或者西班牙经济规模相当，也像它们一样债台高筑，那么制裁战略可能会奏效，但前提是，这个星球的人必须都齐心合力来孤立俄罗斯。

在决策过程中纳入力量的相关性是与西方决策过程的根本区别。西方决策过程更多的加入沟通政策，而不是理性切实解决问题。

这解释了俄罗斯在乌克兰设立的有限目标，它并不寻求占领整个领土，因为相关的乌克兰西部力量对俄罗斯不利。

在每一个控制层面，力量相关性是局势评估的一部分。就行动而言，按照以下内容来阐述：[17]

> 比较己方和敌方武装力量人力装备（主力部队、协助部队、武器、军事装备等）的数量和质量特征，它是在整个作战区域主要方向和其他方向的作战和战术规模上计算出来的，以确定其中一个战场的客观优势程度。力量的相关性评估使你能够对行动做出明智的决定。 在军事行动中修改决策时，尽可能长时间地建立和保持对敌人在这个区域的必要优势。

通过这个简单的阐述，不难理解为什么俄罗斯人在2022年2月使用少于乌克兰的兵力进攻乌克兰，这也是为什么他们在2022年3月，9月和10月分别从基辅、哈尔科夫和赫尔松撤军的原因——我们会后面的章节详细讨论这个问题。

---

16. https://elgar.blog/2022/02/11/do-sanctions-work/
17. https://encyclopedia.mil.ru/encyclopedia/dictionary/details.htm?id=10162@morfDictionary

核战争

核战争的持续演变

1945年，苏联赢得了柏林作战。它是从血雨腥风的战斗中取胜，但与美国不同的是，美国人没有流血。一些美国和英国领导人认为这正是进攻莫斯科的好机会，因为有人认为斯大林对大西洋也有同样的意图。但开展热战的时机还不成熟，冷战开始了。

今天那些声称俄罗斯有扩张主义意图的人只是简单地把苏联改为俄罗斯——没有把背景放入考量——指导苏联政策的是马克思主义思想。在这个体系中，苏联将自己视为阶级斗争的先锋，作为反对资本主义斗争的历史进程的一部分，要与西方进行长久和系统的战争。在斯大林去世之前，苏联的战略军事思想一直以这样一种思想为主导，即只有社会主义战胜资本主义才能保证其安全，两种制度之间的对抗是不可避免的。苏联战略家一直在谈"战争的必然性"的原则。这种想法一直持续到1956年的苏共第二十次代表大会，在赫鲁晓夫的推动下，苏联通过了"和平共处"的原则。从那时起，这被称为"战争的非必然性"。

这并没有阻止西方人为可能的苏联侵略做准备。我们从美国新解密文件中并没有看到苏联入侵欧州的意图：[18]

> 最近解密的苏联文件，文章和会议记录表明，苏联领导层无意入欧洲。[19]

另一方面，苏联对西方可能进行新入侵企图的恐惧仍然非常强烈，促使它采取劝阻政策：[20]

> 如果苏联在军事上显得软弱，第一次世界大战和第二次世界大战的经历引起了人们对西方会入侵苏联的担忧。

18. Dr. Mahir J. Ibrahimov, Mr. Gustav A. Otto & Col Lee G. Gentile, Jr., « Cultural Perspectives, Geopolitics & Energy Security of Eurasia: Is the Next Global Conflict Imminent? », *US Army Command and General Staff College Press*, Fort Leavenworth, 2017 (https://www.armyupress.army.mil/Portals/7/combat-studies-institute/csi-books/cultural-perspectives.pdf)

19. Raymond Garthoff, Deterrence and the Revolution in Soviet Military Doctrine, *The Brookings Institute*, Washington D.C., 1990, p. 11

20. Vladislav Zubok, *The Kremlin's Cold War: From Stalin to Khrushchev*, Harvard University Press, Boston, 1997, p. 20

1949年苏联核武器试验成功。这导致了同年北约的成立，目的将西欧置于美国的核保护伞之下。在这个阶段，核战争主要在战略层面考虑，战术核武器尚未提上议事日程。风险在于，这两个核大国将被推向直接对抗和相互核攻击，导致互相毁灭（MAD）的后果。

安全的不可分割性

核武器的一个特点是，它们可以造成巨大的，关乎生死存亡的破坏，没有反应的时间，甚至找不到最后的谈判一个空间。

美国和俄罗斯的不对称局面，意味着前者可以将欧洲用作缓冲区，而俄罗斯可能很快发现自己面临生存问题。这就是为什么自第二次世界大战结束以来，俄罗斯国防政策的一个不变特征是在北约与其领土之间要维持一个缓冲区（在法语中称为"釉"，在德语中称为"围裙"），目的是为常规冲突中留出更多的空间，以避免过快演变为核战。

在冷战期间，华沙条约组织（在西方被称为"华约"）构成了这样一个缓冲空间。随着北约东扩和美国自2002年以来逐步退出裁军条约，这一空间已经消失。出于这个原因，俄罗斯修改了核交战原则，使其能够更迅速地使用核武器。

这里需要强调的是，俄罗斯与其说是害怕北约的扩张，不如说是害怕美国利用北约对其构成威胁。

1952年土耳其加入北约，使该联盟更接近苏联，使苏联人感到不安。但他们没有反应。直到9年后，当美国人在土耳其部署PGM-19"木星"核导弹，危机才爆发。当时美国人还没有制造洲际导弹的技术，"木星"只是改进版的德国V2，射程为2400至2700公里。

美国可以随心所欲做事，但当有人"以其人之道　还其人之身"，美国人就会表现得不乐意。苏联人明白这一点，开始在古巴部署导弹，引发了1962年被称为古巴导弹危机的美国强烈反应。最终，美国人陷入了自己的挖的陷阱，被迫从土耳其撤出导弹。苏联赢了。

直到21世纪初，因为那时俄罗斯和中国都弱，北约满心欢喜邀请东欧的一些国家加入，世界上没有任何战略反应。今天情况完全不同了——问题在于，欧洲国家的合理安全担忧正在把美国的核武器带到离俄罗斯边境更近的地方，从而增加了紧张局势加剧时发生核战争的可能性。一个国家的问题可能迅速演变成整个联盟的问题，就像1914年那样。

2002年，当美国退出反弹道导弹条约（ABM），并开始与波兰、捷克共和国和罗马尼亚谈判，安装双用途发射装置（可以发射反弹道导弹和核武器），俄罗斯人感觉到了直接威胁。这是弗拉基米尔·普京2007年在慕尼黑所说的话，也是他在2022年2月7日在莫斯科与埃马纽埃尔·马卡龙举行的新闻发布会上强调的。问题是，我们干脆根本不听他对我们说的任何话。

这不是一个全新的问题。《华盛顿条约》的起草人早在1949年就已经确定了这一点。该条约第十条规定：

> 各缔约国经一致同意，可邀请任何其他能够促进本条约各项原则并对北大西洋地区的安全作出贡献的欧洲国家加入本条约。任何受到邀请的国家可通过向美利坚合众国政府交存其加入书而成为本条约的缔约国。美利坚合众国政府将把每一份这种加入书的交存情况通知每一缔约国。

换句话说，只要各国能够为"北大西洋地区的安全做出贡献"，它们就会受到"邀请"。显然，标准不是每个成员国的安全，而是该区域的集体安全。

这是"新欧洲"国家未能理解的地方。他们是在俄罗斯被削弱的时候被北约接纳。今天，北约为他们提供了一种保险，在它的庇护下，他们对讲俄语的少数民族奉行极端民族主义和歧视性政策，其公开目的是挑衅俄罗斯。事实上，他们的北约和欧盟成员国的身份，从根本上破坏了欧洲大陆的稳定。事实上，正如我所看到的，即使在北约军队内部，他们也是声名狼藉。

这也意味着，欧洲-大西洋地区的每个国家都可能成为成员，但联盟没有义务接受每个希望加入的国家。这也是为什么乌克兰加入北约在北约内部引起如此激烈争论的原因之一。

但是，俄罗斯安全政策的一个基本原则是"安全的不可分割性"。[21] 它并不是俄罗斯独有的想法，已被欧安组织成员国接受并载于《伊斯坦布尔文件》（1999）[22] 和《阿斯塔纳宣言》（2010）"：[23]

---

21. http://www.kremlin.ru/acts/news/70811
22. https://www.osce.org/files/f/documents/0/2/39570.pdf
23. https://www.osce.org/files/f/documents/b/3/74987.pdf

每个成员国的安全与所有其他国家的安全密不可分。

换言之，一个国家的安全不能以牺牲另一个国家为代价来实现。一个例子是法国"冥王星战术核导弹"的出现，随后是"地狱核弹"，它们威胁到德国和瑞士"友好"人口的生存。[24]

然而，当北约——特别是美国——部署军备时，这样势必减少临近国家的预警时间（这里当然指俄罗斯），这个原则没有得到尊重。警告时间这一原则没有得到尊重。

因此，困扰俄罗斯人的问题与其说是北约的过分靠近，不如说是美国人在那里部署核武器。[25]这是因为，把核武器直接部署到俄罗斯家门口，使得几乎不可能实施双边危机管理机制。事实上，正是在古巴危机之后，华盛顿和莫斯科之间建立了著名的"红色电话"，既不是电话，更不是红色电话，而是旨在促进危机管理的紧急通信渠道。

令人惊讶的是，西方人似乎没有意识到这种风险。北约的东扩被视为地理上的成功，但尚未得到任何战略好处，反而通过向俄罗斯边境靠拢，北约也同时消弱了自己的预警能力。兰德公司已经明确警告美国政府这个问题。[26]

> 虽然将打击武器放置在靠近俄罗斯的地方，会减少俄罗斯军事指挥官探测和应对空中和巡航导弹袭击的时间。但它也将使美国和盟国指挥官同样有更少的时间来探测和应对俄罗斯对目前位于这些基地的导弹袭击。在发生危机时，这种相互脆弱性和突然袭击风险的结合可能会严重破坏稳定。特别是如果战术核武器也储存在附近的地点。

在俄罗斯边境附近部署导弹，与北约的防御性——或非防御性——北约的使命没有任何关系，因为北约面临完全相同的风险。这就是弗拉基

---

24. "Atomziel Württemberg?", *Der Spiegel*, July 20, 1975 (https://magazin.spiegel.de/EpubDelivery/spiegel/pdf/41458263)

25. https://www.mid.ru/tv/?id=1744872&lang=ru

26. James Dobbins, Raphael S. Cohen, Nathan Chandler, Bryan Frederick, Edward Geist, Paul DeLuca, Forrest E. Morgan, Howard J. Shatz, Brent Williams, "Extending Russia: Competing from Advantageous Ground", *RAND Corporation*, 2019

米尔·普京在2022年2月7日与埃马纽埃尔·马克龙访问莫斯科后的新闻发布会上试图解释这一点。

2023年3月25日，在亚历山大·卢卡申科访问俄罗斯之际，弗拉基米尔·普京在俄罗斯-24频道（Rossiya-24）上宣布，白俄罗斯总统要求他在其领土上部署"战术核武器"。[27] 给出的原因是英国决定为乌克兰提供反坦克贫铀弹。[28] 英国人又一次让情况变得更加复杂。

首先，弗拉基米尔普京只是在重复卢卡申科的话，因为俄罗斯的军事学说在战术核武器、作战核武器和战略核武器之间上没有区别，此外，上述武器的射程都可超过1000公里，而传统上，人们把射程为150至500公里的核武器归战术核武器。

事出有因，白俄罗斯的请求是在一系列事件之后提出的，我们的媒体小心翼翼地避免提及，特别是波兰的态度，它沉溺于大波兰帝国的版图和重建海邦联盟的幻想。[29] 把目光投向白俄罗斯西部，它认为那里在历史上属于波兰，图谋重新征服那里，是其安全政策的一部分。[30] 这就是为什么在美国的支持下，它从政治到物质公开支持白俄罗斯的反对派。2023年1月11日，波兰，乌克兰和立陶宛三国签署联合声明，组成卢布林三角，一个与北约密切联系的迷你型军事联盟，这让卢卡申科感到不安。[31]

此外，随着乌克兰局势恶化，预测俄罗斯崩溃的声音逐渐消退，美国开始策划对白俄罗斯进行"政权的更迭"，已取得小小的"成功"。2023年3月22日，助理国务卿温迪·谢尔曼会见了白俄罗斯激进反对派领导人斯维特兰娜·蒂卡诺夫斯卡娅，协调他们的行动。正如美国媒体《大西洋理事会》[32] 指出的那样，美国正试图为了乌克兰的利益而将白俄罗斯反对派工具化。

---

27. "Белоруссия давно просит у России ядерное оружие", *Vesti.ru*, 25 mars 2023 (https://www.vesti.ru/article/3268612)

28. https://www.rts.ch/play/tv/redirect/detail/13894210

29. Emil Avdaliani, "Poland and the Success of its 'Intermarium' Project," *moderndiplomacy.eu*, March 31, 2019

30. Jacek Bartosiak, "Belarus as a Pivot of Poland's Grand Strategy," *The Jamestown Foundation*, December 16, 2020 (https://jamestown.org/program/belarus-as-a-pivot-of-polands-grand-strategy/)

31. "Presidents of Ukraine, Lithuania and Poland signed the Joint Declaration following the Second Summit of the Lublin Triangle in Lviv", *website of the President of Ukraine*, January 11, 2023 (https://www.president.gov.ua/en/news/u-lvovi-prezidenti-ukrayini-litvi-ta-polshi-pidpisali-spilnu-80313)

32. Stephen Nix & Mark Dietzen, "The Belarusian opposition can help defeat Putin in Ukraine", *The Atlantic Council*, February 7, 2023 (https://www.atlanticcouncil.org/blogs/ukrainealert/the-belarusian-opposition-can-help-defeat-putin-in-ukraine/)

但另一个更重要的事件解释了俄罗斯这么做的原因——2023年2月底，美国在在西班牙莫伦空军基地部署了四架B-52H"同温层堡垒"战略核轰炸机，这是向"俄罗斯发出明确信息。"[33] 2023年3月11日，其中一架飞机（呼叫号：Noble 61）携模拟核弹从芬兰湾对圣彼得堡市进行了模拟核攻击。[34] 同一天，俄罗斯反对派网站Meduza [35]报道了这个事件，显然没有任何西方主流媒体报道这件事。然而事实确实如此，两周后普京同意了卢卡申科总统的要求，在白俄罗斯领土上部署核武器。[36]

俄罗斯的决定为我们的"专家"提供了进一步解读的机会，他们开始玩弄文字游戏。瑞士专家亚历山大·沃特拉福斯在RTS上宣称，这是一次武器转让，将违反《核不扩散核武器条约》。[37] 真是这样吗？正如俄罗斯反对派媒体Meduza在同一天证实的那样，普京澄清过，这不是转让，只是部署。[38] 这些武器仍处于俄罗斯政府拥有和控制之下。换句话说，俄罗斯与美国没有什么不同，美国在德国、比利时、荷兰和土耳其都有核武器库。

俄罗斯正在白俄罗斯重演古巴导弹事件。起因相同，产生的效果也相同，美国政府的态度发生了转变。2023年6月2日，乔·拜登的国家安全顾问杰克·沙利文宣布：[39]

> 拜登政府准备与俄罗斯无条件讨论未来的核军备控制框架。

---

33. Tom Dunlop, "American B-52 bombers overfly Estonia in message to Russia", *UK Defence Journal*, March 3, 2023 (https://ukdefencejournal.org.uk/american-b-52-bombers-overfly-estonia-in-message-to-russia/)

34. David Cenciotti, "Let's Have A Look At B-52's Mission Over The Baltics And Close To Russia Yesterday," *The Aviationist*, March 12, 2023 (https://theaviationist.com/2023/03/12/lets-have-a-look-at-b-52s-mission-over-the-baltics-and-close-to-russia-yesterday/)

35. "An American B-52 bomber capable of carrying nuclear weapons conducted planned maneuvers over the Baltic Sea," *Meduza.io*, March 12, 2023 (https://meduza.io/en/news/2023/03/12/an-american-b-52-bomber-capable-of-carrying-nuclear-weapons-conducted-planned-maneuvers-over-the-baltic-sea)

36. Jones Hayden, "Putin says Russia to deploy tactical nuclear weapons in Belarus," *Politico*, March 25, 2023 (https://www.politico.eu/article/putin-says-russia-to-deploy-tactical-nuclear-weapons-in-belarus-reports/)

37. https://www.rts.ch/play/tv/redirect/detail/13894210

38. "Путин пообещал разместить тактическое ядерное оружие в Беларуси. ЕС пригрозил санкциями, Украина потребовала созвать заседание Совбеза ООН", *medusa.io*, March 26, 2023 (https://meduza.io/feature/2023/03/26/putin-poobeschal-razmestit-takticheskoe-yadernoe-oruzhie-v-belarusi-v-germanii-zayavili-chto-rossiya-prodolzhaet-yadernoe-zapugivanie)

39. "White House wants to engage Russia on nuclear arms control in post-treaty world," *PBS News*, June 2, 2023 (https://www.pbs.org/newshour/politics/white-house-wants-to-engage-russia-on-nuclear-arms-control-in-post-treaty-world)

就像在古巴危机中一样，美国人只懂得硬碰硬的做事风格：他们试图通过对抗和排斥来实现变化，而不是试图通过合作来实现——就像冷战期间成功实现的那样。

俄罗斯核学说

2022年10月27日，在法国第5频道，一个专门讨论俄罗斯指责乌克兰开发"脏弹"的节目中，犯罪学家阿兰·鲍尔鲍尔讲，俄罗斯人认为战术核武器是常规武器，[40] 这种说法是完全错误的。

事实上，俄罗斯的学说并没有专门列出战术核武器这一条。俄罗斯拥有一系列不同强度的核武器，可根据情况和目标使用。但他们认为，使用核武器——无论其威力有多大——都具有战略性质，因为它们会引发核升级。

在一篇关于这个主题的文章中，北约国防政策和规划司比较评估科负责人迭戈·鲁伊斯·帕尔默回忆说，苏联人认为使用核武器只是最后的手段：[41]

> 早在1966年，中央情报局就发现苏联队在不使用核武器的情况下进行军事行动的兴趣日益浓厚。

代号为"第聂伯河67"演习证明了这一点，也证实了苏联"越来越倾向于纯粹的常规战争的选项"。

苏联人意识到使用战区核武器，只会使行动复杂化。俄罗斯一直把机动和快速推进作为其主要作战和战术原则。因此他们逐渐放弃了使用战术核武器的想法，转而使用新的常规武器。[42] 这就是我们今天看到的高超音速导弹。因此，俄罗斯的作战艺术和战术不是基于核武器，而是基于诸如在主轴上集中兵力、局部胜利和兵力节约等概念。[43]

---

40. Program "C dans l'air", "Bombe sale": que prépare Poutine? #cdanslair 27.10.2022", *France 5/ YouTube*, October 28, 2022 (https://youtu.be/1Ub3buKx-yg?t=153)

41. Diego A. Ruiz Palmer, "The NATO-Warsaw Pact competition in the 1970s and 1980s: a revolution in military affairs in the making or the end of a strategic age?", *Cold War History*, September 3, 2014, (DOI: 10.1080/14682745.2014.950250)

42. James M. McConnell, *"The Soviet Shift in Emphasis from Nuclear to Conventional"*, Center for Naval Analyses, Department of the Navy, Monterey (CA), June 1983 (CRC490-VOl. II)

43. https://nuke.fas.org/guide/russia/doctrine/intro.htm

战术核武器的概念，基本上是由美国人在1960年代提出的，目的是区分可以在欧洲大陆使用的武器和可能影响美国的武器。为了避免破坏达到核武器大屠杀（MAD）的地步来得太快，制定了控制可能核武器升级的策略。东西方阵营都装备了这些武器，希望阻止出现大屠杀的绝望境地。

1967年，北约采取了"灵活应对"战略。其目的是向苏联人明确表示，美国不会直接和自动地进行战略核弹相互攻击。事实上，尽管随着时间推移和技术的演化，美国的核战略仍然保留着一个不变的要素——避免核武器在美国本土使用。这就是为什么美国人主张将这些武器重新投入欧洲战区[44]，也是为什么他们如此坚称俄罗斯人正在寻求在乌克兰使用战术核武器。

两个超级大国之间方法的差异，可以用美国和俄罗斯严重的地缘战略不对称来解释。美国可以用战术/作战核武器到打到俄罗斯领土，而俄罗斯只能用战略或中程武器打到美国领土。因此，如果发生重大冲突，为了避免影响其领土受到战略核武器的相互攻击，美国势必寻求把核攻击控制在欧洲战区。为此他们会小心翼翼的避免直接击中俄罗斯国土，以免引发与俄罗斯的"战略决斗"。

矛盾的是，这种不对称的情况也是失衡的。为把相互核攻击控制在战术核攻击层面，俄罗斯可以在欧洲使用低当量战术核武器，而美国也只能通过攻击其盟国领土上的目标来回应。正是这种矛盾，导致了20世纪80年代初的欧洲导弹危机，并在德国和北欧引发了和平主义和反核运动。它最终签署了《中程导弹条约》(INF Treaty)"。

俄罗斯的核学说有意没有区分战术核武器和战略核武器，目的是让美国的反应系统失灵，因此在欧洲领土上使用核武器（对俄罗斯采取强硬手段）可能会引发洲际报复。这就是俄罗斯核威慑的本质。

俄罗斯采取了苏联一贯的不首先使用核武器的政策。另一方面，它也没有像法国那样具体说明，它打算如何应对升级。这就是威慑原则。

俄罗斯的核学说设想，只有在俄罗斯国家受到生存威胁的情况下才使用核武器。正如2020年6月2日总统令所规定的那样：[45]

---

44. "Nonstrategic NuclearWeapons," *Congressional Research Service (CRS)*, Washington DC, January 17, 2019 (updated March 7, 2022) (https://fas.org/sgp/crs/nuke/RL32572.pdf)

45. Presidential Decree No. 355 of June 2, 2020 "On the foundations of the state policy of the Russian Federation in the field of nuclear deterrence" (http://www.consultant.ru/document/cons_doc_LAW_354057/752b5672d30c8f49fddf240797c7daca7e53d781/)

俄罗斯联邦保留使用核武器的权利，以应对对其和（或）其盟国使用核武器和其他大规模杀伤性武器的行为，以及在使用常规武器侵略俄罗斯联邦的情况下，当国家的生存受到威胁时。

如果发生近距离核武器互相攻击，预警时间会非常短暂，问题是如何来确定国家是否正面临生存威胁，什么时候作出反应？出于这个原因，2020年版的俄罗斯核学说，在一定程度上降低了俄罗斯可以考虑使用核武器的水平。有趣的是，这正是瑞典和芬兰未能理解的——他们加入北约的请求得到了广泛的欢迎，但如果发生战争，这些国家可能是第一个遭受先发制人核打击的国家。

这可能就是促使乔·拜登总统在2022年3月底决定放弃不首先使用核武器原则的原因。[46]在此之前，美国一直认为使用核武器仅用于威慑目的（唯一目的政策），但乔·拜登的决定"留下了使用核武器的选择，不仅是为了报复和攻击，也是为了应对非核威胁"。[47] 显然没有西方媒体报道美国核政策的这一重大变化。例如，瑞士联邦情报局SRC于2022年9月发布的年度《瑞士安全报告》，[48] 对此只字未提！

为了清楚起见，我们在这里使用英语战略术语，这比法语术语更精确。[49]

- 当对抗不可避免并且认为对手可能会攻击时，就会发动先发制人的打击。
- 先发制人打击机制触发，当有确凿迹象表明对手将要发动攻击时（在核武器的情况下，基于监测卫星）
- 警告时发射；是对手已经发射导弹且导弹仍在空中。

46. Daryl G. Kimball, "Biden Policy Allows First Use of Nuclear Weapons," *Arms Control Today*, April 29, 2022 (https://www.armscontrol.org/act/2022-04/news/biden-policy-allows-first-use-nuclear-weapons)

47. Daryl G. Kimball, "Biden Policy Allows First Use of Nuclear Weapons," *Arms Control Association*, April 29, 2022 (https://www.armscontrol.org/act/2022-04/news/biden-policy-allows-first-use-nuclear-weapons)

48. https://www.newsd.admin.ch/newsd/message/attachments/72369.pdf

49. Karl P. Mueller... [et al.], "Striking first: preemptive and preventive attack in U.S. national security policy", *RAND Corporation*, 2006 (https://www.rand.org/content/dam/rand/pubs/monographs/2006/RAND_MG403.pdf)

正如弗拉基米尔·普京在2022年12月于比什凯克（吉尔吉斯斯坦）举行的欧亚经济联盟峰会上明确指出的那样，[50] 核攻击的原则仍然是"警告时发射"，即触发和监视系统处于戒备状态。

换句话说，俄罗斯人只计划在面临生存威胁时首先使用核武器，但美国人允许自己在任何时候可以这样做。因此，如果莫斯科和该国的机构受到直接威胁，俄罗斯将使用核武器。例如乌克兰对克里米亚的袭击很可能不被视为俄罗斯国家的生死存亡。另一方面，如果美国的一个军事基地受到攻击

核武器攻击决策和响应机制

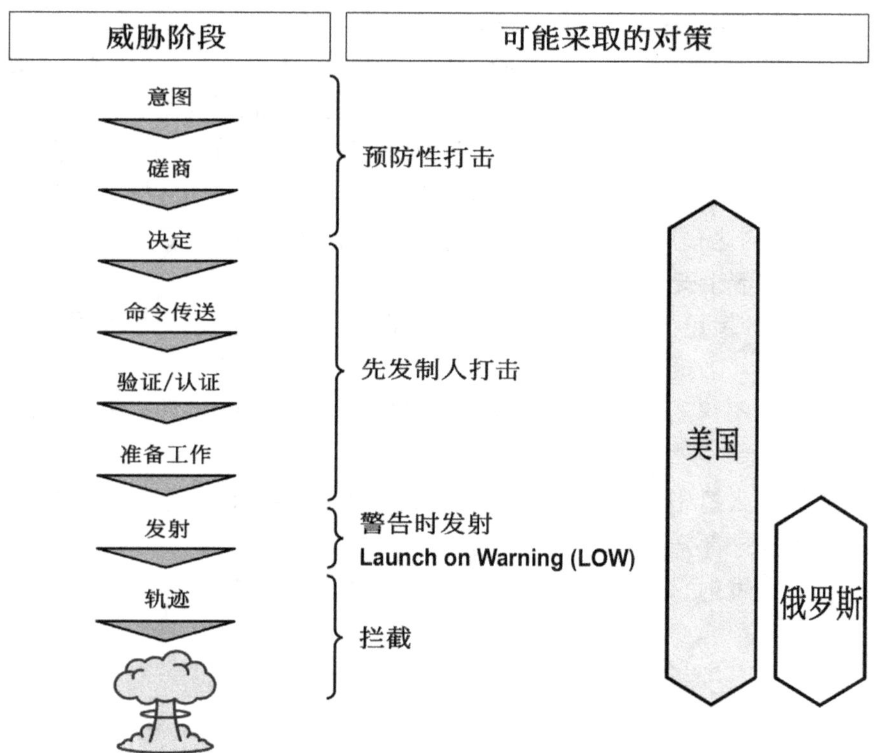

图2—乔·拜登放弃不首先使用核攻击政的政策，允许美国进行先发制人打击，而俄罗斯则将自己限制在警告时发射水平，有些人认为这是先发制人打击的一部分。

---

50. "Putin says Russia could adopt US preemptive strike concept," *AP News*, December 9, 2022 (https://apnews.com/article/putin-moscow-strikes-united-states-government-russia-95f1436d23b94fcbc-05f1c2242472d5c)

2022年10月弗拉基米尔·泽连斯基提议打击俄罗斯以防止使用核武器，从而激起了人们的热情：[51]

> 北约该怎么办？设法让俄罗斯无法实施核武器攻击，但重
> 要的是，我再次呼吁国际社会，像2022年2月24日以前一
> 样，先发制人，这样能让他们明白，如果他们使用核武器
> 会发生什么，而不是相反，等待俄罗斯的核打击。

我们的媒体和事实核查人员随后试图淡化泽连斯基的讲话。法国20minutes.fr网上，把泽连斯基明确说出的"预防性打击"一词变成了"预防措施"，[52]这实际上是不折不扣的虚假信息。有关泽连斯基准备发动核冲突的说法被否认，称他没有提到"核打击。"这是事实，但无关紧要。他想到什么样的武器并不重要，因为俄罗斯的核学说规定如下：[53]

> 19.决定俄罗斯联邦使用核武器可能性的条件如下：
> a)收到关于发射攻击俄罗斯联邦和/或其盟国领土的弹
> 道导弹的可靠情报；
> b)敌人在俄罗斯联邦和/或其盟国的领土使用核武器和
> 其他大规模杀伤性武器；
> c)敌方对俄罗斯联邦关键国家或军事设施的进行攻击，
> 使其瘫痪将破坏核力量的反应能力；
> d)敌方使用常规武器侵略俄罗斯联邦，国家的生存受到
> 威胁时。

泽连斯基的言论显然属于c)段规定的范围。他可能没有意识到他讲话涉及的范围———他呼吁通过先发制人的打击，让俄罗斯无法使用核武器。对于俄罗斯来说，这可能正是使用它们的恰当理由。我们的媒体又在撒谎。

---

51. https://www.newsweek.com/zelensky-nuclear-putin-russia-war-pre-emptive-1749781
52. https://www.20minutes.fr/monde/ukraine/4004256-20221007-volodymyr-zelensky-appele-utiliser-arme-nucleaire-contre-russie-faux
53. http://kremlin.ru/acts/bank/45562

2·俄罗斯的军事思想

问题在于，他们系统地隐瞒了那些可以帮助我们了解真实情况的信息。让我们在这里回顾一下，在与乌克兰的冲突期间，与习惯于阴谋论的瑞士"记者"让-菲利普·莎乐[54] 声称的相反，在西方领导人威胁要使用核武器之前，普京从未提及核武器。就像当时的英国首相候选人利兹·特拉斯一样，她宣称她自己准备发动一场"全球毁灭"的战争。[55] 就这位瑞士"记者"暗示，俄罗斯想在没有任何证据的情况下对乌克兰使用化学武器。[56] 在这里，我们以影响为目的，制造假新闻。

混合战争

俄罗斯的混合战争是西方精心编造出来的神话，每个人都有自己的定义。它已经成为一个包罗万象的概念。[57] 我们的媒体和政治家，甚至我们的将军都参与其中，他们把几件毫不相干的事穿起来，看上去都是经过精心设计的，[58] 从技术上讲，这是阴谋论。

2017年弗拉基米尔·普京在接受《费加罗报》采访时表示：[59]

> 你不能虚构来自俄罗斯的的威胁、混合战争或其他类似的幽灵，你们自己发明了他们。你们在吓唬你们自己，你们的政策是建立在这些虚构的信息之上的。

认为俄罗斯已经发展出了"混合战争"这种概念，这种概念是基于对俄罗斯总参谋长瓦列里·格拉西莫夫在2013年撰写的一篇文章的解读，文章的标题是《科学在未来战争中的价值》。[60]

事实上，这篇文章最初发表在2013年1月26日发表在《军工信使周刊》上，标题为《科学在预测中的价值——新挑战要求重新思考实施战斗行

54. https://pages.rts.ch/emissions/geopolitis/12938579-armes-la-course.html

55. https://www.independent.co.uk/news/uk/politics/liz-truss-nuclear-button-ready-b2151614.html; https://youtu.be/IvH7cgbdazU

56. https://www.rts.ch/play/tv/redirect/detail/13027609

57. François Heisbourg, "Ukraine: a 'hybrid war', really?", *Ouest-France*, December 22, 2022 (https://www.ouest-france.fr/monde/guerre-en-ukraine/point-de-vue-ukraine-une-guerre-hybride-vraiment-c87142da-813d-11ed-a33c-a84555e230e2)

58. Nathalie Loiseau on "C dans l'air", October 17, 2021 ("Poutine, maître du jeu #cdanslair 17.10.2021", *France 5/YouTube*, October 18, 2021) (1h18'07")

59. https://video.lefigaro.fr/figaro/video/vladimir-poutine-l-interview-exclusive/5453365155001/

60. Герасимов Валерий, "Ценность науки в предвидении," *vpk-news.ru*, February 26, 2013 (https://vpk-news.ru/articles/14632)

动的形式和方法》，[61] 他描述了西方对阿拉伯世界发动的战争的演变，文章中并没有出现"混合战"一词。

其实，"混合战争"一词起源于西方。那些伪专家和记者试图想给出这个概念的样子，却不理解它到底是什么，我们得到是一个模糊的、难以捉摸的概念。2014年乌克兰危机后，西方人试图让没有俄罗斯军队的"俄罗斯入侵"能说得通，由右翼民族主义者，甚至新纳粹武装分子发动的运动叫做"民主革命"，一个未经选举而执政的政府为"合法政府"，等等。然后我们构建了一个逻辑，将网络战、恐怖主义、秘密战争、常规战争，当然会有信息战，把这么多战争结合在一起。格拉西莫夫的文章随后成为把这些不相干的事件穿在一起来理解的关键。

因此，我们的记者人为地创造了一个"学说基础"。法国《观点杂志》声称，格拉西莫夫的这篇文章是经"弗拉基米尔·普京'亲自审批过的。[62] 我们真的不知道是该谴责记者的种族主义呢还是谴责他的愚蠢。

真是的情况是，"混合战争"的概念在俄罗斯的军事思想中并不存在，俄罗斯也从未将其理论化或援引这个概念。俄罗斯问题专家马克·加莱奥蒂，是他首先对格拉西莫夫的文章发表了评论，并具此推演出"格拉西莫夫主义的"的存在。据称是他第一次阐述了俄罗斯的"混合战争"概念的。[63] 但在2018年，他意识到他的不经意造成了不良影响，加莱奥蒂在《外交政策杂志》上发表了一篇题为《对不起，我创造了格拉西莫夫主义》的文章，[64] 勇敢而明智地道歉：

> 我是第一个写俄罗斯臭名昭著的高科技军事战略的人。
> 一个小问题：它不存在。

61. Valeri V. Gerasimov. "Main trends in the development of forms and methods of employment of armed forces and current tasks of military science to improve them" (Основные тенденции развития форм и способов применения Вооруженных Сил, актуальные задачи военной науки по их совершенствованию), *Journal of the Academy of Military Sciences*, No. 1, January 26, 2013

62. Marc Nexon, "Gerasimov, le général russe qui mène la guerre de l'information," *Le Point*, March 2, 2017.

63. Mark Galeotti, "The 'Gerasimov Doctrine' and Russian Non-Linear War," *inmoscowsshadows.wordpress.com*, June 7, 2014.

64. Mark Galeotti, "I'm Sorry for Creating the 'Gerasimov Doctrine'," *Foreign Policy*, March 5, 2018.

基于技术的战争类型

战争类型	简要描述
第一代	使用简单武器(剑, 盾等)的个人之间的近距离战斗
第二代	使用现代武器(步枪, 机枪, 火炮, 航空), 但尚未以综合式(第一次世界大战)
第三代	将武器集成到战斗系统(联合武器)(第二次世界大战, 闪电战)
第四代	非国家行为体(游击, 恐怖主义等)的非线性战斗(伊拉克, 阿富汗)
第五代	信息技术和感知管理领域的第五代非动能作战(乌克兰陆军2022-)

图3—战争类型学。在俄罗斯的军事思想中没有混合战争这样的概念。另一方面, 两种不同类型的战争的对抗可能导致"混合对抗"。在某种程度上, 乌克兰就是这种情况。俄罗斯方面按照第三代战争的方式与乌克兰和西方按照第五代战争方式正面相遇。因此, "混合战争"不是一种战略, 而是两种战争逻辑碰撞的产物。

为理解混合战争的概念, 我们需要回到战争的类型学。在不纠结太多细节的情况下, "常规"战争是我们自第二次世界大战以来所知道的, 我们的军队已经为此做好了准备, 这是一场使用陆海空三军手段来实现目标的战争。军队作为一个系统参与其中。这就是所谓的第三代战争, 其中德国人在1939年至1940年发动的闪电战就是典型的例子。

冷战结束后, 西方军队卷入与叛乱类型的冲突, 这些叛军大多是西方自己扶植起来的武装。他们对阵的是装备简陋的游击队力量, 这类战争属于第四代战争。

据说第五代战争是"非热战, 非动能的"的, 即他们在与对手没有任何实际接触的情况下交手, 靠网络战, 颠覆行动和信息战导致对手的系统崩溃来征服对手。尽管自1939年以来这种战争的元素一直存在于每场冲突中, 但它在很大程度上仍然是凭想象虚构的。这是乌克兰预计将与俄罗斯发动战争的愿景。每个有点常识人都知道乌克兰军队无法独自击败俄罗斯。这次想法是通过制裁、政治、文化和经济孤立, 用叙事把俄罗斯变成贱民国家, 把这些手段相结合来击败俄罗斯。

对于俄罗斯人来说, 他们对战争的看法要清晰的多。混合战争不是由我们来选择的一种战争形式, 而是使用不同类型战争的两个国家或实体

俄罗斯的战争艺术

之间对抗的结果。[65] 因此，俄罗斯和乌克兰之间的对抗本质上是混合的，因为乌克兰正试图实施第五代战争，而俄罗斯则处于第三代冲突中。

格拉西莫夫在他的文章中分析了西方主导的冲突的最新演变，并总结了如何借鉴这些经验教训。他的文章是一种方法论，而不是描述俄罗斯如何将这些教训纳入其学说。

"混合战争"的概念提供了一个模糊的叙事的空间，允许形形色色的"专家"把未经证实的事件穿起来，然后把这一切都归咎于这是俄罗斯行动的"逻辑"依据。西方人坚持用一种不存在的学说来解释冲突，而我们的"专家"在脑子里臆想虚幻的冲突，例如俄罗斯在策划"破坏欧盟稳定的计划"。[66]

2022年11月，TV5和 CAP Europe分析师克里斯蒂娜·杜戈因·克莱门特为我们提供了莫斯科"混合战争"的例子。[67] 但是，当我们把这些例子与现实进行比较时，我们发现无论是媒体还是"研究人员"，对事实的看法都不完整、不诚实。这些人的形象更像是阴谋论者而不是什么新闻和科学工作者。

因此，那些吹嘘俄罗斯人正在实施"混合战争"的人（比如，法国的娜塔丽·卢瓦索、多米尼克·特林昆德将军和米歇尔·雅科夫列夫将军、皮埃尔·塞尔文特上校等）误导了我们，正如奥夫·弗里德曼在《棱镜》解释的那样：[68]

> 试图使用西方的"混合战争"概念来定义俄罗斯的战争方法。这导致了对俄罗斯行动方式的错误分析。

---

65. V. B. Andrianov & V. V. Loiko, "Questions on the application of the armed forces of the Russian Federation in crisis situations in peacetime" (Вопросы применения ВС РФ в кризисных ситуациях мирного времени), *Voennaya Mysl*, January 2015, p. 68
66. https://youtu.be/Ft9fQzjky5Q
67. https://youtu.be/aA-yoCdingk
68. Ofer Fridman, "On the "Gerasimov Doctrine"—Why the West Fails to Beat Russia to the Punch", *PRISM*, Vol. 8, N° 2, Institute for National Strategic Security, National Defense University, 2019, pp. 100-113 (https://ndupress.ndu.edu/Portals/68/Documents/prism/prism_8-2/PRISM_8-2_Fridman.pdf)

TV5 Monde 关于混合战争的阴谋

TV5 Monde 报道的	实际发生的
来自白俄罗斯和加里宁格勒飞地的非法移民，被波兰描述为混合战争	这是没有事实支持的指控，这完全是基于波兰政府在俄罗斯当局向国际航空公司开放加里宁格勒机场后的"恐惧"。[69]但很难理解为什么俄罗斯会用飞机将移民送到加里宁格勒来"入侵波兰"。事实上，波兰以"混合战争"为借口，正在使两国之间建立物理屏障合法化，否则这将受到欧盟的责难。
对北溪1和北溪2天然气管道的袭击被视为莫斯科混合战争的一部分，"因为俄罗斯军队陷入困境。"	在这个阶段，我们不知道我们的撰稿人只是在编造事情。在美国著名记者西摩·赫什于2023[70]年2月发表文章，将矛头指向美国政府之后，官方说法是，北溪管道的破坏是由乌克兰实施的。[71]
柏林-卡罗和北莱茵-威斯特伐利亚的赫尔恩的数据电缆被切断，德国北部的铁路交通中断。	这是有组织的团伙盗窃电缆。[72]
连接德里兰群岛和英国的光纤电缆断裂，"每个人的脑海中又出现克里姆林宫之手"	我们已经知道"克里姆林宫之手"，实际是拖网[73]渔船频繁造成的一种损坏，[74]而不是有人故意破坏。[75]
年轻的俄罗斯人在使用无人机后，因从事间谍活动而在挪威被捕	实际上他正在拍摄风景照片，但他违反了挪威2022通过的一个法律，该法律禁止俄罗斯公民使用无人，[76]而这个国家却允许破坏北溪天然气管道。

图4—自俄罗斯特别军事行动开始以来，欧洲官方媒体由原来的正常新闻报道转变成了官方宣传和散布虚假信息。他们的记者是"奉命的"，所以这一切都是合乎逻辑的。更令人惊讶的是那些自称是学者的人参与其中，他们将"假设"与"事实"混为一谈，甚至继续辩护那些我们已经知道是错误的事情。

69. Claudia Ciobanu, "Fearing New Hybrid War Front, Poland to Build Wall on Kaliningrad Border," *Reporting Democracy*, November 2, 2022 (https://balkaninsight.com/2022/11/02/fearing-new-hybrid-war-front-poland-to-build-wall-on-kaliningrad-border/)

70. Seymour Hersh, "How America Took Out the Nord Stream Pipeline," *Substack*, February 8, 2023 (https://seymourhersh.substack.com/p/how-america-took-out-the-nord-stream)

71. Shane Harris & Souad Mekhennet, "U.S. had intelligence of detailed Ukrainian plan to attack Nord Stream pipeline," *The Washington Post*, June 6, 2023 (https://www.washingtonpost.com/national-security/2023/06/06/nord-stream-pipeline-explosion-ukraine-russia/)

72. "Keine Sabotage, sondern Gier", *Tagesschau.de*, July 27, 2023 (https://www.tagesschau.de/investigativ/bahn-ausfall-sabotage-kabel-diebstahl-100.html)

73. Olivia Solon & Mark Bergen, "Fishing Boats Can't Stop Running Over Undersea Internet Cables," *Bloomberg*, April 24, 2023 (https://www.bloomberg.com/news/articles/2023-04-24/fishing-boats-keep-running-over-ocean-internet-cables#xj4y7vzkg)

74. Derrick Bryson Taylor & Christine Chung, "Shetland Cut Off From the World After Undersea Cable Breaks," *The New York Times*, October 20, 2022 (updated October 21, 2022) (https://www.nytimes.com/2022/10/20/world/europe/shetland-scotland-outage.html)

75. https://therecord.media/fishing-vessel-not-sabotage-to-blame-for-shetland-island-submarine-cable-cut

76. "Russian man jailed for 90 days in Norway for illegally flying drone", *Euronews/AP/AFP*, November 23, 2022 (updated November 28, 2022) (https://www.euronews.com/2022/11/23/russian-man-jailed-for-90-days-in-norway-for-illegally-flying-drone)

　　结果是，西方人往往会迷失在无头无尾的概念中，并发动虚假的战争。这与恐怖主义现象相同，这近30年来，恐怖袭击频发，但没有一个西方国家能够制定出真正的战略来对抗恐怖主义——我们已经解释了这种现象，以便它"适合"我们的叙事，而不是试图理解他。使我们的战略与我们的叙事保持一致，而不是与现实保持一致，我们并没有解决问题——而是使问题永久化。这就是为什么像马里、尼日尔和布基纳法索这样的国家不再将我们的"援助"看作是在解决问题，而是认为我们在制造问题。

政治与战争之间的联系

　　克劳塞维茨的战争原则深刻影响俄罗斯的军事思想的形成，这并不是什么新鲜事。在冷战期间，支撑苏维埃制度的是马克思主义意识形态，将战争视为政治延续的一种方式，克劳塞维茨在外交政策的背景下看待这一过程，而苏联人则在阶级斗争的背景下看待这一过程，从国内政策延伸到对外政策。

　　阶级斗争在今天的俄罗斯是一个非常遥远的概念，战争与政治之间的联系，就像克劳塞维茨一样，在外交政策的框架内来理解。这意味着军事行动本身不是目的，而是为政治服务的。

> 战术上的胜利，战争军事目标的实现，将迎来政治上的胜利。

　　这样，使用武力，实现战术和作战目标，必须确立明确的政治目标。

　　这与西方人的立场截然不同，西方人发动的战争（比如阿富汗、伊拉克、叙利亚、利比亚等）与政治进程脱节。当我们试图将政治进程与我们发动的战争目的起来时，我们就会陷入不知所措的境地（比如在马里和尼日尔的行动），显然，我们打仗，一无所获。

　　俄罗斯对战争的解读意味着政治与战争之间的流畅过渡。这就是为什么谈判是整个过程的一部分，而对于西方人来说，这是一个单独的过程。这解释了后者为什么不愿通过谈判来解决问题（甚至撕毁他们已经签署的协议！）

例如，据《卫报》报道，2012年2月，面对叙利亚局势的恶化，俄罗斯向西方国家提出了一项要求巴沙尔·阿萨德离开的三点计划。[77] 俄罗斯驻联合国大使维塔利·丘尔金，和诺贝尔和平奖获得者芬兰前总统马尔蒂·阿赫蒂萨里讨论了这个问题。[78] 这样，从开始，就有了不诉诸暴力就能让巴沙尔·阿萨德的下台的解决方案：但法国，英国和美国拒绝了，他们的目标不是取代巴沙尔阿萨德，而是要肢解叙利亚，因为以色列以及美国认为叙利亚是伊朗的前沿堡垒。

2022年2月25日在乌克兰失去大部分军事潜力后，弗拉基米尔·泽连斯基呼吁进行谈判，[79] 他联系了瑞士外交部长伊格纳齐奥·卡西斯，希望能筹备"调解与和平会议"。[80] 俄罗斯宣布它已经准备好谈判，第一轮谈判在靠近白俄罗斯边境的个戈梅利举行。但欧盟不同意。2月27日，欧盟带来了4.5亿欧元的一揽子财政援助计划，终止了谈判进程，鼓励乌克兰继续战斗。[81]

2022年3月中旬，弗拉基米尔·泽连伦斯基意识到，北约还没有准备好接受乌克兰加入其阵营，并宣布他打算放弃申请北约候选资格，[82] 传递出他对伊斯坦布尔谈判的建议，[83] 大家普遍看好俄罗斯和乌克兰之间达成解决方案的前景。这时欧盟立即释放了五亿欧元，向乌克兰提供致命[84]

77. Julian Borger & Bastien Inzaurralde, "West 'ignored Russian offer in 2012 to have Syria's Assad step aside'", *The Guardian*, September 15, 2015 (https://www.theguardian.com/world/2015/sep/15/west-ignored-russian-offer-in-2012-to-have-syrias-assad-step-aside)

78. Fanny Arlandis, "En 2012, la France et ses alliés auraient ignororé un plan prévoyant le départ de Bachar el-Assad," *Slate.fr*, September 15, 2015

79. Olga Rudenko, "Ukraine ready to negotiate with Russia", *The Kyiv Independent*, February 25, 2022 (https://kyivindependent.com/national/ukraine-ready-to-negotiate-with-russia/)

80. Arthur Rutishauser, "Schweiz will Friedenskonferenz in Genf organisieren", *Tages Anzeiger*, February 26, 2022 (https://www.tagesanzeiger.ch/schweiz-will-friedenskonferenz-in-genf-organisieren-129475547083)

81. Maïa de La Baume & Jacopo Barigazzi, "EU agrees to give €500M in arms, aid to Ukrainian military in 'watershed' move", *Politico*, February 27, 2022 (https://www.politico.eu/article/eu-ukraine-russia-funding-weapons-budget-military-aid/)

82. Zoya Sheftalovich, "Russia's Lavrov sees hope of 'compromise' with Kyiv as Zelenskyy signals NATO shift", *Politico*, March 16, 2022 (https://www.politico.eu/article/zelenskyy-peace-talks-russia-realistic-accept-compromise-nato/)

83. sobel Koshiw & Daniel Boffey, "Russia and Ukraine 'close to agreeing' on neutral status, says Sergei Lavrov", *The Guardian*, March 16, 2022 (https://www.theguardian.com/world/2022/mar/16/russia-and-ukraine-close-to-agreeing-on-neutral-status-says-sergei-lavrov)

84. https://eur-lex.europa.eu/legal-content/FR/TXT/PDF/?uri=CELEX:32022D0472

和非致命[85] 军事援助。据《乌克兰真理报》报道，[86] 鲍里斯·约翰逊干预并摧毁了所有谈判努力。事实上，约翰逊在电话中不停地勒索乌克兰，一周后，他再次访问基辅，[87] 在基辅期间，他要求乌克兰撤回谈判承诺以换取无限的西方支持。[88]

2022年8月中旬，在土耳其总统埃尔多安访问乌克兰期间，他提议安排弗拉基米尔·泽连斯基与弗拉基米尔·普京会面。[89] 经过一番犹豫，普京宣布自己已准备好会面，[90] 但鲍里斯·约翰逊再次出面干预，并警告乌克兰不要接受"轻率"的和平计划。[91] 土耳其的倡议被扔在了一旁。

因此，虽然俄罗斯人看到了战争和政治之间流动的双向联系，但西方倾向于将战争本身作为目的。这就是为什么西方人很难摆脱冲突，而俄罗斯人提供了退出冲突的路线（2022年2月、3月和8月）。与西方同行相比，俄罗斯人对冲突采取了更具战略性的、深思熟虑的且不那么冲动的方法。

学说结构

与西方比较，俄国人一直特别重视军事学说。他们比西方更好地理解"对事物观察、思考和行动有共同规律性方法"——正如福煦元帅曾经说过的那样[92]——在允许军事行动概念无限变化的同时，能保持整体演变的连贯性，军事学说就是一种"共同核心"，可作为作战设计的参考。

俄罗斯军事学说将军事艺术分为三个主要组成：战略，作战和战术。每一个组成部分都有自己的特征，与西方学说非常相似。使用法国军队的学说术语来描述：

85. https://eur-lex.europa.eu/legal-content/FR/TXT/PDF/?uri=CELEX:32022D0471

86. Iryna Balachuk & Roman Romaniuk, "Possibility of talks between Zelenskyy and Putin came to a halt after Johnson's visit", *Ukrainska Pravda*, May 5, 2022 (https://www.pravda.com.ua/eng/news/2022/05/5/7344206/)

87. https://peoplesdispatch.org/2022/05/09/ukrainian-news-outlet-suggests-uk-and-us-governments-are-primary-obstacles-to-peace/

88. https://www.gov.uk/government/news/pm-call-with-president-zelenskyy-of-ukraine-2-april-2022

89. "Erdoğan suggests to revive negotiations between Ukraine, Russia on the basis of the March agreements", *Ukrainska Pravda*, August 18, 2022 (https://www.pravda.com.ua/eng/news/2022/08/18/7363895/)

90. https://www.cnnturk.com/turkiye/dunyanin-gozu-uclu-zirvede

91. Tom Balmforth & Andrea Shalal, "UK's Boris Johnson, in Kyiv, warns against 'flimsy' plan for talks with Russia", *Reuters*, 24 August 2022 (https://www.reuters.com/world/europe/uks-johnson-kyiv-warns-against-flimsy-plan-talks-with-russia-2022-08-24/)

92. Maréchal Foch, *Des principes de la guerre*, Economica, 2017

- 战略层面是构思层面，战略行动的目的是引导对手进行谈判或让对手彻底败。

- 作战层面是通过部队间合作与协调行动，以期实现某一军事目标。

- 战术层面是武器层面的机动部署，作为作战机动的一个组成部分。

战术目标必须促进作战目标的实现，而作战目标又必须促进政治和军事战略目标的实现。事实上，在俄罗斯的军事思想中，每个层次都发挥着倍增因素的作用。这些倍增效应应该能够实现更高层次的目标：作战目标的实现来自军队间协同作用的倍增效应，战略目标的实现来自实现作战行动的倍增效应。

与俄罗斯军事思维更加完整和网络化不同，西方军事思维往往是顺序排列和线性的。西方人倾向于将作战成功视为战术成功的总和，而俄罗斯人则倾向于将其视为倍增效应的结果。这就是为什么在2023年底乌克兰反攻遭受可预见的失败后，西方权力最高层一筹莫展，无所适从。

在俄罗斯，战略被看作是一种本质上具有政治性质的智力活动，而战术被视为一种本质上具有技术性质的活动，而"作战艺术"则是最佳地利用相关力量之间协同作用的艺术。

这三个组成部分对应不同的领导级别，这些级别转化为领导结构和军事行动的的空间。为了简单起见，现假设战略层面是为了确保战区（TV）的管理，在一个地理上有一个庞大的实体，拥有自己的指挥和控制结构，其中有一个或多个战略方向。战区包括不同的军事行动区（TVD），代表战略方向和行动的区域。这些不同的战区没有预先确定的结构，而是根据情况进行确定。例如，虽然我们通常谈论"阿富汗战争"（1979-1989），或者"叙利亚战争"（2015年-），但在俄罗斯军事术语中俄罗斯将这些国家视为军事行动区TVDs，而不是战区TVs。

这同样适用于乌克兰， 俄罗斯将这些国家视为军事行动区（TVD），而不是战争区（TV）。这解释了为什么乌克兰的行动被称为特别军事行动而不是战争。

使用"战争"一词将意味着与俄罗斯人在乌克兰预先设想的行动不同，如果是"战争"，这意味着将对俄罗斯本身产生其他结构性影响。这是问题的核心——正如北约秘书长托尔滕贝所承认的"战争始于2014年"，[93]

---

93. https://www.nato.int/cps/en/natohq/opinions_211698.htm

本应通过《明斯克协议》结束它。特别军事行动是一场"军事行动"，而不是许多西方"专家"声称的一场新的"战争"。

俄罗斯军事概念的战略空间组织

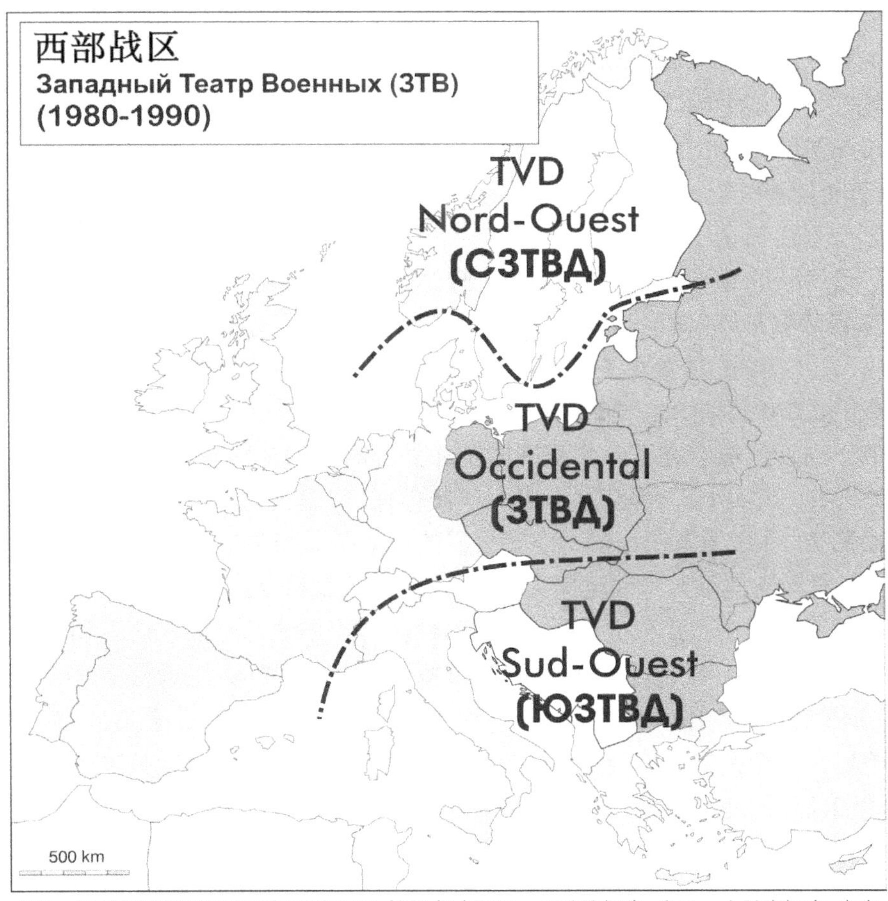

图5 一冷战期间苏联对西方战区的构想。战区（TV）既是一个政治概念，也是一个军事概念，内容非常宽泛。它被细分为军事行动（TVD），俄罗斯对其战略空间的构建说明了为什么在乌克兰是军事行动（TVD）而不是战争（TV）。

战略

　　一般而言，战略是我们想要实现政治、军事或其他目标的方式。

　　我们的记者完全不懂这个术语的意思，他们不加区分地使用它，经常把"战术"甚至"军事学说"来代替"战略"来用，这只是为了使文章看起来花哨，避免词汇重复。令人羞愧的是，一些军事人员自己也混淆了这些概念。有趣的是，这可能导致演讲人陷入尴尬境地，例如米歇尔·戈雅上校于2022年11月2日向参议院委员会的陈述过程，就出现了这样的混乱。[94]

更普遍地说，这种混乱反应在军方无法制定处理冲突的战略上。这种混乱源于我军经常把政治战略和军事战略两者混淆。军方无法制定在他们知之甚少的冲突中作战的战略，他们就把责任推给政客。事实上，政客往往没有能力制定战略。但是，根据我个人的观察，我们的将军们往往也没有制定战略的能力。我们所说的"战略"通常只不过是我们试图把不同行动措施的集合在一起，好像有了连续性。萨赫勒地区就是这种情况，法国士兵白白送了性命。

俄罗斯的军事思想与大多数宪政国家一样，战略层面被分为政治战略和军事战略。政治战略是由国家政治当局所做决定的，而军事战略是将政治战略的决策传递到到军事层面。政治战略和军事战略是相辅相成的，二者必须向主要的政治目标靠拢，这才是政治的本质。美国人熟悉的"大战略"概念在于定义解决内部和外部问题的全球方法，它在俄罗斯不存在．事实上，"大战略"概念已不复存在。只是当时苏联拥有优越的战略形势，并赋予了它与资本主义世界的竞争中承担主要的角色。

俄罗斯的战略方针非常务实，远不像西方那么教条。虽然政治战略和军事战略分别由政治权力和军事指挥分别负责，但他们必须在协商和沟通的基础上共同制定方案。那种认为俄罗斯的战略是在克里姆林宫一个不起眼的办公室里起草，然后强加给军方照办的想法是错误。事实上，战略不是在真空中制定的。他们必须考虑许多因素，这些因素包括具体周围环境和自身的能力。这就是上面看到的"力量协调原则"，它决定了策略的选择。由于弗拉基米尔·普京有的克格勃专业背景，与欧洲领导人处事方法不同，他是在与情报部门对事实进行有条不紊的分析后才做出决定。

在西方绞尽脑汁想把其军事成功转化为政治成功（阿尔及利亚、越南、阿富汗、伊拉克，利比亚，萨赫勒等）时，原来的苏联，后来的俄罗斯，却自如地应用了克劳塞维茨原则，即"战争无非是政治通过另一种手段的继续"。因此，战争和政治之间存在着连续性的。尽管北约东扩是俄罗斯关注的问题，可能在其边境部署核武器是其中的一个主要方面，但这并不是俄罗斯干预乌克兰的原因。

---

94. https://youtu.be/aZe5diu87sk

俄罗斯干预乌克兰的真正原因是泽连斯基于2021年3月24日决定重新夺取克里米亚和顿巴斯之后，顿巴斯居民受到了来自基辅的威胁。另一方面，可以肯定的是在俄罗斯领导人的心中，这种干预是为了包括乌克兰加入北约问题在内的谈判打开大门，泽连斯基本人也明白这一点，他在2022年3月的提议证明了这一点。

换句话说，这一切都是为了将作战行动的成功转化为军事战略成功，然后将军事战略成功转化为政治成功。与西方不同（西方努力谈判，不知道如何谈判），俄罗斯人认为谈判的想法与战争是一体的。这就是为什么他们对泽连斯基（2022年2月25日和3月中旬），以及对埃尔多安（2022年8月）提出的各种谈判建议持开放态度。2022年11月，泽连斯基承认他收到了俄罗斯人愿意与他进行直接谈判的信号，但他没有跟进。[95]

这也解释了为什么俄罗斯没有将制裁视为问题，而是当成一个机会。这点很像中国，中国就是将危机视为迎接新挑战的机遇。由于我们被自己的语境蒙蔽了双眼，我们没有看到，从2014年开始实施的制裁对俄罗斯来说是提振经济的机会。他们不仅产生了保护主义效应，而且还开辟了新的领域，例如俄罗斯由原来的农产品进口国变成了今天的农产品出口大国。

不像俄罗斯，西方认为只有彻底粉碎对手才能取得胜利。这就是为什么从2014年起，他们不停地寻找机会将俄罗斯完全排除在所有国际论坛之外，以及为什么他们迫使乌克兰放弃所有妥协提议，[96] 他们无法在政治背景下理解军事战略，这往往会导致他们陷入无休止的战争（阿富汗、伊拉克、叙利亚、萨赫勒等等）。完全缺乏解决冲突的战略和目标，缺乏对解决冲突的判断力，导致了今天马里和尼日尔等地的混乱局势，当地政府已经意识到由法国发动的战争找不到出路，没完没了！

与美国人及其北约盟国不同，苏联是带着战略和目标进入阿富汗的。苏联在整个干预过程中保持了战略连贯性。他们专注于维护阿富汗共产党的权力而不是摧毁抵抗力量。因此与西方不同，他们不必进行大规模影响平民的空袭。此外，根据1920年代巴斯马奇起义期间获得的经验，他们并没有寻求改变阿富汗社会或其世俗和宗教传统。与西方人不同，

---

95. "Zelensky admits receiving hints that Putin wanted to negotiate", *The Kyiv Independent*, November 16, 2022 (https://kyivindependent.com/zelensky-admits-receiving-hints-that-putin-wanted-to-negotiate/)

96. Roman Romaniuk, "Possibility of talks between Zelenskyy and Putin came to a halt after Johnson's visit", *Ukrainska Pravda*, 5 May 2022 (https://www.pravda.com.ua/eng/news/2022/05/5/7344206/)

他们只需要与战斗人员作战，而不是与阿富汗社会作战。因此苏联军队没有被迫离开，他们支持的政府又执政了两年；而三十年后美国人是被迫离开，他们支持的政府只持续了仅仅48小时！

总的来说，自冷战结束以来，俄罗斯之间有两种不同的决策理念。莫斯科的决定是深入分析和长期设想的结果，不受公众舆论左右。另一方面，在西方，决策是从短期角度作出的，着眼于大众传播和公众舆论。因此，可能使公众感到不安的因素就被排除在外，反对的声音也被压制。不是基于全面和整体而制定的决策，必然导致乌克兰失败。

在俄罗斯，战略是根据对手而公众舆论来调整的。正如我们在议会委员会对军官听证会上看到的那样，他们很难退后一步，仔细斟酌个人对战争和军事战略概念的理解。他们无法适应对手的策略，这导致了对他们不利的非对称局面。这就是为什么他们在阿富汗、伊拉克、萨赫勒和其他地方失败，并且将继续失败的原因。

作战艺术

作战艺术的精髓——协同作用

正如法国经常发生的情况一样，Monsieur Jourdain的散文正在被重新修改。某些研究人员似乎重新发现了作战艺术。虽然"作战艺术"一词是俄罗斯军事思想和词汇的特征，但它所涵盖的行动艺术已经为人所知几十年了。然而，西方陷入在"反恐战争"的过程中，已经忘记了这一点，它的军事思想仍然局限于战术领域。

作战艺术既不是一种作战方式（像一些专家所宣称的那样[97]），也不是一种对敌人"去实体化"的方法，更不是一种"将对手置于系统崩溃为目标"的方法，[98] 而是军事学说中支配着战术和战略层面之间的作战水平的部分。它是构思军事行动的一般框架。应该指出的是，这是一门"艺术"，即鼓励想象力和创造力的活动，正如《百科全书军事词典》（VES）所强调的那样。[99]

---

97. https://www.rts.ch/info/monde/13135499-bernard-wicht-le-succes-de-loperation-russe-cest-davoir-reussi-a-mystifier-tout-le-monde.html
98. https://youtu.be/jWyJgFv88Mk
99. https://encyclopedia.mil.ru/encyclopedia/dictionary/details.htm?id=13724@morfDictionary

西方记忆的丧失有很多原因。经典的战略参考，如克劳塞维茨或乔米尼，他们都没有提到作战层面。另一方面，他们对战略一词的使用引出了现代"作战艺术"概念。这种明显的缺失，可以用19世纪初战争的特征来解释，并且可能解释了"战略行动"一词的使用。该短语在法国军事词汇中用来特指俄罗斯所说的"作战艺术"。

直到第一次世界大战后，航空、火炮、机动、装甲和通信的综合进步，才使"时间"和"空间"的概念得到重新重视。这导致了英国、德国和俄罗斯战争之间"作战艺术"得以概念化。

这种想法的典型结果是，德国人于1939年至1941年在欧洲实施的所谓"闪电战"。在法国，"闪电战"一词仍然与当时的反德宣传联系在一起，并倾向于指代一种残酷的战争方式。今天，将SMO与"闪电战"进行比较，往往会让人联想到今天的俄罗斯和纳粹德国之间的类比。[100]　然而，我们电视屏幕上的"专家"和"战略家"中很少有人知道他们在说什么。事实上，德国人从未将这种类型的战争理论化为"闪电战"！

闪电战原则

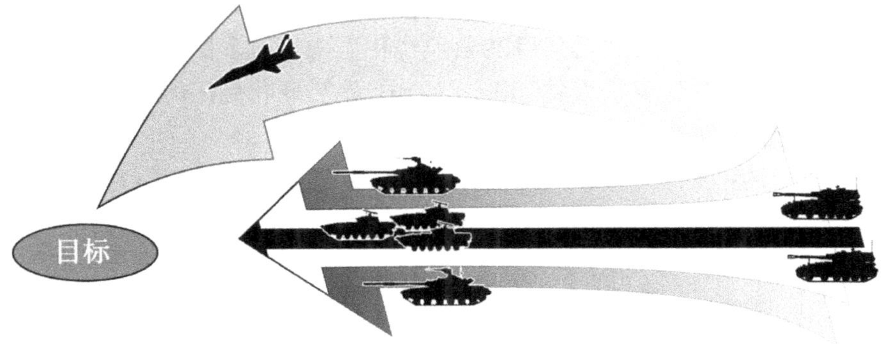

图6 —"闪电战"一词已被普遍误解，它已成为作战效率的代名词。然而，对于专家来说，"闪电战"仍然是作战行动的典范，靠质量战胜了数量。这就是1940年发生的事情，当时法国一边的数量优势明显，但一如既往，在法国有大量"独奏"的地方，德国人知道如何演奏管弦乐队。今天也是同样的问题……在俄罗斯看来，作战艺术是发挥部队各组成部分之间协同作用的艺术，以获取可以转化为战略成功的目标。

---

100. Luke Harding, "Demoralised Russian soldiers tell of anger at being 'duped' into war", *The Guardian*, March 4, 2022 (https://www.theguardian.com/world/2022/mar/04/russian-soldiers-ukraine-anger-duped-into-war)

2·俄罗斯的军事思想

这种"闪电战"不是一种发动战争的方式，而是一种通过与数量上占优势的对手交战的作战方式。这是一种动态的作战方法，结合了地面和空军之间的协同作用。机动灵活的调动，创造了局部和暂时的优势，使我们能够压倒更强大的对手。

由巴兹尔·里德尔·哈特爵士在20世纪20年代和30年代提出了这个理论，然后在30年代被德国人采用，该理论启发了苏联人格奥尔基·伊塞尔森，特别是米哈伊尔·图哈切夫斯基，他在1936年提出了俄罗斯的"纵深作战"概念。[101]

> 利用空中力量和火炮，同时攻击敌人的纵深防御工事，大规模使用装甲突击队，攻击敌人的战术防御地带，并将战术上的成功果断地转化为作战上的成功，以彻底包围和摧毁敌人。主要作战由步兵承担，并根据需要，组织各类部队的相互支援。

第二次世界大战的最后几个月，见证了作战思维的最大演变。在东欧广阔的平原上，苏联人得以发挥他们的军事行动艺术。白俄罗斯战略进攻行动（1944年6月23日至8月29日）（也称为巴格拉季昂行动），使红军在两个月内将其优势扩大到600多百公里，是苏联和后来的俄罗斯军事思想演变的决定性一步。[102]

二战结束后，西方人立即陷入殖民冲突，在那里，作战艺术（在联合行动的意义上）趋于消失。除了1991年第一次海湾战争之外，西方人只打战术战争，只挑数量和技术上都处劣势的对手作战。

在1980年代初期，随着战区核武器的逐步消除，铁幕两侧再次开启了纵深作战的预想。作战艺术成为西方情报部门内部众多研究和辩论的主题。这些情报部门担心，西方没有真正的能与苏联匹敌的能力。

有代表性的例子，美国人只是在1982年版和1986年版的《FM-100-5操作手册》中真正概念化了作战的进攻维度。苏联之后的40多年后，他们才明白了在敌方领土纵深处，部队相互支持对作战行动的重要性。随着行动空间的确立，他们的概念在1993年版本的FM-100-5中得到了改进。

---

101. Jack D. Kem (Ed.), "Deep Operations", *Army University Press*, Fort Leavenworth, Kansas, November 2021
102. https://mil.ru/winner_may/history/more.htm?id=11960765@cmsArticle

经验表明，西方人倾向于混淆"operational"和"operative"这两个术语。法语，德语和俄语不同。"可行动的operative"一词在英语中并不作为军事术语存在。因此北约术语使用"作战operational"一词来指这两个方面，从而导致混淆。

今天，俄罗斯军队继续从第二次世界大战的经验中汲取灵感。

与西方的流行观点相反，成功的源泉不是数量，而是各种手段的动态整合：

> 集中力量的原则与其说是数量上的，不如说是质量上的，
> 即能够找到一种动态形式的能力，能够通过其创新性和
> 突然性来"饱和"打击敌人。[103]

这种动态方法的核心是机动。作为作战能力的一个要素，机动是无法量化的，但在取得成功方面，它往往与火力一样重要。这一切都是为了利用敌人的弱点（从前面的缺口来渗透）。渗透到敌方的体系内部中，占据一个更有利的位置进行打击。[104]

俄国人将作战艺术视为实现战略目标的战术行动的倍增器。这要归功a)军队之间的协同作用，b)作战行动本身之间的协同作用。这个动态的维度，赋予了"联合作战"的概念及作战艺术的意义。

作战控制

美国人将作战艺术看作是一个连贯的概念中独立且并列的作战，而俄罗斯人则倾向于将作战视为一个整体，每个组成部分彼此相互支持。就好比武术比赛，俄罗斯人认为它有点像空手道，靠的是敏捷性和速度，而不是重量。拥有优势的不是数量，而是你与你的部队交战方式，通过交战创造局部和暂时优势，并先于敌方部署部队。

这就是为什么俄罗斯人在行动动态中寻求成功的原因。一旦战斗变得静止，作战模型就必须改变。正如我们在2022年夏末看到的那样。

与任何事一样，成功的关键是整合决策过程。在乌克兰尤其如此，在那里，双方都承认，留给进行决策的时间都很短。

---

103. http://tutunnikovnn.ucoz.ru/3710_1.pdf
104. http://tutunnikovnn.ucoz.ru/3710_1.pdf

1940年，各种武器的协调和同步严重依赖无线电。正是因为这个原因，虽然法国坦克在技术上有优势，但配备无线电的坦克太少，因而无法在与德国坦克对抗中发挥自己的优势。

今天，战术侦察资源（例如微型无人机）的激增，已经缩短了从发现目标到击毁目标的时间。这就是西方军队所熟知的OODA（即观察、定位、决定和行动）循环。由于网络连接和人工智能，这是一个日益自动化的过程。

在阿富汗，相对较小的部队在复杂的地形中作战。苏联人开始研究网络系统。为了快速准确地应对圣战者的袭击和伏击，他们尝试缩短观察和反应之间的时间。从技术上讲，这意味着整合侦查和火力，以实现近乎实时的反应。在短短几个月内，第40集团军各部队就适应了这种战场变化，取消主战坦克参战，增加了特种部队和空中机动部队，增加了火炮和通信资源。

这些实验催生出了"ROK/RUK"的概念：

- "侦察-火力综合体"ROK，整合了在战术层面作战系统　（122和152毫米榴弹炮，多管火箭发射器和迫击炮）。[105]

- "侦察-打击综合体"RUK。这是作战层面的联合执行概念。它包括战区导弹系统（例如高超音速导弹），大口径火炮，武装直升机，固定翼作战飞机和电子战装备。[106]

这个概念早在1980年代初就已经探讨过，一直是俄罗斯专业媒体从未停止过的辩论主题。俄罗斯对叙利亚TVD的干预，实施了ROK和RUK，使这些技术概念在今天得以成熟并得了验证。

乌克兰冲突为这些概念带来了新的维度，这似乎让观察家们感到意外。

它的特殊性不在于无人机的成倍增加，而在于在最低战术水平上出现了大量越来越短的OODA循环（观察、定位、决定、行动）。这意味着不仅战场变得"准透明"，而且行动能力可以更快地施展。

---

105. https://bigenc.ru/c/razvedyvatel-no-ognevoi-kompleks-ba42cf
106. https://bigenc.ru/c/razvedyvatel-no-udarnyi-kompleks-f2079c

ROK与RUK的区别

	ROK	RUK
驱动水平	战术	作战
驱动系统	Krus strelets	Akatsiya-m Sozvezdiye-m2 仙女座-D
识别方式	Razvedchiki 轻型无人机 无人飞行器 奥兰-10/30	特种部队 中型和大型无人飞行机 猎户座
行动方式 (举例)	火炮 (122/152mm) 自杀无人机 Geran-2 柳叶刀	火炮 (152/203mm) 航空 导弹： 伊斯坎德尔 金贾尔 锆石 电子战系统

图7 —ROK和RUK控制系统和武器，该列表并非详尽，仅用于说明目的。

此外，乌克兰使用诸如法国的凯撒或美国的海马斯等武器系统，这意味着俄罗斯的ROK/RUK系统必须进行大幅度调整。造成这种情况的原因有两个：速度和弹道。这些系统可以迅速部署和发射，就海马斯而言，其火箭弹具有非弹道轨迹——这需要需要计算其轨迹以确定发射器的位置。

俄罗斯为应对出现的问题，已经开始了两个技术趋势：

- 采用人工智能，使其自动化程度越来越高；
- 以网络为中心的作战管理需求。

根据在TVD叙利亚获得的经验，俄罗斯人建立了一个集中的作战管理系统，用来指挥包括核力量在内的所有俄罗斯部队。它被指定为国防作战中心 (NTsUO)，它汇集了所有能够与作战管理相关的元素，[107]正是从这个国防作战中心NTsUT发布了有关乌克兰冲突的信息公告。

俄罗斯信息渠道是围绕以下综合网络建立的：

- AKATSIYA-M,是俄罗斯武装部队的作战-战略和作战-控制网络，是一种军事互联网，早在2005年就建立了一个信息平台，用于连接统一的作战--战术和战术控制网络；

---

107. https://sneg5.com/obshchestvo/armiya/centr-upravleniya-oboronoy-rf.html

- 统一的作战-战术控制网络(ESUTZ),用于部队的作战使用。这些是 SOZVEZDIYE-M2(用于地面部队)和ANDROMEDA-D(用于空降部队)系统.
- TZ ESU用于空军和防空部队。

所有这些系统都于2015年部署在叙利亚的TVD上,此后进行了升级。它们集成了侦察、决策和火力/飞行能力,以缩短响应时间。

这些系统以小型袖珍终端的形式在最低战术水平上进行了扩展。这是在乌克兰TVD的真正新颖之处:情报、控制和通信系统。

KRUS STRELETS可掌控战斗进程,还可以实现语音通信和数据传输(坐标、目标识别和标定)和地形导航。与国家侦察监视、目标标定、雷达、测距仪、倾角仪和无人机系统可互操作,它是ROK/RUK在乌克兰地区的核心组成部分之一。

巷战系统Strelets于2015年首次参与叙利亚TVD行动,从2017年以来一直在连接俄罗斯战术无人机、机械化火炮、坦克和步兵。特别是,它为2016年9月20日俄罗斯对伊斯兰国指挥所的袭击提供了支持(我在我的书中提到过《假新闻治理》),据报道,约有三十名美国,以色列,卡塔尔和土耳其军官死亡。[108]

ROK/RUK基层战术部分要素

图8—与普遍的看法相反,俄罗斯武装部队高度分散。这里显示的是巷战系统(Strelets Max)的UNKV-E终端,用于基层战术步兵单位到战斗群级别。

---

108. Judah Ari Gross, "Russia: Mossad, other foreign agents killed in Aleppo strike", *The Times of Israël*, 22 septembre 2016 (https://www.timesofisrael.com/russia-mossad-other-foreign-agents-killed-in-aleppo-strike/)

在乌克兰，据一个乌克兰指挥官讲，乌军坦克出动不到5分钟就会被俄军锁定，并在三分钟遭到攻击。坦克的生存能力只有10分钟。[109]　很难说这些数字是否真实，但它们确实表明ROK/RUK综合体运行良好。令人惊讶的是，法语媒体从来没有提到它们。

ROK综合体在炮兵营一级的例子

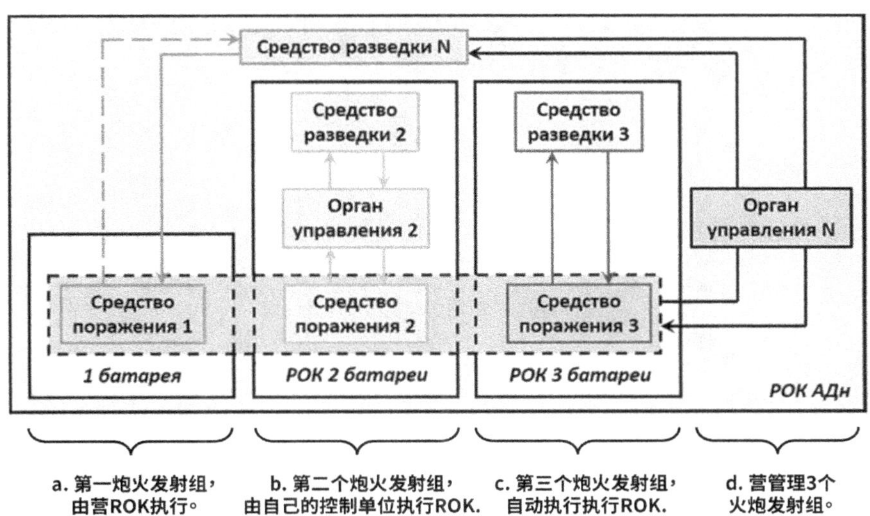

a. 第一炮火发射组，由营ROK执行。　　b. 第二个炮火发射组，由自己的控制单位执行ROK.　　c. 第三个炮火发射组，自动执行执行ROK.　　d. 营管理3个火炮发射组。

图9—ROK在炮兵营一级整合的例子：连级炮兵(b)和 (c) 营级炮兵 (a) 或整个营 (d)
【资料来源，乌克兰陆军提交的俄罗斯条令文件】。

虽说如此，在较高的作战领域，俄罗斯情报部门仍然显示出弱点。乌克兰的一些成功可归因于俄罗斯缺乏探测和远程战场监视资源。TVD的大小意味着检测资源必须具有相应的深度。乌克兰对克里米亚半岛的袭击就是这种情况，由于其缺乏早期预警系统而无法有效防御。

相比之下，美国拥有全球防御架构。它是世界上唯一一个围绕各大洲的指挥部构建起武装部队的国家。这种架构对监测指挥区域每个责任区局势的情报资源收集产生影响。

---

109. Thibault Spirlet, "Tanks and troops out in the open in Ukraine can't go 10 minutes without being spotted and fired upon, Ukrainian official says", *Business Insider*, 28 septembre 2023 (https://www.businessinsider.com/tanks-troops-in-the-open-are-hit-within-10-minutes-ukraine-official-2023-9)

2·俄罗斯的军事思想

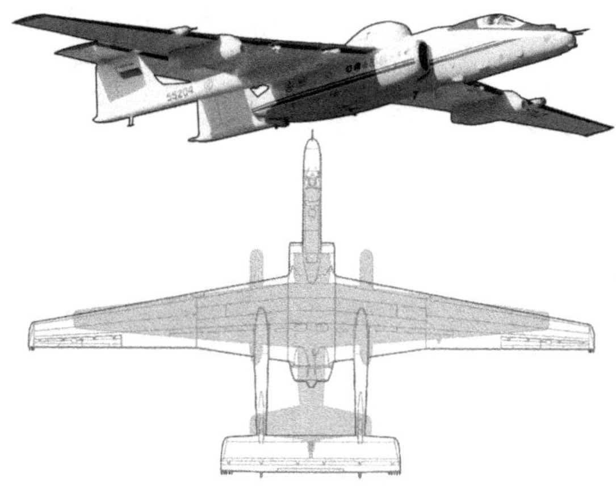

图10-M55-神秘者-B是20世纪80年代M17M-17 平流层STRATOSFERA(Mystic-A)项目的升级版。它是一种能够在两万至三万米高空运行的飞机,配备了精密的电子和光电传感器来监控行动纵深。预计它将执行类似于美国著名U-2R大飞机(灰色剪影)的功能。据英国情报部门称,第一批M55目前正在抵达乌克兰TVT。[110]

俄罗斯的观测卫星分布密度不及美国。它的情报资源集中在乌克兰,但不够细化,无法弥补战略情报与更高级别的行动指挥之间的差距。这解释了加快A-50U"中流砥柱"警告机的生产,以及重新启用M-55神秘者-B侦察机项目。[111]

进攻性作战

基本图形

在俄罗斯的观念中,进攻性作战被分解为:

- "主攻"是指行动或攻击的最根本目标。用美国术语来说,这是一次"决定性的行动"。
- "助攻"其目的是通过诱使对手分散其力量来促进主攻的实施。用北约术语来说,这是一项"支援行动"。

---

110. https://twitter.com/DefenceHQ/status/1726153057971401130
111. https://www.thedrive.com/the-war-zone/soviet-era-m-55-spy-plane-may-be-headed-to-war-in-ukraine

虽然决定性行动通常很好理解，但支援行动（助攻）却不易懂。它通常是吸引对手部分力量，以减轻"主攻"方向的压力。这些"助攻"可以采取多种形式，其中之一就是美国人所说的"塑造行动"。[112]

> "塑造行动"是利用军事能力，为进行决定性行动创造必要条件的行动。塑造行动，就是在开始决定性行动前和行动过程中使用全方位的军事能力，来降低敌人的有组织连贯抵性抗能力。指挥官将部队力量经济原则应用于塑造行动，只为他们提供最基本军事资源，为决定性行动创造条件，从压倒性的军事能力中受益。
>
> 与决定性操作一样，塑造行动可以在行动区域的任何深度和任何力量下进行。当然，指挥官必须清楚的确定塑造行动如何有助于决定性行动。在进攻或防御行动中，塑造行动可能涉及阻止敌人使用某个地区，或使用某些电磁频谱，摧毁或降低其主要装备（特别是它的指挥和控制中心、后勤、火力支援和防空武器），或阻断其部队的关键物质供应。

这一概念的最好实例是2022年2月24日俄罗斯发起的特别军事行动，行动中包括，"主攻"是顿巴斯地区，"助攻"是基辅。与某些战略家的断言相反，例如阿尔及利亚AL24频道的伯纳德·威奇特对基辅的推进，他认为这并不是"佯攻"。[113] 我们在这里处理的不是虚假信息，而是"塑造"行动。进攻基辅的目的是迫使乌克兰抽调部队在基辅设防，以防止其部署更多部队加强对俄罗斯向顿巴斯"主攻"方向的压力。稍后会详细介绍。

塑造行动的另一个例子是在2022年10月和2023年5月期间，对乌克兰电力设施的袭击行动。目的是迫使乌克兰人消耗他们的防空导弹，从而使俄罗斯空军能够在前线自由行动。2023年4月"泄露"的美国秘密文件表明，乌克兰的SA-10/S-300和SA-11/BUK防空系统和弹药在2023年3

---

112. Major David R. Moore, "Decisive, Shaping, Sustaining Operations: An Operational Organization For The Contemporary Mission Environment", *School of Advanced Military Studies, United States Army Command and General Staff College*, Fort Leavenworth, Kansas, 27 mai 1999 (https://apps.dtic.mil/sti/pdfs/ADA370239.pdf)
113. https://youtu.be/jWyJgFv88Mk

月底至5月底期间以这种方式消耗殆尽。2023年4月，乌克兰空军发言人尤里·伊格纳特上校指出，攻击电力系统的军事行动产生了"明显的效果"，乌克兰的防空能力现在已经不足，[114]　我们的"专家"已经提出了所有可能的解释，可是没有一个说到点之上。

这场针对电力基础设施的行动，使俄罗斯能够为乌克兰2023年的反攻塑造战场。乌克兰现在已经没有能力抵御到俄罗斯战术航空兵的打击。[115] 正如印度媒体报道的那样："卡-52短吻鳄武装直升机似乎已经确立了自己作为最佳坦克杀手的地位"[116]。这些直升机已成为乌克兰反攻的主要障碍之一，为了打击这些直升机，乌克兰正在寻求获得F16战斗机。

突破

"突破"在1944年至1945年的苏联最后一系列重大攻势中被广泛使用，尽管其有令人生畏的效果，但"突破"概念在20世纪60年代至70年代短暂地从苏联学说中消失了。战术核武器在欧洲战区的出现，使得立即歼灭大量集中部队成为可能。但在20世纪80年代初，在欧洲导弹危机和放弃在欧洲部署战区核武器的想法之后，"突破"的想法又回来了。1984年美国陆军关于苏联战术的FM100-2-1手册中将苏联的突破性行动描述如下：[117]

> 举例说明，一个近卫步兵团被分配了一个22公里宽的前进主轴，但将其80%到90%的部队集中在不到其总主轴宽度1/3的宽度上，也就是在七公里的宽度上，该军团集结了27个营1087门火炮和牵引迫击炮，以及156辆坦克和自行火炮武器，使其对步兵的优势为4:1，炮兵的优势为10:1，坦克的优势为17:1。

114. Ellie Cook, "Russian Glider Bombs Spark New Air Defence Woes for Ukraine", *Newsweek*, 13 avril 2023 (https://www.newsweek.com/russia-glider-bombs-ukraine-air-defense-jdams-1794155)

115. https://air-cosmos.com/article/ukraine-aviation-russe-la-contre-offensive-en-danger-65273

116. https://www.eurasiantimes.com/double-kill-russias-ka-52-alligator-hunts-2-ukrainian-tanks/

117. "Field Manual 100-2-1, The Soviet Army : Operations and Tactics", *Department of the Army* Washington, DC, 16 juillet 1984 (https://irp.fas.org/doddir/army/fm100-2-1.pdf)

这种将力量集中在一个非常狭窄的战线上,似乎有悖常理。任何一个步兵下士都知道,为了避免伤亡,士兵需要尽可能的分散。这是第一次世界大战步兵的惨痛教训。但是在战术层面上是正确的,在作战层面上不一定正确,因为主导突破概念的原则是对敌人的防御进行饱和打击。简单的说,面对一种武器可以每分钟摧毁三辆坦克,攻击者必须有能力每分钟提供三辆以上的坦克来增加它的生存机会。

突破的想法是在前线的某一部分上,创造暂时的优势。因此假设整个前线的平均兵力比为3:1。我们聚集了足够的资源,在突破区创造了5-6:1的局部优势。正是从这个概念出发,"步兵浪潮"或"人海战术"的神话出现了,被误导了的"专家"声称,苏联人就是这么干的。

这个传说是由乌克兰的宣传部门编造的,用来解释需要坚守巴赫穆特的必要性,目的要消耗俄罗斯军队。2023年2月,法国电视频道LCI向我们展示了8个人的"人海战术",[118] 我们的"专家"就是不得要领。2023年4月为乌克兰而战的英国退伍军人克里斯托弗·佩里曼在《旁观者》上解释说,他几乎从未见过俄罗斯战斗机。事实上,俄罗斯人使用大炮,然后进来清理地面,他们几乎从不将自己暴露在步兵火力之下。他指出"他们的炮兵队非常出色,你不能把伊拉克与此相提并论,它要激烈得多。[119]

事实上,突破性概念只对动态防御完全有效。俄罗斯特别行动SMO早期,虽然攻入乌克兰防御深处,但我们并不能按照突破的概念来理解,俄罗斯人并没有在乌克兰真正使用"突破"这个概念。

另一方面,这是西方战略家向乌克兰推荐的2023年反攻概念。然而,当对手牢牢坚守经过强化后的防御系统,只有凭借明显和大规模的空中优势下才有可能取得突破。这是乌克兰人的痛苦经历。我们稍后再讨论这个问题。

在乌克兰,乌克兰人和俄罗斯人都没有以"人海战术"作战。

纵深作战

攻击一支数量上处于劣势的部队,俄国人采用机动作战来获取时间和空间上有限优势,为获取更多优势,需要不断重新部署部队,在另一个地

---

118. https://youtu.be/pe2khpEykc4

119. Colin Freeman, "'Iraq does not compare to this': the British soldier on Ukraine's front line", *The Spectator*, 15 avril 2023 (https://www.spectator.co.uk/article/iraq-does-not-compare-to-this-the-british-soldier-on-ukraines-front-line/)

区创造另一个局部优势。这就是机动作战组（OMG），它是1930年代苏联理论化概念的现代版本。

1982年，美国人借鉴了这一概念，勾勒出空地战的轮廓，目的是精确攻击苏联后方。然而，与苏联的概念不同，他们并没有真正寻求与地面部队交战。他们的目标是在敌人的深处进行空袭和炮击，这并不是一门真正的作战艺术。而是一种远距离战术行动。

LDA经常被一些"专家"与"作战艺术"的概念混淆。[120] LDA是一支特别的、高度机动的部队，可以深入敌人的体系深处。它按照"流水"原则前进，绕过敌人的据点和主要地区，以攻击敌人的第二梯队和预备队。事实上，LDA的目标不是摧毁对手，而是阻止他增援第一梯队部队。

在乌克兰，SMO的第一阶段，俄罗斯人采取了一种形式的LDA，在基辅周围部署部队来实施塑造行动，为的是拖住乌克兰第二梯队，以防止其加强顿巴斯阵地，并推动泽连斯基进行谈判。其目标是将作战成功转化为战略成功。情况也确实就是这么发生的，它先是要求乌克兰在2022年2月底，然后是3月中旬举行谈判。

2022年3月底，作为对弗拉基米尔·泽连斯基的谈判提议的回应，俄罗斯军队撤出了基辅地区。这使得乌克兰军队能够增援顿巴斯部队，并准备向南部进攻。

防御行动

虽然表面上看防御行动是静态的，但防御的有效性来自联合作战的协同作用。冷战期间，苏联一直认为北约将首先做出进攻的决定。华沙条约组织的主要演习也总是以北约突然袭击开始的，而袭击之前往往进行核打击。ZAPAD77演习（1977年5-6月）尤其如此，该演习验证了战区司令部(TVD)的概念。

在冷战快要结束那段时间，苏联内部对作战性质进行了无休止的辩论，究竟应该是采用"防御性进攻"，还是采用"进攻性防御"。随着冷战的结束和俄罗憧憬融入西方社会，这些拜占庭式的争吵告一段落。

在俄罗斯特别军事行动SMO期间，我们的"专家"更愿意按照他们希望的样子来描述俄罗斯军队，而不是按本来的面貌展示。例如，他们认为俄

---

120. https://www.rts.ch/info/monde/13135499-bernard-wicht-le-succes-de-loperation-russe-cest-davoir-reussi-a-mystifier-tout-le-monde.html

罗斯自2022年10月以来建立的防御系统基本上是静态和线性的，就像我们在1914-1918年看到的那样。他们完全从战术家的角度来看待它。当然，这种简单化的分析对于确保乌克兰人能够在反攻中取得成功是必要的。

但现实却完全不是这个样子的，俄罗斯人已经掌握了作战艺术，包括防御作战，乌克兰在2023年夏天的反攻失败就证明了这一点。西方公布的俄罗斯防御系统地图，是基于美国侦察系统收集的数据，例如在黑海上空巡航的MQ-9死神无人机或RQ-4全球鹰无人机。然而，这些系统并不能显示俄罗斯防御的动态维度，因此也无法显示其行动维度。

与西方的流行观点相反，俄罗斯军队并没有按照刻板的模式运行。事实上，恰恰相反，正如我们在第二次世界大战和阿富汗战争期间已经看到的那样，他们根据战场需求和技术进步，不断完善他们的作战实践。这是俄罗斯陆军军事训练和研究中心VUNTS-SV的任务范畴。

2023年4月，在俄罗斯国防部《军事思想》发表的一篇文章中，亚历山大·罗曼丘克上校和A·希金上校提出了三种防御模型。[121]

去中心化防御

第一种是"去中心化防御。"它结合了一个支持点网络和一个由机器人作战系统（如URAN-9, NEREKHATAs, 或Platform-Ms）覆盖的中间区域，由无人机和人工智能引导，以瓦解对方的攻击。这一概念在白俄罗斯的ZAPAD- 21演习（2021年9月期间）进行了测试。在我的《普京-游戏大师》一书中提到了这次演习，但没有人太关注它，因为西方人正在寻找俄罗斯进攻的迹象。

动态防御

第二种是"动态防御"，类似于2023年夏天乌克兰南部的情况。把战区防御划分为三个区：

- 一个是"掩护区"，机动部队在其中自主作战，并广泛使用"侦察-火力"（ROK）和"侦察-打击"（RUK）概念。他们的目的是确定敌人的攻

---

121. Colonel-General Aleksander Romantchuk & Colonel A. Shiguine, "Перспективы повышения эфективности армейских оборонительных операций" (Prospects for Improving the Efficiency of the Army's Defense Operations), *Voïennaya Mysl'*, No. 4-2023, April 22, 2023 (https://limited-vm.ric.mil.ru/Stati/item/486826/)

击方向，削弱并阻止它部署，防止它使用其武器直接威胁主要防御区的部队。

- "主要防御区"，主要部队组织起来并准备遏制攻击。其目的是阻止敌人的前进。作战资源是根据敌人的主要进攻规模来组织的，并可以通过掩护部队的增援来加强。

- "后备区"，根据攻击者的优先级，部队准备在主要防御区作战，该区域包含作战支援资源，可部署在其他两个区域以及储备区域

根据乌克兰TRAVRIA作战战略小组指挥官，亚历山大·塔尔纳夫斯基准将的说法，这是俄罗斯人应对乌克兰反攻时采用的模式。这种动态防御系统的关键是在"火力覆盖区"使用ROK，在主要防御区和后备区使用RUK，侦察用（猎户座、ORLAN-10/30），打击用（柳叶刀-3和FPV）。无人机系统的激增使该系统成为可能。

例如在扎波罗热地区，主要防区由三条坚固的防线组成，这些防线相互依托，纵深可达五十公里或更远。[122]

动态防御的概念图

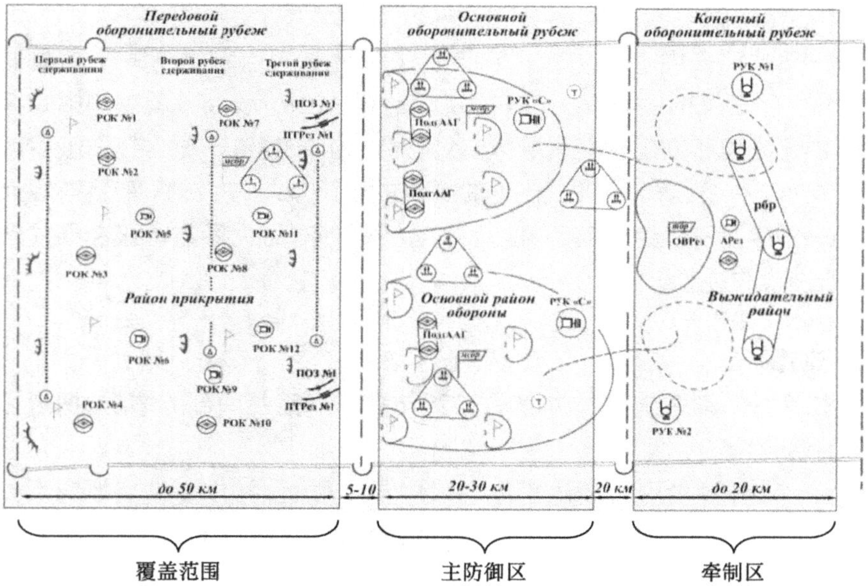

图11—"动态防御"系统是苏罗维金将军自2022年10月以来在乌克兰部署的系统。请注意，在"火力覆盖区"大量使用了ROK和RUK。

---

122. https://www.bbc.com/news/world-europe-65615184

空-地防御

第三种是"空地防御，"包括一个常规的防御系统，加上一个大型的空中机动系统，使军队能够在敌人防御的纵深处作战，并随着形势的发展，而做出大的行动。

战术

在判断对手实力时，必须避免被偏见左右。我们看待俄罗斯人的方式，与法国人在其喜剧电影《虎口脱险》看待德国人的方式大致相同。西方媒体描述的俄罗斯军队：效率低下、领导不力、装备不足和士气低落，但西方必须认识到，尽管乌克兰人受到北约的激励、武装和训练，但在战场上无法占据上风。

在俄罗斯军事术语中，战术是在战斗中使用不同军事编队(坦克、机械化步兵、炮兵、航空、防空等)的技术。这些元素的整合，产生了作战艺术。我们不会在这里讨论所有方面，但将专注于与理解乌克兰冲突相关的方面。

防御

2022年10月，基于我们将在下面讨论的一些原因，俄罗斯在乌克兰军事行动转向了的防御战略。这意味着战场进入相对静态，这要求预备队必须在800多公里长的战线上保持优势。

这里不是要研究俄罗斯防御的所有细节，而是理解其内在原理。虽然是战术层面，但我们会发现它与作战层面的逻辑相同。俄罗斯营级防御系统[123]的图表显示了两个主要区域，一个大范围的监视区，一个是防御区。

从接触线到第一道防线，设置了5至10公里深的监视区，以探测和防止敌人的渗透。为了这个目的，第一道部署反坦克地雷"帷幕"，轴向120米深；但为了应对西方提供的MICLIC突击扫雷系统和乌克兰自制UR77扫雷系统，俄罗斯人把雷区深度增加到500米。雷区面积扩大，需要布设更多地雷，俄军为弥补地雷储备不足，改变了布雷场结构，布雷的不规则性给乌克兰人带来了额外的负担。

在反坦克地雷的第一个"帷幕"后面，布置了高度机动的"专业行动分队"，他们接受过专门为反坦克作战的训练。[124] 虽然没有配备重型武器，

---

123. "Общая Тактика". *Ministère de la Défense de Fédération de Russie*, Krasnoyarsk, 2017, p. 90 (vii.sfu-kras.ru/images/pdf/u26_obshhaya-taktika.pdf)
124. https://www.dialog.ua/russia/267455_1675683736

但他们广泛应用ROK/RUK系统，使用火炮、反坦克系统、武装直升机或机器人打击对手。[125]

在乌克兰，俄罗斯军队早在2022年10月就采取了防御态势，由于人们对巴赫穆特作战的过度关注，看上去前线其余部分相对平静。这反而让俄军能够在纵深部署一套交错密实的防御系统。

接下来是10到20公里深的防御区，其中部署了实际的防御设施，有反坦克障碍物、地雷、地形加固工事等。[126]

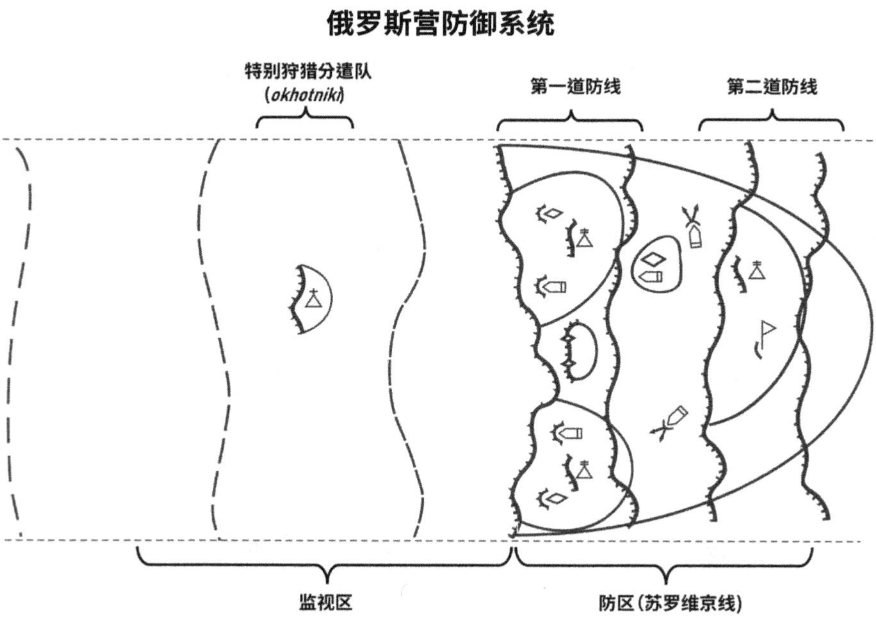

俄罗斯营防御系统

图12—俄罗斯防御结构。"防御区"是组织部队进行防御战的区域。它包括沿整个前线延伸的地面增援和防御工事。在乌克兰，它被称为"苏罗维金防线"。2023年9月，经过3个多月的战斗，乌克兰的反攻仍未突破"监视区。"【来源，："Общая Тактика"2017年第90页】

2023年8月，乌克兰军队集中攻击叫拉博蒂诺的小村庄，奥列克桑德·塔尔纳夫斯基准将宣布他的部队已经突破了俄罗斯的第一道防线，抵达

---

125. https://hromadske.radio/ru/news/2023/02/02/okhotnyky-za-leopardamy-okkupant-zavezly-na-donbass-ustroystva-kotor-e-iakob-mohut-popast-v-tanky-zapadnoho-obraztsa
126. https://studfile.net/preview/7511393/page:4/

到第二道防线。西方有些专家认为他的话不可信，乌克兰人实际从未真正到达第一道防线。

事实上，他们可能都对，但他们谈论的是不同的事情。塔尔纳夫斯基将军认为俄国人正在应用罗曼丘克将军描述的动态防御模型。因此，他认为他的部队已经进入"掩护区"，已触及苏罗维金线营的监视区。

同样重要的是要明白，在俄罗斯人眼里，战场是动态的。因此，我们所说的"雷区"——通常是大矩形，地雷按照精确的几何图案分布的，但俄罗斯人认为这样的设计不是一成不变的。因此，当乌克兰的一个分遣队设法带着特殊飞行器进入雷区时，俄罗斯人会立即在这些分遣队后面投放新的反坦克地雷。隔离先进入的分遣队，并摧毁后续部队的扫雷系统。

了解乌克兰的声明

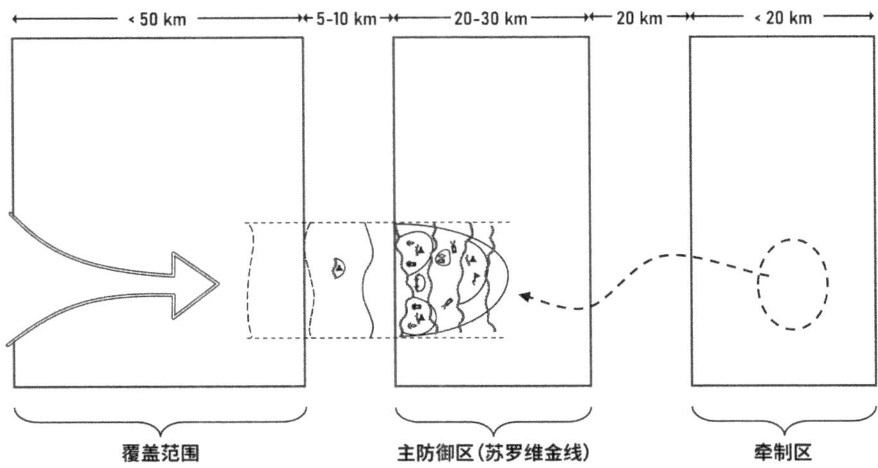

图13—当乌克兰将军塔尔纳夫斯基声称他的部队已经突破了俄罗斯在拉博蒂诺地区的第一道防线时，他指的是俄罗斯的作战态势，并认为掩护区的是一道防线。这在技术上是错误的，包括作者在内的西方评论员认为乌克兰军队并没有越过掩护区，他们在谈论俄罗斯的战术设置。事实上，从2023年6月月初到9月初，乌克兰军队在前线的任何时候都没有到达主要防御区（苏罗维金防线）。

"火力口袋"

2021年2月，俄罗斯军事杂志《红星》描述了南部军区部队(一年后将在乌克兰作战)的训练情况。[127]

> 在野外演习中，摩托化步兵分队突然从占领的防线突然撤退，将敌人吸引到"火力口袋"中，随后在炮火支援下进行密集攻击。

这正是在基辅(2022年3月)，哈尔科夫(2022年9月)和赫尔松(2022年11月)观察到的情况，并在2023年乌克兰反攻期间整个前线反复上演的情景。但是我们的"专家"看不懂。为了说服自己和其他一样满脑子充满偏见的人，他们帮助传播了与事实不符的信息，给乌克兰带来了可能取得胜利的错觉。

这就是为什么从2022年夏末开始，随着俄罗斯人开始采取防御战略，人们开始谈论乌克兰的"反攻。"但是我们的媒体只是转载乌克兰发布各种通告，从来没有提到他们取得的战果。

正如美国国务院顾问小组成员，俄罗斯问题专家史蒂文·迈尔斯告诉《今日美国》的那样，乌克兰人报道了他们的"针刺"行动，向西方展示了他们所取得的进展，但"他们不谈论俄罗斯人的反击，俄罗斯人不在乎在'火力口袋'中取得了什么，能不能守住阵地。他们是设置陷阱的专家"。[128]

这给人的印象是乌克兰人只是在前进，但如果留意地图就会发现，尽管前线在不断波动，但没有根本变化。问题在于，这里的每一次行动都会给乌克兰方面带来巨大损失。

俄罗斯的盘算是，失地可以收复，而人的生命却不能。迫于西方赞助者的压力，乌克兰人没有将这一因素纳入他们的作战思维中。这是为什么他们遭受的损失比俄罗斯人高得多，但如果他们不想让西方失望，就必须维护这个决定性的叙事。

---

127. https://zvezdaweekly.ru/news/2021291350-Qy88G.html
128. https://eu.usatoday.com/story/news/world/ukraine/2023/09/07/ukraine-russia-war-live-updates/70783569007/

"火力口袋"概念

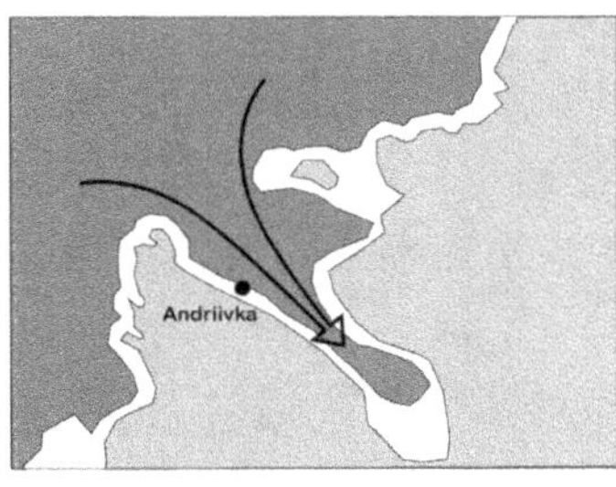

2022 年 9 月 2 日
乌克兰部队向 Andriivka
镇发起进攻。俄军允许乌克兰
人突破,诱使他们进入 "口袋"。

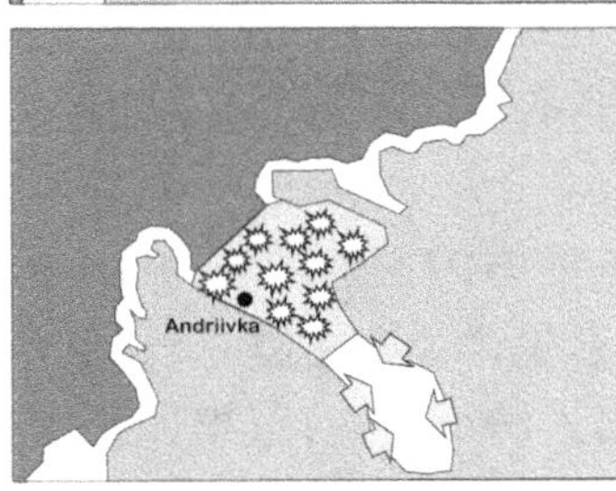

2022 年 9 月 2 日
俄军以密集炮火 "合围
"火力袋,并与火力袋中的乌克
兰编队作战。

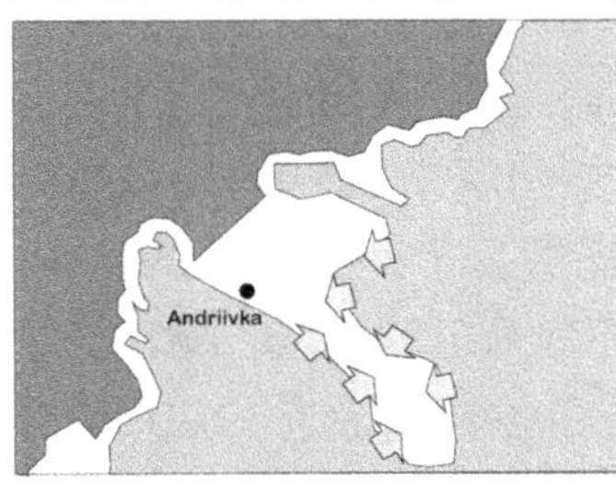

2022 年 9 月 3 日
剩余的乌克兰部队试图在俄
罗斯炮火下撤退。

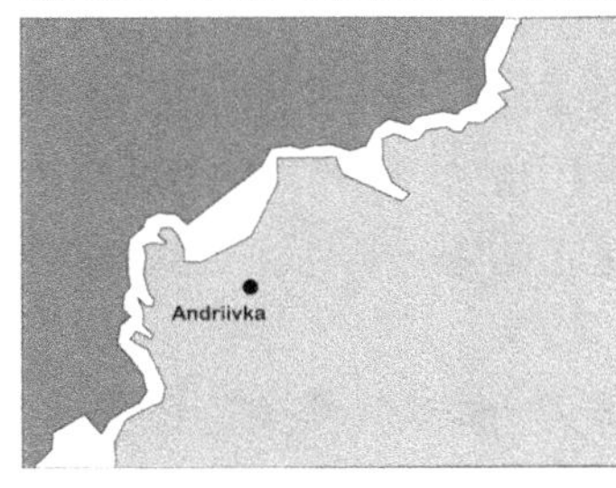

2022 年 9 月 4 日
局势恢复。乌克兰军队遭受了
重大损失,但没有夺取任何领土。

图14一"火力口袋"概念包括撤退以诱导对手取得突破,从而将他包围在一个"大锅"中,在那里他被有条不紊地摧毁。这种战术可以追溯到第二次世界大战。顿巴斯自治主义者在2014至2015年使用,然后在哈尔科夫(2022年9月),赫尔松(2022年10月)以及2023年乌克兰反攻期间在前线的多个地点使用了这种战术。

2·俄罗斯的军事思想

营级战斗群（BTG）

在乌克兰，战术行动通常由营战斗群(BTGs)来执行。这是一些加强营规模的小型部队，汇集了战术级联合作战的所有组成部分。这些部队由大约500至800人组成，机动性强，具有自主联合作战能力。营级战斗群的是1980年代后期开始创建的，这是苏联和后来的俄罗斯武装部队重组产生的。

在欧洲，相对分隔的地形上，基本作战单位是连或营。但在苏联军队中，为了在广阔的领土上作战，机动单位是团或营。特别是在通信手段等级森严的时代，小单位的自治程度非常有限。这就解释了为什么苏联和西方军队的主动性概念不同。

但这一切都随着阿富汗战争改变。与西方的普遍看法相反，在苏联，后来在俄罗斯，武装部队和军事学说一直是讨论的主题，一直到最低一级的指挥官。阿富汗战争也不例外。军事人员可以在《军事通讯》这类的苏联军事杂志上就战术和作战技能进行交流

因此在实战获得的经验教训很快被纳入战斗行动条令中。特别以第四十集团军的全面重组为例来解释，该集团军于1979年是以"传统"结构的军队进入阿富汗，但到1983年，他们拥有了完全不同的结构，主要由轻步兵、特种部队、直升机部队、炮兵和信号分队组成。

2023年2月，瑞士专家亚历山大·沃特拉弗斯断言，2007年弗拉基米尔·普京交给他的新任国防部长阿纳托利·谢尔久科夫改革俄罗斯军队的任务，使其能为"十年内出现的战争做好准备"。他认为这是2022年SMO的前兆。他还坚称，这项改革遵循了北约模式，因此俄罗斯也可以向国外投射力量，并"在巴尔干地区建立国家……我们也想做同样的事情。"[129] 这是肥皂剧的桥段。

事实上，据亲西方的《莫斯科时报》报道，谢尔久科夫的任务是"整顿国防部，提高武装部队的透明度和战备状态。"[130] 从叶利钦时期遗留下来的俄罗斯军队，严重腐败，功能失调，笨重不堪。2008年8月，在南奥塞梯事件中，指挥和协调出现了严重混乱，证实了人们观察到俄军存在的问题。[131]这一切为实施谢尔久科夫的改革提供了动力。

---

129. https://www.club-44.ch/mediatheque/

130. https://www.themoscowtimes.com/2012/11/13/serdyukov-leaves-big-shoes-to-fill-a19363

131. Michael Kofman, "Russian Performance in the Russo-Georgian War Revisited," *War on the Rocks*, September 4, 2018 (https://warontherocks.com/2018/09/russian-performance-in-the-rus-so-georgian-war-revisited/)

谢尔久科夫是一名平民，弗拉基米尔·普京希望借此摆脱使国防部成为腐败源头的希罗维奇(Siloviki)体系。其目的是将武装部队的规模减少到可管理和负担得起的规模。俄罗斯军队实施了严厉的精兵简政计划。从2008年的100多万人到2013年的84.5万人，重点是创建一支职业化军队：高级军官的数量削减了70%，不再开发新的系统，而是购买了"现成的"，等等。

基本上，在过去十年中，俄罗斯军队与西方国家军队所做的是完全相同的：改革不是以条令变化为指导，而是根据国家的经济状况和国家发展的优先项为指导。

然而，在保持高火力能力的同时减少作战部队规模的想法，可以追溯到谢尔久科夫改革之前很久。早在1989年，根据阿富汗战争的经验，苏联人就认为有必要将其部队分解为更小的模块，并赋予他们高度的作战自主权：[132]

> 近年来局部战争和冲突的经验表明，一个配有炮火、防空武器的加强营（总共多大八个分队)），是战场上的基本战术实体。这在一定程度上是因为指挥官有机会亲自观察前线的事态并立即做出反应。

营战斗群BTG概念

这个想法是为创建能够自主战斗的编队。在北约内部，类似的想法引出了在美国旅战斗队(BCT)和在英国战斗群的创建。[133]

对于俄罗斯来说，目标是保持高水平的火力，同时保持较小的编队。在冷战结束时，经过旅级的试验后，它选择了营级结构。

营是拥有一名参谋人员的最小军事单位，因此，它有能力分析战场情况，做出复杂的决策，并指挥联合作战。更重要的是，营比团级结构更灵活。它可以管理其行动所需的所有战斗和支持要素。

---

132. LTC Lester W. Grau, "The Soviet Combined Arms Battalion Reorganization for Tactical Flexibility," *Soviet Army Studies Office*, Fort Leavenworth, Kansas, September 1989 (https://apps.dtic.mil/sti/pdfs/ADA216368.pdf)

133. http://www.armedforces.co.uk/army/listings/l0014.html

　　BTG之所以如此特别，是因为它们专注于火力和机动性。这是一种为动态冲突而设计的编队，就像冷战期间所想象的那样，在SMO的最初几周所看到的。

BTG的结构

　　BTG是以加强型摩托化营或空降步枪营的样式创建，设计用于在动态战斗中能相对自主地作战。这个理念是能够迅速推进到敌人领土的纵深处，绕过那些需要持续战斗的防御阵地（如城市或森林地区）。

通用BTG的组成

1 个连		10 x T-72/90
2 个连		20 x BMP-1/2/3
1 个连		10 x BTR-80/90
1 个火炮组		6 x BM-21
1 个火炮组		6 x 2S1 122 mm
1 个火炮组		6 x PANTSIR S/SM

图15—BGT是一支拥有强大火力的小型特遣部队。他的主要弱点是步兵相对缺乏。

　　但这种结构有一个缺点：就战斗人员的数量而言，它太少。例如一个BTG，只有大约200名步兵。因此，当它被迫在城市地区或特殊地形作战时，必须得到步兵增援。这就是为什么俄罗斯军队必须得到像瓦格纳（在巴赫穆特）或车臣部队（在马里乌波尔）那样的部队增援。

步兵的长期短缺，导致俄军在一些本来由专职步兵就足够胜任的战斗，不得不让特种部队去执行。在俄罗斯军队中，"特种部队"相当于美国海军海豹突击队，用于在敌方领土上进行高风险行动，常用于纵深作战侦察行动。今天，战场侦察功能已被无人机接管，这使的特种兵有点闲置。让他们冒险到热点执行任务，但不是最好的选择。

一些"专家"指出了BTG后勤能力的弱点，并嘲笑了攻势刚开始时基辅北部一长列无法移动的车辆。如果把这些车队当成是故障，我们的"专家"未能理解其背后的机制。

BTG的物流是围绕"推动原则"（或德语中的Bringprinzip）组织的。换句话说，其目的是解除BTG对任务的指挥，根据预先计算的需求组织自己的后勤并提供所需的东西。这个系统不同于"牵引原则"（德语Holprinzip），在"牵引原则"中，单位命令从后方获取所需的东西。推动原则的缺点是，后勤工作可能很难与BTG的运营情况同步。这就是基辅北部发生的事情，造成了交通堵塞，这些照片被我们的"专家"广泛评论。

对平民的尊重

2022年3月21日，瑞士RTS报道说，俄罗斯军队在那里"不分青红皂白地轰炸"，"杀死了所有人。"[134] 但美国分析人士并不这么看。第二天，在《美国新闻周刊杂志》上，一名美国空军军官指出，"我知道媒体一直在重复说，普京以平民为目标，但没有证据表明俄罗斯是故意这样做的"。在同一篇文章里提到，一位国防情报局（DIA）分析师指出"绝大多数空袭发生在战场上，俄罗斯飞机为地面部队提供"近距离空中支援"。根据美国专家的说法，剩下的20%空袭是针对军用机场、军营和后勤补给仓库。"

这样，瑞士媒体与美国情报分析师结论相矛盾。后者指出"如果我们只是想简单地说服自己，俄罗斯正在不分青红皂白地轰炸，而且轰炸效果很有限，把这些归咎于俄军的飞行员不称职，技术低下，那么我们就看不清这场冲突的本质"。[135]

---

134. https://www.rts.ch/info/monde/12958379-les-relations-avec-washington-sont-au-bord-de-la-rupture-dit-moscou.html

135. William M. Arkin, "Putin's Bombers Could Devastate Ukraine But He's Holding Back. Here's Why", *Newsweek*, March 22, 2022 (https://www.newsweek.com/putins-bombers-could-devastate-ukraine-hes-holding-back-heres-why-1690494)

2022年10月13日，红十字国际委员会主席彼得·毛雷尔在瑞士杂志《世界报》上宣布：

我们注意到，双方都在做出真正的努力，没有让这场冲突完全恶化，在战区对平民采取了预防措施。[136]

2022年4月，瑞士官方媒体再次讨论这个话题，宣称俄罗斯正在实施"战略焦土战术。"[137]

事实上，防守方才会采用"焦土战术"，把处于防守方乌军做的事推在俄军身上。"焦土政策"旨在防止攻击者利用被征服领土的资源。通过撤离、对基础设施，燃料库等进行系统摧毁，使攻击者无法利用这些资源来发挥它的的优势。他们的的"收获"就变成了障碍。这是斯大林在1941至1942年德国推进期间下达的战略命令。

利用平民的存在，来阻止攻击者使用武器也是一种防御策略。通常被称为"人体盾牌。"现实情况是，乌克兰军队正试图通过将部队部署在平民目标附近或中心，来弥补他们的战术劣势。正如伦敦密德尔萨克斯大学国际法教授威廉·沙巴斯所说：

"我非常不愿意说乌克兰应对平民伤亡负责，因为乌克兰正在为保卫自己的国家免受侵略者的攻击而战。但就乌克兰将战场带入平民区的程度而言，它这增加了平民面临的危险"。[138]

---

136. "Präsident des Roten Kreuzes Peter Maurer sagt: "Der Ukraine-Krieg markiert eine Trendwende." Das humanitäre Völkerrecht werde wieder stärker beachtet. Die Rolle des neutralen Vermittlers bleibe unverzichtbar. Friede sei nur durch Gespräche möglich", *Die Weltwoche*, October 7, 2022 (https://weltwoche.ch/daily/praesident-des-roten-kreuzes-peter-maurer-sagt-der-ukraine-krieg-markiert-eine-trendwende-das-humanitaere-voelkerrecht-werde-wieder-staerker-beachtet-die-rolle-des-neutralen-vermittlers/)
137. "Russian army's future strategy in Ukraine analyzed by experts," *RTS Info*, April 24, 2022 (https://www.rts.ch/info/monde/13040980-la-strategie-future-de-larmee-russe-en-ukraine-analysee-par-des-experts.html)
138. Sudarsan Raghavan, "Russia has killed civilians in Ukraine. Kyiv's defense tactics add to the danger", *The Washington Post*, March 28, 2022 (https://www.washingtonpost.com/world/2022/03/28/ukraine-kyiv-russia-civilians/)

因此，俄罗斯是进攻者，但他们不打算要征服领土。他们的目标是保护人口。很难理解为什么他们会系统地寻求摧毁这些和他们相同族裔人口的基础设施，而这些基础设施通常对他们有利！

俄罗斯指挥

务实的指挥哲学

2022年12月，布鲁诺·克莱蒙特将军在参议院委员会举行的听证会上，展示了我们的将军们对俄罗斯军队行动所持有的极其程式化和极其简单化的看法。[139]　跳过那些幼稚的描述，在乌克兰冲突中，俄罗斯军队指挥表现得非常灵活，组织协调出色。即使在冷战最激烈的时候，美国陆军关于苏军的FM-100-2手册也承认：[140]

> 苏联的行动和战术并不像许多西方分析家想象的那么僵化。

苏联军队是根据红军在伟大卫国战争（1941年6月22日至1945年5月9日）期间的经验组织起来的：在巨大的开阔地区，动用庞大的军队进行大规模行动。机动单位是团，甚至是营。这就是为什么参谋人员的主动性主要集中在这一级的原因。但阿富汗战争改变了一切：那里地形极端复杂且隐蔽，无数的小型战术层面的冲突就在这样的环境发生，那里无法展开大型军事行动，这使得较低的战术层面行动变得更重要。第40集团军，一支被认为传统的常规联合集团军，到达阿富汗后，迅速转变为一支拥有大量直升机和火炮的新军队。这得益于集团军拥有充分的投放手段，使它能够快速支援众多小型独立突击队作战，

对于俄罗斯军队来说，从这场冲突的主要学到了要在较低的战术层面上促进个人主动性，其必然结果是，在较小规模的战斗中，需要更多采用了他们称为"去中心化指挥"（DTsU）。德语"任务策略"更容易理

---

139. https://youtu.be/INa_9ZzEgfM
140. https://irp.fas.org/doddir/army/fm100-2-1.pdf

解，DTsU相当于工业中使用的"目标驱动"，或在一些军队里使用的术语"基于任务的行动"（特派团指挥部）。它是这样定义的:[141]

根据收到的任务来制定具体的解决问题的原则。

在法国，这种"按目标指挥"的概念知之甚少，因此受到少数的历史学家和没有指挥经验的军事"专家"的诟病。[142]

顾名思义，它不是军事战术的一个要素，而是一种领导方法。这就是为什么"以任务为导向"这句话在日常语言中仍然被广泛使用，德国联邦国防军更喜欢"有序领导"（"以使命为导向"）一词。这与传统指挥战术（详细命令）形成鲜明对比，通常，下属被给予如何执行任务的详细指示。

目标管理是指管理者为下属制定意图和目标。在这种情况下，找到实现这一目标的最佳解决方案取决于下属。与一些人所声称的相反，下属并没有完全的自由: 必须懂得在其职权内，在辖区范围内（如攻击区）和资源分配（例如空中或火炮资源）方面如何行事，

这意味着他可以在"不经上级同意自行采用行动"的说法是完全错误的。下属必须在上级意图的框架内行事。

该管理系统不仅避免了"微观管理"，而且还允许更大的灵活性，并且在层级越高的地方越有效。问题是参谋人员普遍训练不足，无法为下属提供决策的手段和灵活性。英国陆军中在1987开始采用这种领导模式，2004的一项内部研究表明，在伊拉克发布的命令比以前更加详细。这意味着"目标引导指挥的原则"在英国陆军并没有贯彻。问题不在于方法本身，而在于其应用。

在乌克兰TDV，乌克兰和俄罗斯军队都是根据"基于目标的指挥原则"运行。在俄罗斯特别军事行动开始时，西方专家认为"基于目标的方法"是乌克兰军队相对于俄罗斯军队的决定性优势，俄罗斯军队被认为拥有更加集中和更加僵化的指挥系统。[143] 经验表明，情况恰恰相反。在乌克兰，这种指挥思想似乎并没有真正被部队吸收。在俄罗斯方面，我们需要区分具体不同的部队，他们是有丰富实战经验的并且接受过DTsU训练

---

141. Цепков И. В. "Терминологические основания выделения терминов-реалий и способы их перевода (рус.)", *Вестник МГЛУ*, № 19-2 (679), 2013
142. https://www.vududroit.com/2022/06/ukraine-le-temps-des-mauvais-generaux/
143. https://www.bbc.com/russian/features-60881647

的俄罗斯军队，还是经验不足的顿巴斯民兵。他们占了俄罗斯方面损失的很大比例。

军衔等级和职能

2023年2月，军事"专家"亚历山大·沃特拉弗斯试图以俄罗斯军队中一名尉担任营长（在法国少尉）例子证明俄罗斯军队中军官的短缺。他对俄罗斯军队的运作方式一无所知。

在俄罗斯军队中，职能优先于军衔。换句话说，指挥权是根据军官的实际能力授予的，而不是根据高级军衔授予的。这是在第二次世界大战和冷战期间广泛观察到的现象。当时尽管有大量"士官生"（正规学院毕业生）可用，但更有能力的个人会被提升到更高的职位。

正如前格鲁乌（GRU）军官维克多·苏沃洛夫在他的著作《苏联军队内部》中所解释的那样，四项原则决定了军官的位置：[144]

1. 职位不取决于级别，而是取决于在某个岗位上工作的时间。

2. 获得更高指挥的资格不是由军衔决定的，而是由该岗位的适合性决定的。

3. 指挥权的持续时间不是固定的，而是根据需要确定的。

4. 高级职位会让他或她有更资格获得更高的级别，但反之则不然。

军衔等级和功能之间没有自动关联。指挥权不是基于官僚评估标准，而是基于结果。虽然不能排除某些任命受到缺乏军官的影响，但俄罗斯军队足够庞大，不会缺少校官（在法国：司令）。

关于俄军"士官的匮乏"

与我们的"专家"经常批评内容一样，法国参议院2023年2月的报告也指出俄罗斯军队"士官短缺"，这样就容易解释俄罗斯军队为什么有这么糟糕的表现。[145] 事实上，俄军士官的比例（2010年约为12%）[146] 比法国（2019年为34%）的要少，[147]　也比美国军队少（2022年为45%[148]）。但我们必须小心，不要像我们的参议员那样妄下结论。

---

144. Viktor Suvorov, *Inside the Soviet Army*, Hamish Hamilton, London, 1982
145. "Ukraine: one year of war. What lessons for France?", Information Report No. 334 (2022-2023), *senat.fr*, February 8, 2023 (https://www.senat.fr/rap/r22-334/r22-334_mono.html)
146. https://www.globalsecurity.org/military/world/russia/personnel-nco.htm
147. https://fr.wikipedia.org/wiki/Forces_arm%C3%A9es_fran%C3%A7aises
148. https://sgp.fas.org/crs/natsec/IF10684.pdf

俄罗斯军队传统上偏爱军官的角色，尤其是初级军官（从少尉到上尉）。军官约占俄罗斯武装部队的30%，而法国约为12%，美国陆军为18%。换句话说，俄军初级军官履行西方士官履行的职能。其原因是有历史渊源的。

在西方国家，士官团（NCO）在很大程度上是（但不完全是）武装部队专业化的副产品：目的是为入伍人员提供一个履历。俄罗斯军队传统上是一支应征入伍的军队。它产生了初级士官，他们往往在义务兵役结束时离开军队。因此，军官仍然是经验和技术知识传承的保证人。特别是在乌克兰，俄罗斯军官与普通士兵之间的距离要比西方更短，并且能够在紧急情况下直接接管作战任务。这特别容易解释俄罗斯军官的战损率率普遍高于西方军队。

反观乌克兰军队，2023年11月的阿夫迪夫卡，他们的一支部队几乎被完全包围，士兵们对他们的指挥部表示失望，他们是刚刚从该镇撤退的，撤退的部队里没有军官。士兵们接受过苏联传统的训练，他们希望他们的军官能与他们同甘苦，共命运。但他们的军官是在西方学校接受过培训的。

也就是说，国防部长阿纳托利·谢尔久科夫在2008进行的俄罗斯军队改革的要素之一，正式使士官专业化并增加其人数，[149] 同时减少军官人数。[150]然而，俄罗斯军队仍然由军官为主最核心来领导。

在西方，俄罗斯的军官人数是指挥僵化的代名词，而士官的数量和作用则与分散领导的形象有关。这就是西方早在2014年就试图通过大幅增加士官人数和减少军官人数来纠正乌克兰军队的存在的问题。这对乌克兰人不利，因为他们没有建立一支经验丰富的士官队伍。在SOM期间，乌克兰军官倾向于让士官在前线指挥行动，而他们倾向于留在后面。这出现了了士兵在战斗中不知所措的情况。

俄罗斯缺乏士官的想法是基于这样一种假设，即专业军队比应征入伍的军队更有效率。事实并非如此。武器系统的复杂性，通常作为支持专业军队的论据提出，是一个错误的论点，因为这种复杂性旨在促进武器的使用，并减少学习时间，包括后勤和维护活动。换句话说，机械师已被标准模块更换所取代，维修由武器供应商处理。这与我们的手机系统相同。

然而，对于需要精确、专业技能和知识的行动来说，专业化仍然是一种优势。

---

149. https://jamestown.org/program/russian-military-plans-new-nco-training-center/
150. https://en.wikipedia.org/wiki/2008_Russian_military_reform

3. 在乌克兰的特别军事行动（SMO）

冷静地，有节奏地，有条不紊地行动，这就是俄罗斯军队执行任务的方式。这是本周特别军事行动的开始方式，一步一个脚印走向胜利。

俄罗斯联邦国防部，

2023年10月23日[151]

力量的相关性

俄罗斯人对待战争采取整体方法，考虑到所有直接或间接影响冲突的因素。

相反，正如我们在乌克兰和其他地方看到的那样，西方人对这场战争有更多的政治解读，最终将两者混为一谈。这就是为什么操控舆论在战争行为中起着如此重要的作用：对冲突的看法，几乎比实际情况更重要。这就是为什么在伊拉克，美国人直接拍摄影视作品来美化他们军队。

俄罗斯在2022年2月对局势的分析，无疑比西方的分析要中肯的多。他们知道乌克兰正在对顿巴斯发动攻势，这可能会危及当地自治政府。2014年至2015年，在敖德萨和马里乌波尔发生大屠杀后，俄罗斯民众非常希望俄罗斯政府出面干预。弗拉基米尔·普京曾固执地想继续执行《明斯克协议》，这在俄罗斯没有得到多少人理解。

促使俄罗斯决定进行干预的因素有两个方面：一个预期会获得在乌克兰的俄罗斯族人口（为方便起见，我们称之为讲俄语的）支持，第二个是俄罗斯经济足够强劲，可以应对制裁。

---

151. https://pravda-en.com/world/2023/10/23/149768.html

在2014年2月发生政变之后，[152] 讲俄语的人口集体起来反对新政府当局，政府提出的第一个法案就是剥夺俄语作为官方语言的地位。[153] 由于抗议的原因，基辅政府试图退缩，但到了2019年4月，2014年的这个法案得到了最终确认。[154]

自2020年7月1日通过《原住民权利法》以来，讲俄语的人（俄罗斯族人）不再被视为正常的乌克兰公民，也不再享有与乌克兰族人相同的权利。[155] 因此，我们可以推测他们不会对该国东部的俄罗斯联盟进行抵抗。

在主权方面，俄罗斯外交部发言人玛丽亚·扎哈罗娃解释说：[156]

> 在1990年11月19日签订的《俄罗斯苏维埃社会主义共和国与乌克兰苏维埃社会主义共和国关系原则条约》第一条中，两个共和国相互承认对方为"主权国家"。1990年的条约随后被1997年5月31日的《俄罗斯联邦与乌克兰友好合作和伙伴关系条约》第39条所取代。该条约在2019年4月1日，被乌克兰宣布废止。

事实上，正是佩特罗·波罗申科在两轮总统选举之间，废止了该条约。该条约还规定了乌克兰对其境内的俄罗斯少数民族应承担的义务，他这么做的目的是"清理竞争对手弗拉基米尔·泽连斯基的行为"。[157]

2021年3月24日，乌克兰军队一直在加强在顿巴斯周围的兵力，通过增加炮击来给自治政府施压。

---

152. Jim Rutenberg, "The Untold Story of 'Russiagate' and the Road to War in Ukraine," *The New York Times Magazine*, November 2, 2022 (updated November 7, 2022) (https://www.nytimes.com/2022/11/02/magazine/russiagate-paul-manafort-ukraine-war.html)

153. *Rebels without a Cause: Russia's Proxies in Eastern Ukraine*, International Crisis Group, Europe Report N° 254, 16 juillet 2019, p. 2

154. https://www.opendemocracy.net/en/odr/ukraine-language-law-en/

155. "Нардеп від "Слуги народу" Семінський заявив про "позбавлення конституційних прав росіян, які проживають в Україні"", *AP News*, 2 juillet 2021 (https://apnews.com.ua/ua/news/nardep-vid-slugi-narodu-seminskii-zayaviv-pro-pozbavlennya-konstitutciinikh-prav-rosiyan-ya-ki-prozhivaiut-v-ukraini/)

156. https://mid.ru/en/press_service/spokesman/briefings/1890329/

157. http://opiniojuris.org/2019/05/01/termination-of-the-treaty-of-friendship-between-ukraine-and-russia-too-little-too-late-%EF%BB%BF/

俄罗斯的战争艺术

图16—2019年3月18日，泽连斯基的顾问奥列克谢·阿雷斯托维奇解释乌克兰加入北约必然涉及与俄罗斯的对抗。他概述了将导致俄罗斯失败的过程，从而使乌克兰能够加入该联盟。

泽连斯基于2021年3月24日颁布的收复克里米亚的法令，这是SMO的真正导火索。从那一刻起，俄罗斯人就明白，如果那里有军事行动，他们将不得不进行干预。但他们也知道，正如奥列克谢阿雷斯·托维奇所解释的那样，乌克兰方面的行动的目的是获得是北约成员资格。这就是为什么在2021年12月中旬，俄罗斯向美国和北约提出以确保北约不东扩为核心要点的安全协议草案，他们当时的目标是消除乌克兰在顿巴斯发动进攻的动机。

俄罗斯进行特别军事行动（SMO）的目的确实是为了保护顿巴斯的居民，因为基辅希望通过对抗加入北约，因此，这种保护是必要的。北约的扩张只能算是乌克兰冲突的间接原因。顿巴斯问题本可以通过实施明斯克协议来解决，但有人想要的是俄罗斯失败。

2008年，俄罗斯干预格鲁吉亚，以保护被格鲁吉亚政府轰炸的俄罗斯少数族裔，[158]负责调查这一事件的瑞士大使海蒂·塔利亚维尼证实了这一点。[159] 2014年乌克兰发生政变后，基辅新当局派兵与五个自治州（敖德萨、第聂伯罗彼得罗夫斯克、卢甘斯克和顿涅斯克）的平民作战，当地民众遭受了残酷镇压。俄罗斯国内出现了许多呼吁干预的声音。到了2022年，俄罗斯民众看清了乌克兰或西方根本不打算执行《明斯克协议》，他们不能理解俄政府为什么袖手旁观。

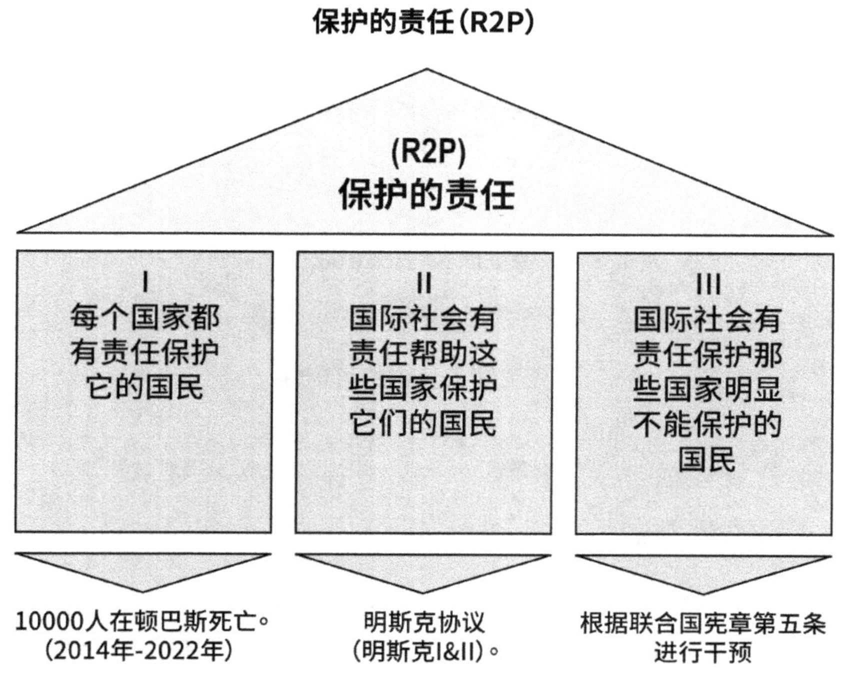

图17-根据联合国的保护责任条款，可以看出，自2014年，无论是联合国、欧盟，还是西方国家的外交都无法尊重图形中的第一部分和第二部分，只有俄罗斯外交捍卫这俩部分。第三部分已成为俄罗斯唯一可能选项。很明显，俄罗斯将利用保护在乌克兰的俄罗斯人口的目标，来服务于更广泛的国家安全目的。

---

158. https://www.cfr.org/event/conversation-sergey-lavrov
159. Timothy Heritage, "Georgia started war with Russia: EU-backed report", *Reuters*, September 30, 2009 (https://www.reuters.com/article/us-georgia-russia-report-idUSTRE58T4MO20090930)

因此，军事干预将赢得乌克兰俄罗斯族人口的支持，军队将不必担心会面临来自该国东部和南部地区"抵抗"。

很显然，从SMO一开始，俄罗斯军队就无意向俄语区以外推进，也无意在那里建立持久的存在。是我们的媒体在火上浇油，西方在谈论俄罗斯并没有设立的目标。

在国际上，任何的干预，无论大小，都会导致制裁。然而经过2014年的遭受制裁的经验后，俄罗斯明白有必要让经济为新的冲击做好准备，并减少对西方的依赖。俄罗斯领导层当然知道"兰德公司"在2019年3月发布的涉及俄罗斯的研究报告。预见到他们可能受到的制裁将延长。[160] 他们知道他们没有手段发动经济报复。但他们也知道，对俄罗斯的经济战争将不可避免地对西方国家产生反噬。"兰德公司"确实在它的战略报告明确提及出现这种风险的可能性。

俄罗斯军事和政治思想的一个重要因素是其法律维度。我们的媒体呈现事件的方式都系统地忽略那些可以解释、证明、有正当理由的、合法化的甚至得到法律认可的俄罗斯行为的事件或事实。我们倾向于认为俄罗斯在任何法律框架之外行事。因此，我们的媒体把俄罗斯对叙利亚的干预说成是莫斯科单方面决定的，[161]而这是应叙利亚政府的要求而进行的，[162]正如时任国务卿约翰·克里(John Kerry)所承认的那样，[163]是在西方允许伊斯兰国(Islamic State)逼近大马士革之后。然而，报道中没有提到美国军队占领叙利亚东部，他们甚至从未被邀请到那里。

这样的例子还有很多，我们的记者将指控俄军队犯下的战争罪行。这很可能是真的，但这些指控不是基于任何公正和中立的调查（根据人道主义学说的要求），也不是基于任何国际调查，因为俄罗斯被系统地拒绝参与，这给这些指控的诚实性蒙上了阴影。比如西方把北溪1号和北

160. James Dobbins, Raphael S. Cohen, Nathan Chandler, Bryan Frederick, Edward Geist, Paul DeLuca, Forrest E. Morgan, Howard J. Shatz, Brent Williams, "Extending Russia: Competing from Advantageous Ground", *RAND Corporation*, 2019

161. https://www.lexpress.fr/monde/proche-moyen-orient/intervention-russe-en-syrie_1722867.html

162."Syria: Bashar al-Assad calls for "military aid" from Russia," *Le Point/AFP*, September 30, 2015 (https://www.lepoint.fr/monde/syrie-bachar-el-assad-appelle-a-l-aide-militaire-de-la-russie-30-09-2015-1969436_24.php)

163. John Kerry, recording of a meeting with the Syrian opposition at the United Nations Mission of the Netherlands, September 22, 2016, published by *Wikileaks* ("Leaked audio of John Kerry's meeting with Syrian revolutionaries/UN (improved audio)"), *YouTube*, October 4, 2016)

溪2号天然气管道的破坏立即归咎于俄罗斯，俄罗斯随后被指控违反国际法。[164]

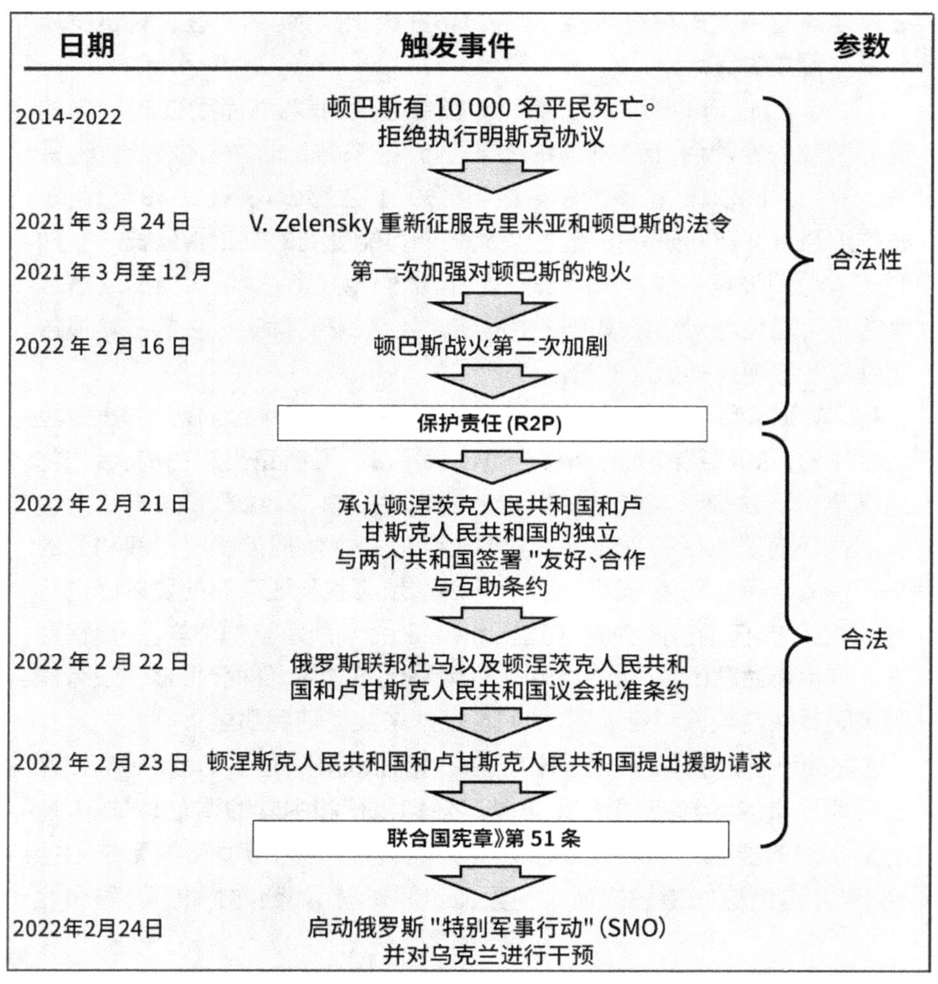

图18—俄罗斯干预乌克兰的法律逻辑。这一进程旨在使俄罗斯能够将SMO置于《联合国宪章》的第51条款之下，以便让自行宣布独立的顿巴斯共和国可以援引"自卫权"条款。围绕以色列援引第51条款报复哈马斯引发了争论，因为哈马斯不是一个国家——这表明了俄罗斯与2022年2月发起的特别军事行动的相关性。

---

164. https://www.huffingtonpost.fr/international/article/nord-stream-le-sabotage-des-gazo-ducs-ne-fait-plus-de-doute-pour-les-europeens_208315.html

事实上，与西方主张"基于规则为基础的国际秩序"不同，俄罗斯人坚持基于"法律为基础的国际秩序"。与西方不同，他们会严格执行法律。不多也不少。

俄罗斯干预乌克兰的法律框架被精心制定。由于这个问题在我之前的一本书中已经讨论过，我不会在这里详细介绍，但我将展示这张图表，它揭示了俄罗斯的行事方式，这在西方思想中是完全没有的。

俄罗斯军队

俄罗斯在SMO开始时的兵力人数

2021年12月，美国中央情报局（CIA）的情报显示在乌克兰边境有50个俄罗斯人营级战斗群（BGT），可能会得到另外50个营级战斗群的增援。因此，该机构估计俄军有潜在兵力为17.5万人，[165] 这一数字得到了大多数评论员的认可。实际上，考虑到每个BGT的兵力（600-800人），俄罗斯人最多有6万到8万人可用于SMO，这一数字后来得到了五角大楼的证实。[166]

来自顿涅茨克和卢甘斯克人民共和国的大约6万名民兵加入到了俄罗斯军队的行列。这样，"俄罗斯"军队实际上是一个由俄罗斯联邦部队，顿涅茨克人民共和国（DPR）和卢甘斯克人民共和国（LPR）的部队，以及车臣国民警卫队的特遣队组成的联军。

虽然大多数俄罗斯军事人员都是专业人士，但来自CPR和LPR的部队来说，情况并非如此。他们是"武装公民"，其原则与瑞士所谓的"民兵系统"非常相似。

俄罗斯联盟约有40%是非专业人士，远非素质相同的整体。因此其训练水平和武器装备的质量参差不齐。我们的媒体和伪军事专家系统的抹去了这些差异，以便将顿巴斯民兵的弱点，尤其是在装备方面的不足，都归咎于俄罗斯军队。我们稍后再谈这个问题。此外，顿巴斯民兵有不同的

---

165. https://www.washingtonpost.com/national-security/russia-ukraine-invasion/2021/12/03/98a3760e-546b-11ec-8769-2f4ecdf7a2ad_story.html

166. "Senior Defense Official Holds a Background Briefing, April 18, 2022," *defense.gov*, April 18, 2022 (https://www.defense.gov/News/Transcripts/Transcript/Article/3002867/senior-defense-official-holds-a-background-briefing-april-18-2022/)

领导结构，需要与俄罗斯军队"协调"。这是俄罗斯承诺在SMO第二阶段解决的问题。

另一方面，尽管缺乏经验，但顿巴斯民兵被证明是顽强的战士。他们为"他们"所在地区的人民而战，他们熟悉这个地区，他们的家人和亲人都在这里。我们不要忘记，根据乌克兰法律，俄罗斯裔乌克兰公民不享有与"乌克兰原住民"享有相同的权利。这就是为什么这些民兵认为他们正在"解放"他们的土地，以及为什么与我们的媒体所宣传的相反，他们试图在行动中保护平民。

《华盛顿邮报》发布的地图（2021年12月3日）

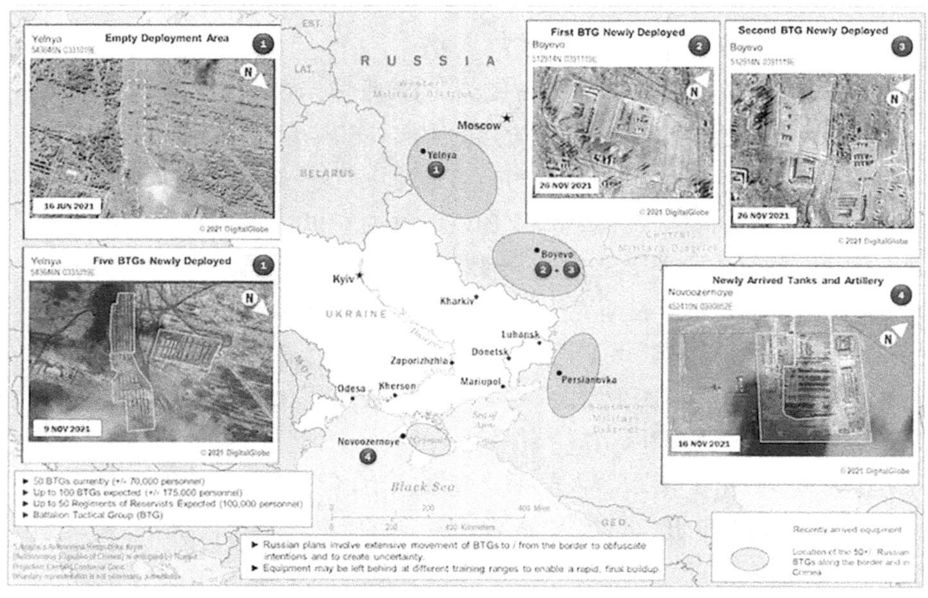

图19—这是美国情报绘制的2021年12月部署在乌克兰周围的俄罗斯军队的地图。地图显示，在顿巴斯地区，那里没有俄罗斯军队。西方政客，尤其是美国、法国和英国系统性地对此撒谎，以证明在执行明斯克协议方面缺乏进展是合理的。法国没有发挥其作为协议担保人的作用，并且对乌克兰军队对顿巴斯平民的袭击视而不见。这就是迫使俄罗斯人在2022年2月24日发动攻击的原因。[来源:《华盛顿邮报》]

因此，俄罗斯联军发动了特别军事行动，根据援军的可用性，部署了9万至14万人的部队。出动如此少的兵力发动进攻，这出乎西方观察家的意料。这里有两件事值得记住。

首先，即使俄罗斯特别军事行动是俄罗斯"应急计划"的一部分，但俄罗斯人似乎并没有完全为发起行动做好准备。正是乌克兰即将发动攻势的迹象促使俄罗斯人将这一计划付诸行动。换句话说，对俄罗斯来说，时机可能并不理想。

北约对"应急计划"的定义如下：[167]

> 为可能的行动制定的计划，其规划要素已确定或可以估计。该计划的拟订要尽可能详细，包括所需的资源和部署备选方案，这些选项将作为后续规划的基础。

其次，俄罗斯不习惯部署大型特遣队。"传统上"，其远征军的规模比西方人倾向于部署的规模要小得多：在阿富汗（1979至1989年），俄罗斯特遣队从未超过11.5万人；在叙利亚，有2万人（2015年）；在南奥塞梯格鲁吉亚（格鲁吉亚，2008年），俄军最多时也只有为1.4万人，而格鲁吉亚人部署了1.6万-2万人。[168]

俄罗斯人不仅倾向于部署相对较小的特遣队，而且他们也有以不利的力量平衡发起行动的"传统"。

因此，在SMO开始时，考虑加上DPR和LPR的部队，在顿巴斯前线，力量比例估计为0.6∶1，显然乌克兰的兵力占上风。2022年5月，随着乌克兰的动员，70万名士兵面对俄罗斯联军(俄罗斯DPR和LPR)的10万至19万名士兵。[169]这意味着在行动的第一阶段，乌军以3-4∶1的比例占优势。

我们的电视战略家一直在重复军事艺术的规则，只有具备3∶1的优势兵力才能在攻击中取胜。事实上，这只是一个设计值，这个规则对正面攻击来说是有效的。回顾历史上伟大战役，我们就会发现，在57%的情况下，尽管兵力比例对进攻击方不利，但攻击者还是取得了胜利。[170]对这种

---

167. *NATO Glossary of Terms and Definitions (English and French)*, AAP-6, NATO Standardization Office (NSO), 2021

168. https://warontherocks.com/2018/09/russian-performance-in-the-russo-georgian-war-revisited/

169. "700,000 soldiers defending Ukraine now, Zelenskyy says, as battles rage in the Donbas," *Euronews/AP/AFP*, May 21, 2022 (https://www.euronews.com/2022/05/21/live-sievierodonetsk-shelling-brutal-and-pointless-zelenskyy-says-as-russia-continues-offe)

170. T.N. Dupuy, *Numbers, prediction, and war: Using history to evaluate combat factors and predict the outcome of battles*, MacDonald & Jane's, January 1, 1979 (https://www.amazon.com/Numbers-prediction-war-history-evaluate/dp/0672521318) (pp. 12-16)

明显有悖常理的解释在于其具备高超的作战艺术：在作战中，采用灵活机动和连续攻击的方式，可以弥补不利的兵力比例。机动必须阻止对手重新集结，破坏其组织的防御的企图。这就是乌克兰人在2022年未能做到的，因为他们不再有任何机动能力。

俄罗斯武装部队人员

我们所谓的"军事专家"对俄罗斯制度的了解非常零碎，并带有偏见。从俄罗斯方面来看，这是一个相当大的优势，因为这些"专家"往往不断低估俄罗斯的能力。事实上，这是乌克兰自2022年2月以来，被俄罗斯击败的主要原因。从我们参谋人员的角度来看，这些"专家"非常危险，因为他们扭曲了我们的思维，导致我们得出错误的结论。

自SMO开始以来，我们的媒体和"专家"将俄罗斯军队描述为兵力不足且素质低下的乌合之众，并解释他们会100%输掉这场战争的原因。这种叙事让我们的"专家"预测俄罗斯会在2022年5月9日发动的总动员，[171] 事实上，俄罗斯人从未提及过。

截至2022年，俄罗斯武装部队的现役总人数为115.4万人和200万名预备役人员。2022年12月，俄罗斯政府决定到2026年将现役总人数增加到150万，增幅约为30%。[172]

无论乌克兰发生什么，这种增长都影响了整个结构，就像我们在一些西方国家所做的那样，我们已经意识到"和平红利"带来的潜在好处不再符合当前的地缘政治局势。

部分动员

2022年9月21日，弗拉基米尔·普京发布了部分动员30万预备役人员的法令，截止日期是10月28。西方对这次动员感到困惑，不知所措。这有以下几个原因：

第一个原因是，我们的伪军事专家把"动员"和"征兵"俩个概念给混淆了。与亚历山大·沃特拉弗斯声称的相反，俄罗斯并没有"不一样的动员"

---

171. https://www.rts.ch/emissions/infrarouge/13079683-guerre-en-ukraine-la-russie-dans-limpasse.html

172. Julia Shapero, "Russia lays out plans to boost size of military to 1.5 million," *The Hill*, January 17, 2023 (https://thehill.com/policy/international/3816314-russia-lays-out-plans-to-boost-size-of-military-to-1-5-million/)

，你说"预备役人员，应征入伍者，或你愿怎么叫它们就怎么叫"。[173]   不，你不能"用别的名称来代替这个词!"

西方话语将这种"部分动员"描述为"总动员"的特例。但对于那些知道如何阅读的人来说，这是一个根本的区别。总动员旨在动员国家的所有物质和人力资源以应对战争状态。另一方面，部分动员旨在处理仅需要某些类型资源的特定情况，结果是征召预备役人员。这正是弗拉基米尔·普京在2022年9月21日向全国发表讲话时所说的。[174]

因此，2022年9月至11月动员起来的人员，并不是没有经验的"应征入伍者"，他们不是经过"匆忙"训练后就投放到乌克兰，用来增援那里的俄军。他们是预备役人员，在过去十年中，他们已经在武装部队服役，并具有专业职能。因此，即使他们没有被派往前线，也会在战区以外发挥专长。弗拉基米尔·普京是这样解释的， 已经派遣41000人到作战部队，分配25.9万人去执行各种专业任务。[175]   与像米歇尔·戈雅上校这类的"专家"的说法相反，[176]   征召的预备役人员要经过6个月的"恢复性训练"后才被派往行动区。 第一批"召回"的士兵于2023年3月至4月抵达乌克兰TVD，他们大部分被分配到地面伯河沿岸的赫尔松州，那里没有发生任何重大的战斗行动。

第二个原因是，TVD具有高度自主权，他们会在战场的行动中随机应变，我们的记者和伪专家将其解释为俄罗斯军队"在逃"。我们通过更严肃的分析，就可以做出更细致入微的判断。

有两个因素解释了这种部分动员的时机。首先，部分俄罗斯部队签了为期六个月的合同。这样，到2022年8月底，他们中的一些人将重返平民生活。这就是为什么一些俄罗斯将军要求在六月开始征招。显然，在他们清楚地了解制裁的影响和经济形势前，俄罗斯当局并不想动员更多的士兵。夏季开始，俄罗斯经济正处于复苏期，弗拉基米尔·普京服担心的是不要在这个阶段削弱它。这就是为什么动员的决定被推迟的原因。简而言之，这表明俄罗斯经济的表现好于西方人的预期。

173. https://www.lemanbleu.ch/fr/Emissions/189661-Geneve-a-Chaud.html

174. https://news.sky.com/story/putin-says-he-has-lots-of-weapons-to-reply-to-nuclear-black-mail-of-west-12702322

175. http://kremlin.ru/events/president/news/69730

176. https://youtu.be/CvAYOHc8sv4?t=3263

除了这些功能考虑之外，还有结构性后果。乌克兰南部四个州并入俄罗斯联邦，将俄罗斯边界延长了近一千公里。这意味需要增加额外能力来建立更强大的防御系统，建立永久性指挥和后勤设施等的。因此，部分动员是两种现象的结果：向防御战略的转变，这种情况下，是数量而不是机动性发挥着更重要作用，在乌克兰南部各州举行的全民公决，其中涉及在该地区建立军事基础设施。

俄罗斯发起的部分动员，在我们眼里我们，它有非常大的缺陷，甚至是可笑。的确，在俄罗斯，这一决定并非每一个人都支持，包括官方媒体，批评的声音不断。一般来说，并不是所有的年轻人都热衷于上战场，俄罗斯人可能也不例外。然而有趣的是，我们媒体在格鲁吉亚边境采访的年轻人并不明白，部分动员只涉及预备役人员。[177]他们被西方的叙述误导了，这侧面表明，俄罗斯社会可以广泛接触西方媒体。

事实上，这种现象反映了官方沟通的薄弱，而不是民众对SMO的普遍抵制。因为与此同时，超过七万名志愿者（并不在在召回名单）自发报名。值得注意的是，逃避义务兵役在乌克兰是一个更为普遍的问题，在欧洲主要国家的首都，可以看到很大一部分可动员的人员驾驶昂贵的德国跑车。这就是为什么乌克兰不得不大量使用外国志愿者，包括来自圣战运动的武装分子，[178]在西方被认为是恐怖分子，如沙姆解放组织。[179]

也就是说，俄罗斯人不习惯动员和投入大量部队。在这种情况下，他们必须管理动员的30万预备役人员，14万每年例行的征召的新兵，还有七万名志愿者等，总共超过五十万人。显然，这引起了摩擦和瘫痪。俄罗斯当局注意到动员系统存在的问题，并提出了批评。

志愿人员是编外人员，他们同意在动员配额之外加入武装部队。为了准备在乌克兰的战斗，成立了志愿部队，以加强传统营级单位的步兵作战能力。

---

177. "Thousands of Russians cross borders to flee mobilization," *rts.ch*, September 28, 2022 (https://www.rts.ch/info/monde/13421767-des-milliers-de-russes-traversent-les-frontieres-pour-fuir-la-mobilisation.html); "Russian military call-up sparks major exodus," *DW*, September 24, 2022 (https://www.dw.com/en/russian-military-call-up-sparks-major-exodus/a-63227879)

178. "Hundreds of Al-Qaeda militants arrive in Ukraine from Syria", *The Cradle,* March 8, 2022 (https://thecradle.co/Article/news/7669)

179. https://www.state.gov/executive-order-13224/ ; https ://www.gov.uk/government/publications/proscribed-terror-groups-or-organisations--2/proscribed-terrorist-groups-or-organisations-accessible-version ; https://www.publicsafety.gc.ca/cnt/ntnl-scrt/cntr-trrrsm/lstd-ntts/crrnt-lstd-ntts-en.aspx

征兵

在俄罗斯，征兵对所有18至27岁（很快提高到30岁）的年轻人开放。每年分两期（春季期为4月1日至7月15日，秋季期为10月1日至12月31日期间），约有14万名年轻应征入伍者接受训练，然后融入武装部队。2022年，由于9月的部分动员，秋季动员被推迟到11月1日。

我们的媒体把一些例行活动都歪曲成是"动员"，以支持虚弱的俄罗斯正遭受巨大损失的叙事。[180]

不管怎么贬损俄罗斯军队，对叙事来说都是一件好事，即使他们做事方式与我们完全一样。通过军区（VO）设置的征兵机制就是这种情况。2023年2月，瑞士军事"专家"亚历山大·沃特拉福斯以第一次世界大战中的英国为例进行了比较，认为这套系统对俄罗斯来说"极其危险"。实际二者毫无共同之处，因为英国人的问题不是出在于征兵方法，而在于他们的团是由单一国籍士兵组成的，并将这些团派往最危险的地区。被派往加里波利的澳大利亚人就是这种情况。在那里，他们被土耳其人屠杀，幸存的澳大利亚人留下噩梦般的记忆，挥之不去。在俄罗斯军队中，团由几个民族或民族团体组成，以避免这个问题。

"瓦格纳"军事和私人保安公司

私营军事公司（PMC）或私营军事和保安公司（PMSC）往往会激发想象力。许多记者和专家都在谈论"战争私有化"的企图和愿望。但这是不准确的。对于美国人和俄罗斯人来说，这不是将战争变成生意的问题（即使有些人最终从中获利）。这只是一个外包一定数量的功能的问题。这些功能不需要任何特定的战斗技能（比如后勤功能，站点安全等）。这些SMPs的优点是，与武装部队规模的增加不同，武装部队的规模需要法律和结构上的调整，PMC的使用，不需要议会决定。

联合国是私营军事安保公司（特别是俄罗斯私营军事安保公司）的主要用户。因为私营军事安保公司使联合国能够在不依赖部队派遣国善意的情况下执行安全任务。由于私营军事安保公司不受成员国行政部门的管辖，因此可以在不提及其本国政府的情况下获得指示。例如，美国军事人

---

180. "War in Ukraine: Vladimir Putin signs decree to increase army strength", *Euronews / AFP*, August 26, 2022, (https://fr.euronews.com/2022/08/26/guerre-en-ukraine-vladimir-poutine-signe-un-decret-pour-augmenter-les-effectifs-de-larmee)

员，无论他们的承诺如何一始终处于美国总统的权力之下。在多边背景下，这导致了指挥链的重复，酿成了1983年针对法国和美国的贝鲁特袭击悲剧，还有1993年在摩加迪沙的美国海军陆战队员死亡事件。

俄罗斯有几十家私营军事安保公司，简称TchVK。它们大多数在俄罗斯和世界各地执行安全任务，一小部分自2014年以来，一直在自行宣布独立的顿巴斯共和国开展行动。他们由俄罗斯武装部队的前军官组成，特别是特种部队，他们为共和国的年轻民兵提供训练任务。

MSP"瓦格纳"的存在已经谈论了好几年。但直到2021年，在马里政府决定聘请"瓦格纳"人员，并要求法国军队撤出后，法国媒体才开始产生兴趣。马里政府的这一决定，引发了当时的法国外交部长让·伊夫·勒德里昂的愤怒，并引发了一场针对俄罗斯的前所未有的宣传运动，结合了反非洲种族主义，俄罗斯恐惧症，充满了恶意和谎言。想了解更详细信息，我建议读者参考我的书《普京：游戏大师？》[181]

所谓的"瓦格纳"集团是一个知之甚少的实体。它被描述为"弗拉基米尔·普京的平行军队。"[182]　　但这样的"军队"并不存在，纯粹是捏造出来的。也有一些专家甚至质疑它是否真的以一种人们所认为的形式存在。据一位乌克兰消息人士称，他似乎是一群设在欧洲国家（匈牙利、塞尔维亚、瑞士、意大利、德国和希腊）的小型安全公司。这些公司除了"瓦格纳"这个名称之外，[183] 还有几个名，并接受临时委托。[184]

"瓦格纳"显然在2014年，志愿战士帮助自行宣布独立的顿巴斯共和国和卢甘斯克共和国的自治主义者的过程中起家的。在那里，需要组织管理这些志愿战士，这些编队由杂乱无章的志愿者组成，没有统一的训练，只配备了轻武器，只适合执行安全任务和步兵工作。瓦格纳只是众多这样组织之一，逐渐吞噬了其他团体。

这些公司既没有装备，也没有相应的训练来取代传统的作战训练，但城市作战除外，城市作战要求极高且危险。它是人员密集型的战斗，需要经验丰富、坚韧和强硬的战士，但不需要复杂的设备或重型装备。

---

181. Jacques Baud, *Putin: Game Master?*, Max Milo, Paris, 2022
182. Charlotte Lalanne, "Centrafrique, Mali… Comment les mercenaires russes de Wagner tissent leur toile", *L'Express*, October 3, 2021 (updated October 4, 2021)
183. Nykolaï Koval, "'Фабрики' наемников: где в России готовят террористов", *obozrevatel.com*, June 12, 2018
184. Amy Mackinnon, "Russia's Wagner Group Doesn't Actually Exist", *Foreign Policy*, July 6, 2021

在法国，自马里事件发生以来，当局和媒体对这支军队的描述更多的是在传播假信息，而不是真正的分析。"纪录片"更多的是根据道听途说而不是严肃的新闻调查，倾向于向我们展示一支精练的军队形象，一种影子力量，被CNews描述为"弗拉基米尔·普京的秘密军队"。[185] 根据非洲情报局的说法，"瓦格纳"的"平行外交"对莫斯科来说是一个麻烦。[186]

在俄罗斯，我想与所有国家一样，私营安保公司和正规武装部队的任务是严格分开的。当然也有例外，比如美国中央情报局，但这些毕竟是个例。将私人作战结构整合到正规军事指挥体系中会带来多种问题。最微不足道的是忠诚。人们普遍认为士兵们是出于对国家的信念而战，就像俄罗斯士兵在顿巴斯为他们的兄弟而战一样。"雇佣军"与其说是对国家的热爱，不如说是更爱金钱。

一般而言，私营军事安保公司可能带来另一类问题：他们可以促进局势的军事化，而不受传统军队的法律和政治限制。与法律、保密、培训等有关的其他问题阻碍了它融入正规军事体系。因此，这些私人军事单位，最常用于正常指挥链之外的独立行动。

因此，在2022年10月底，谢尔盖·苏罗维金将军委托瓦格纳摧毁巴特穆特的敌人，合同为期六个月。其目的不是夺取这座城市，而是摧毁那里的敌人。[187] 这与弗拉基米尔普京于2022年2月24日设定的最初"去军事化"目标一致。这就是"巴赫穆特绞肉机行动"。

"瓦格纳"如何以及为何参与俄罗斯在乌克兰的行动仍然是一个谜。瓦格纳的行政长官叶夫根尼·普里戈任受益于苏罗维金的支持，苏罗维是在2022年10月接管了俄罗斯TVD乌克兰军队的指挥权的。这可以解释在2023年6月底，普里戈任领导的瓦格纳兵变给苏罗维金带来耻辱。而苏罗维金曾反对兵变行为。

在技术层面上，使用瓦格纳进行这种行动并非不协调。在城市地区作战几乎不需要任何联合行动，并且可以由独立编队与主要作战计划一起进行。瓦格纳不是一个军事单位，因此没有被纳入俄罗斯的指挥结构。它并行运作，自主执行任务。它没有火炮，但有指派火力来给予支援。

---

185. François Blanchard, "Mali: qu'est-ce que le groupe Wagner, 'l'armée secrète de Vladimir Poutine'?", *CNews*, October 7, 2021 (updated October 11, 2021)
186. "Wagner's parallel diplomacy embarrasses Moscow", *AfricaIntelligence.fr*, October 28, 2021
187. https://dzen.ru/a/ZD5JTKwhFzM0r_oo

与博纳德·威奇特在阿尔及利亚频道AL24上所说的相反，瓦格纳从未被整合到SMO结构中——它只能与这个结构合作。这就是北约所说的"战术控制"（TACON）。换句话说，任务是由俄罗斯国防部制定的；TVD部队指挥官为瓦格纳的任务提供了便利，特别是通过提供炮兵和后勤支持，但它不能同时接受多项任务。

从2022年底开始，俄罗斯指挥部正准备面对乌克兰宣布的2023年春末的"大反攻"。俄罗斯人期待一场规模巨大的行动。这就是为什么总参谋长瓦列里·格拉西莫夫于2023年1月11日接管了SMO指挥权的原因。我们的媒体和"专家"以为俄军内部出了大问题，这只不过是想给SMO分配更多资源的一种方式。格拉西莫夫希望根据统一指挥原则，将他的所有部队整合到一个单一指挥结构中。这一变化可能对分配炮火的规则产生了影响，这在2月份激怒了普里戈任。

合乎逻辑的是，在巴赫穆特获胜后，国防部于2023年6月10日决定解散所有私人或半独立武装部队，并将其置于总参谋部的指挥之下。正如俄罗斯媒体Gazeta.run所解释的那样：[188]

> 必须解散平行军队，必须在国家的军事组织内，重新建立
> 最严格的垂直指挥链。

所有在乌克兰TVD运营的所有私营军事安保公司的成员将在2023年7月1日之前编入武装部队。为了抗议这一决定，普里戈任想要在顿河畔罗斯托夫与国防部长谢尔盖·绍伊古和瓦列里·格拉西莫夫"面对面"理论。

由于无法在罗斯托夫见到他们，普里戈任做了一个惊人的举动，去莫斯科寻找他们。事实上，考虑到所有因素，这只不过是员工对总经理关闭公司的决定感到愤怒的行为。在白俄罗斯总统亚历山大·卢卡申科的调解下，普里戈任意识到他的行动在国际上产生了不小的反响，他肯定没有预见会出现如此严重后果，因此他决定取消他的运动。

正如他本人后来在语音留言中解释的那样：[189]

---

188. https://www.gazeta.ru/army/2023/06/27/17198912.shtml
189. https://twitter.com/DAlperovitch/status/1673341994804838402

武装游行的目的是不让PMC瓦格纳被解散，并要求军事
领导层为战争期间所犯的错误负责。

当然，我们的阴谋论者认为这是反对弗拉基米尔·普京，让人们看到了
其普京权利的脆弱性。[190] 他们甚至认为这是推动乌克兰进行反攻的进一
步理由。[191] 这种误判表明了西方一厢情愿的做法，使乌克兰与其作战能
力和西方支持的承诺不一致。现在，"瓦格纳"战斗人员有机会加入俄罗
斯武装部队，特别是在志愿营中。法国一些"专家"声称，他们认为私营军
事安保公司换了一个名称又重新出现了，这是子虚乌有。这不是薪水由
谁来支付，而是需要融入领导结构内。军事领导的一个基本原则是不要
混合领导结构。与所有国家一样，私营军事安保公司只能与正规武装部
队进行合作，而不能直接并入。志愿营是融入军事结构的编队。出于同样
的原因，外籍军团是法国军队编队，而不是私营军事安保公司。

车臣部队

在"瓦格纳事件"发生后，评论员和一些"专家"在媒体上互动，将车臣
部队与半私人机构联系起来。这也是对俄罗斯军队系统的误解。在拉姆
赞·卡德罗夫的指挥下，参与在乌克兰行动的车臣部队不是私人组织。

尽管媒体报道了其领导人，但车臣特遣队是车臣共和国国民警卫队的
一个编队，因此由俄罗斯国防部管辖。车臣部队通常被称为"卡德罗维特
人"，他们没有配备用来正面作战的装备，更适合在城市地区作战和后方
保护。例如，极右翼的"自由俄罗斯运动"，他们代表乌克兰在别尔哥罗德
地区采取恐怖行动，车臣部队被派往该地进行保护。

整合乌克兰叛逃者

2014年2月23日，乌克兰决定废除2012年官方语言法案后，整个乌克
兰南部都陷入了威胁之中。被派去恢复秩序的乌克兰军队，带着武器和

---

190. "War in Ukraine: Emmanuel Macron says Russia is 'politically and militarily fragile'", *BFM TV/ AFP*, July 12, 2023 (https://www.bfmtv.com/international/asie/russie/guerre-en-ukraine-emmanuel-macron-affirme-que-la-russie-est-fragile-politiquement-et-militairement_AD-202307120583.html)
191. Taras Kuzio, "Putin's Wagner weakness is a signal to support Ukraine's counteroffensive", Atlantic Council, June 29, 2023 (https://www.atlanticcouncil.org/blogs/ukrainealert/putins-wagner-weakness-is-a-signal-to-support-ukraines-counteroffensive/)

3·在乌克兰的特别军事行动（SMO）

装备站到叛乱分子一边。顿巴斯民兵就是这样出现的。如今,局势没有2014年那么明朗,但许多乌克兰人不同意基辅的政策。这在一定程度上解释了乌克兰军队叛逃人数众多的原因。

一个新现象就是这些叛逃者被纳入俄罗斯军队。"波格丹·赫梅利尼茨基"志愿营就属这种情况,该营于2023年10月底被编入俄罗斯KASKAD战术战斗群。据报道,该营于2023年初在顿涅茨克人民共和国成立,并在六个多月后并入俄罗斯军队,这与战士的训练时间相对应。乌克兰媒体表示,他们"可能是被迫的"。[192] 这不太可能。首先,俄国人根本不缺乏部队。其次,整合可能对自己构成危险的战士是有风险的。最后,在普里戈任兵变之后,俄罗斯司令部不太可能再冒着政变的风险收编不可靠的部队。

俄罗斯的目标和战略

2023年2月23日,在谈到俄罗斯在乌克兰的目标时,瑞士军事"专家"亚历山大·沃特拉弗斯宣称:[193]

> 特别军事行动的目的是在5周、10周甚至2周的时间内内瓦解乌克兰的政治和军事统治。经过一系列行动失败后,俄国人改变了他们的计划和目标,俄国人几乎每周或每个月都在改变他们的目标和战略方向。

问题在于,我们的"专家们"是根据他们自己的想象来定义俄罗斯人的目标的,这只能说俄罗斯没有实现他们设定的那些目标。在这里,我们不得不回到事实上来。

2022年2月24日,俄罗斯突然在乌克兰发动了"特别军事行动(SMO)"。弗拉基米尔·普京在电视讲话中解释说,其战略目标是保护顿巴斯的人民。这个目标可以分为两部分:

---

192. https://zn.ua/war/rossijane-zastavili-ukrainskikh-voennoplennykh-perejti-na-sluzhbu-k-vrahu-isw.html
193. https://www.radiolac.ch/podcasts/6-minutes-avec-23022023-0917-094529/

- 对乌克兰武装部队进行"去军事化"，乌克兰军队在顿巴斯重新集结，正准备对顿涅斯克共和国（DPR）和卢甘斯共和国（LPR）发动进攻。
- "去纳粹化"（即"消灭"）集中在马里乌波尔地区的极端民族主义和新纳粹准军事民兵。

西方根本没有对弗拉基米尔·普京精心准备的讲稿进行过理性分析。他的讲稿受到1945年的《波茨坦宣言》的启发，该宣言规定了四项原则，目的是确立战败后的德国未来发展走向：去军事化，去纳粹化，社会民主化和去中央集权化。

俄国人从克劳塞维茨的角度来理解战争：战争无非是政治通过另一种手段的继续。这意味着他们寻求将作战成功转化为战略成功，将军事成功转化为政治目标。显然，引发普京在乌克兰的"去军事化"的行动，与2021年3月24泽连斯基签署针对顿巴斯人民的法令并对那里的人们发出军事威胁有关。

但这个目标背后隐藏了第二个目标：阻止乌克兰未来成为北约成员国。泽连斯基在2022年3月提出解决冲突的建议时，他清楚这一点。起初，他的提议得到了西方国家的支持。但后面出现了变化，可能在这个阶段，他们认为俄罗斯在三天内接管乌克兰的努力失败了，并且由于对其实施的大规模制裁，他将无法维持其战争运转。在2022年3月24日的北约会议上，盟国决定不支持泽连斯基的提议。正如《华盛顿邮报》在4月5日解释的那样：[194]

> 对于一些北约成员国来说，乌克兰人最好继续战斗和死亡，这比实现对基辅和欧洲其他国家来说太早或代价太高的和平要好。

尽管如此，3月27日，泽伦斯基公开为他的提议辩护，3月28日，作为对泽连斯基这一姿态的回应，弗拉基米尔·普京缓解了对首都的压力，并从该地区撤军。泽连斯基的提议是2022年3月29日《伊斯坦布尔公报》的基

---

194. Michael Birnbaum & Missy Ryan, "NATO says Ukraine to decide on peace deal with Russia—within limits", *The Washington Post*, April 5, 2022 (https://www.washingtonpost.com/national-security/2022/04/05/ukraine-nato-russia-limits-peace/)

础，该公报是一项停火协议，是和平协议的前奏。[195] 弗拉基米尔·普京于2023年6月非洲代表团访问莫斯科时展示了这份文件。鲍里斯·约翰逊进行了干预，泽伦斯基撤回了他的提议，用和平和乌克兰人的的生命换取"不管需要多久"的支持。[196]

这个版本的事件——我已经在我以前的书中介绍过——最终在2023年11月初，得到了时任乌克兰首席谈判代表大卫·阿拉哈米亚的证实。[197]他解释说，俄罗斯从未打算夺取基辅。[198]

最重要的是，俄罗斯同意撤退到2022年2月23日的边界，以换取乌克兰限制国内武装部队的规模，以及承诺不加人北约，并得到一些国家的安全保证：[199]

> 据我们采访的几位前美国官员称，到2022年4月，俄罗斯和乌克兰的谈判代表似乎已经就谈判临时解决方案的大致轮廓达成一致：俄罗斯将撤回其2月23日的边境，当时他控制了顿巴斯地区的部分地区和整个克里米亚。作为交换，乌克兰将承诺不寻求加入北约，而是从一些国家获得安全保障。

可以得出两个结论：

- 俄罗斯的目标不是征服领土。如果泽连斯基没有受西方的干预而撤回他的提议，乌克兰可能仍然拥有自己的军队。[200]
- 虽然俄罗斯人进行了干预，以确保顿巴斯人民能得到安全保护，但他们的SMO使他们能够实现更广泛的目标，这涉及俄罗斯的安全。

195. https://braveneweurope.com/michael-von-der-schulenburg-hajo-funke-harald-kujat-frieden-fur-ukraine

196. Roman Romaniuk, "Possibility of talks between Zelenskyy and Putin came to a halt after Johnson's visit", *Ukrainska Pravda*, 5 May 2022 (https://www.pravda.com.ua/eng/news/2022/05/5/7344206/)

197. "Interview with David Arakhamia, head of the Ukrainian delegation at the peace talks", *1+1*, November 25, 2023 (https://youtu.be/0G_j-7gLnWU)

198. Olena Roshchina, "Head of Ukraine's leading party claims Russia proposed 'peace' in exchange for neutrality", *Ukrainska Pravda*, November 24, 2023 (https://www.pravda.com.ua/eng/news/2023/11/24/7430282/)

199. Matthew C. Mai, "Could the War in Ukraine Have Been Stopped?", *The National Interest*, September 20, 2022 (https://nationalinterest.org/feature/could-war-ukraine-have-been-stopped-204872)

200. https://twitter.com/ArmchairW/status/1670181878866018304/photo/1

这意味着，尽管没有制定这一目标，但乌克兰的"去军事化"为其成为"中立"国家打开了大门。这并不奇怪，恰恰相反，在2019年3月18日接受乌克兰频道APOSTROF'采访时，泽连斯基的顾问奥列克谢·阿雷斯托维奇玩世不恭地说，因为乌克兰想要加入北约，就必须为俄罗斯进攻乌克兰并被彻底击败创造条件。[201]

问题在于，乌克兰和西方的分析是由他们自己的叙述推动的。认为俄罗斯将失败的信念，意味着没有准备其他应急措施。2023年9月，西方开始看到这种叙事的崩溃，更不用说它的实现了，试图让冲突转向"冻结"，但他们没有考虑俄罗斯人的意见，俄罗斯人仍然在战场占主导地位。

俄罗斯本来对泽连斯基在2022年3月提出的和平倡议是非常满意的。然而，西方在2023年9月想要的只是暂时实现停火，待乌克兰军队得到重新武装和获得补充兵员后，将继续下一场更暴力的冲突。

这一悲惨事件表明，西方政府过去和现在仍然如此痴迷于摧毁俄罗斯并实现俄罗斯政权更迭，以至于他们完全忽视了乌克兰人自己的意图。当时的瑞士驻基辅大使显然不知道这些事实，乌克兰媒体已于2022年4月报道了这些事实。

行动概念和俄罗斯在乌克兰的领导指挥结构

俄罗斯人不对外发布他们的计划，也不通报他们的行动进展情况。虽然精确地重建他们的（SMO）初始概念相对容易，但要确定这一行动的后续阶段就比较困难，因为该行动会随着时间和实地局势而发展，这是非常合乎逻辑的。

该行动的最初概念很可能只包括我们在下面描述的第一阶段和第二阶段，因为正如我们所看到的，弗拉基米尔·普京在2022年2月24日设立的所有目标都是在这两个阶段实现了。弗拉基米尔·泽连斯基发起的两次谈判尝试都在最后一刻被西方阻止了。俄罗斯很可能计划在达成协议后撤出乌克兰，如泽连斯基在3月份提出的协议希望的那样。俄罗斯极

---

201. "Predicted Russian—Ukrainian war in 2019—Alexey Arestovich", *YouTube*, March 18, 2022 (https://youtu.be/1xNHmHpERH8)

不可能打算跨越语言障碍而冒险进入该国西部。鉴于西方继续战争的决心，这可能就是增加了第三阶段的原因。

然而，现有证据确实允许我们得出一些结论，虽然SMO的分阶段的说法有待商榷，但由此得出的逻辑表明，我们的媒体——以及某些情报机构——向我们展示的内容是完全错误的。现在，基于这些错误的解释，我们的国防部开始计划"重新武装"我们军队的。

特别军事行动SMO的一般概念

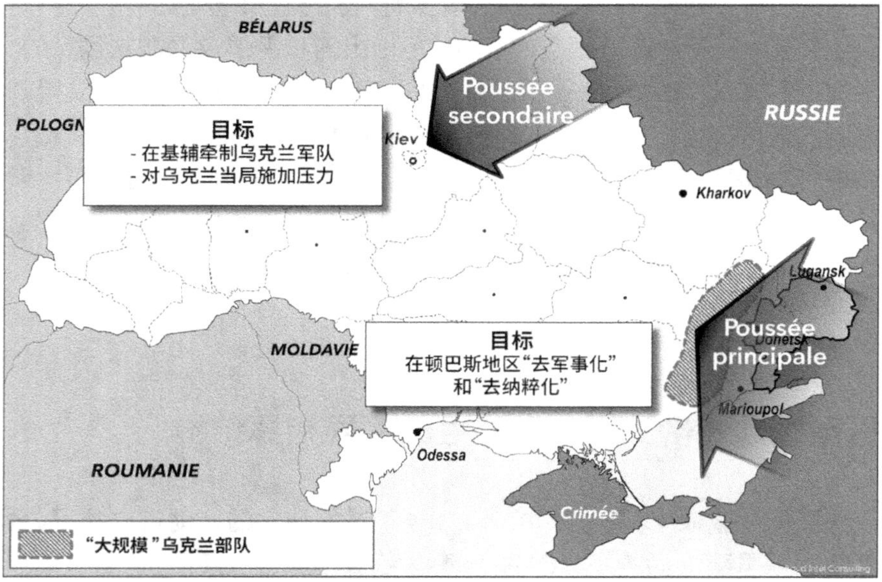

图20-俄罗斯特别行动的运行机制忠实地遵循其作战条令。它由主攻和助攻组成。助攻的作用是为主攻创造有利条件。向基辅的推进不是为了夺取这座城市，而是为了阻止任何可能前往顿巴斯的北方增援部队。

在第二阶段和第三阶段之间，俄罗斯发现自己处于与美国人在阿富汗的的类似境地，美国人当时不得不逐渐将纯粹的美国行动（持久自由）与北约多国行动（ISCF）结合起来。问题是我们的"专家"对这些问题一无所知，无法掌握乌克兰的局势。剩下的就是他们对俄罗斯的恐惧。因此，抹去俄罗斯军队与顿巴斯民兵之间作战能力的差异，这样可以质疑俄军的指挥水平。这样，一旦有SMO高级指挥官出现人事变动，瑞士的

俄罗斯的战争艺术

RTS,[202] 法国的Figaro[203]和英国的BBC[204] 等西方媒体就会解读为,这是俄罗斯领导层内部出现危机行动遭到"惨败"的迹象。从技术上讲,这是一种阴谋论,对乌克兰适得其反。

　　事实恰恰相反。俄罗斯的指挥得到加强,行动也比以往更自由。正如我们在随后几天所看到的那样,西方的分析只导致了对俄罗斯能力的低估和乌克兰对戒备的放松。

SMO的管理(2022年2月24日至2022年10月7日)

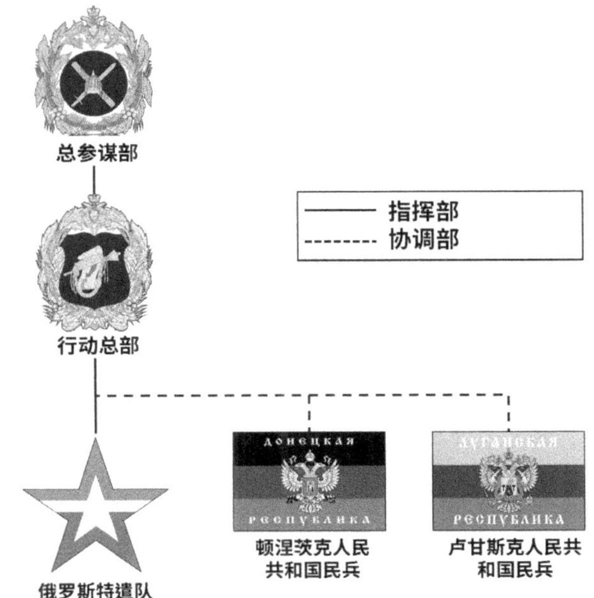

图21—在SMO开始时,俄罗斯联军汇集了来自俄罗斯联邦的部队以及来自顿涅茨克和卢甘斯克人民共和国的民兵。后者有不同的装备由"公民士兵"组成并有自己的指挥系统。这解释了SMO开始时缺乏协调的原因。我们的媒体将其归咎于俄罗斯军队。

202. https://www.rts.ch/play/tv/redirect/detail/13449035

203. "En pleine mobilisation, la Russie limoge le général chargé de la logistique", *Le Figaro / AFP*, September 24, 2022 (https://www.lefigaro.fr/flash-actu/en-pleine-mobilisation-la-russie-limoge-le-general-charge-de-la-logistique-20220924)

204. Matt Murphy, "Dmitry Bulgakov: Putin fires deputy defence chief amid supply failures," *BBC News*, September 24, 2022, (https://www.bbc.com/news/world-europe-63021117)

SMO的管理（自2022年10月8日起）

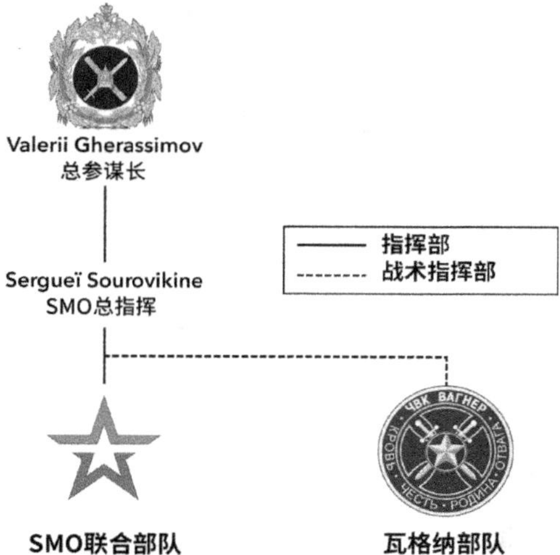

图22—从2022年10月起，俄罗斯军队整合了来自顿巴斯共和国（现为俄罗斯联邦的一部分）的部队。他们切换到防御模式，派遣瓦格纳的部队进行巴赫穆特作战。这种不自然的关联是由于俄罗斯结构中缺乏步兵。

SMO的管理（2023年1月11日起）

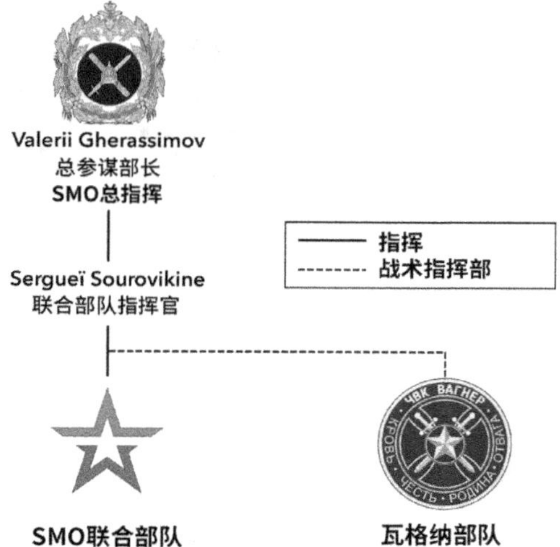

图23—从2023年1月开始，乌克兰在俄罗斯领土上的行动增加，这要求延长TVD在乌克兰的行动，以更好地协调SMO后方的行动，特别是防空行动。苏罗维金将军并没有像我们的媒体所猜测的那样被赶下台，因为行动范围已经扩大到包括俄罗斯联邦领土的某些地区。这就是格拉西莫夫将军成为SMO负责人的原因。

图24-巴赫穆特作战后，将私人民兵纳入俄罗斯系统变得困难。国防部决定停止这种类型的合作，以简化指挥结构。苏罗维金上将被维克多·阿夫扎诺夫上将接替。

第一阶段

第一阶段的展开，完全遵循了我们自冷战以来所知道的行动艺术模式。这个进攻阶段分为两个方面：

- 主攻（决定性行动）指向该国南部的顿巴斯地区[205]和亚速海沿岸（Z）。
- 助攻（支援行动）在基辅，由来自白俄罗斯（V）和俄罗斯（O）的部队来执行。

这次行动的机制源于这样一个事实，即俄罗斯联军参与进攻的总兵力远少于乌克兰军队。如果我们只考虑来自俄罗斯本土的俄军，唯一能够进行纵深联合作战的军队，与乌军的兵力比例是1:3或1:4，形势有利于乌克兰人。

对这种明显矛盾的解释是，俄罗斯人通过掌握作战艺术来弥补他们的劣势。通过深入乌克兰领土，他们可以通过创造有限的空间和时间优势

---

205. https://donpatriot.news/ru/article/britanska-rozvidka-nazvala-osnovniy-napryamok-nastupu-okupantiv

来"突破"，迫使该国西部的乌克兰军队首尾不能相顾，阻止他们增援已经部署在顿巴斯的大部分部队。

令人惊讶的是，尽管在2002年版法军的军事条令对此有详尽的描述。俄军这种精细的作战艺术机制在法国并没有得到理解，

目标

主攻轴线上的目标

根据军事条令——而且非常合乎逻辑——主要目标位于主攻轴线上：摧毁顿在顿巴斯重新集结的乌克兰武装部队，这些部队在为进攻TPR和LPR做准备（"去军事化目标），消灭在马里乌波尔的极端民族主义准军事民兵（去纳粹化"目标）。

助攻轴线上的目标

在基辅方向的助攻的目的是"固定"乌克兰军队，防止他们增援正与俄罗斯主攻的部队作战的乌军。

行动管理

在主攻轴线上，攻势由俄罗斯联军（Z）来执行，该联军包括来自克里米亚和俄罗斯南部军区的俄罗斯军队，有来自顿涅茨克和卢甘斯克人民共和国的的民兵，还有一支车臣国民警卫队特遣队，他们在马里乌波尔市区进行战斗。

随着乌克兰军队在该国南部集结，准备对顿巴斯发动攻势，而哈尔科夫以北的俄乌边境几乎没有设防。V和O部队以及北方集团军Z部队的能够快速而轻松地向基辅推进。在第一阶段，俄罗斯正在寻求为实现其目标创造有利条件。阻止乌克兰人将兵力集中在顿巴斯，尽全力让部队能够在近一千公里的战线上站稳脚跟，并牵制一支更大的军队。

2022年2月24日，位于戈斯托梅尔的安东诺夫机场被俄军空降部队占领。瑞士报纸《新苏黎世报》（NZZ）声称俄罗斯人想占领基辅，但失败了。[206]这根本不是事实。早在2022年3月，一项明智而诚实的分析表明，他们从未部署足够的部队来实现这一目标。因此，合乎逻辑的是，他们不应该实

---

206. https://www.nzz.ch/international/krieg-gegen-die-ukraine/warum-russland-im-kampf-um-kiew-scheiterte-ld.1679477?reduced=true

现他们从未为自己设定的目标。事实上。仅200名伞兵就在两个小时内占领了机场。这与苏军在1968年占领布拉格机场的场景相同，一小群人占领了关键设施，然后得到了一个更大的分遣队的增援。在乌克兰，这支由300-400名伞兵组成的增援部队，于2月26日通过陆路抵达。因为乌克兰炮兵阻止了空中增援。正如我们所看到的，俄罗斯军队远不足以占领整个首都。

空降部队的功能在俄罗斯军事条令中得到了完美地描述："打乱对手预备队的部署"。[207] 这正是他们所做的。

3:1的兵力比例通常会用来计划进攻，但在城市地区进行攻击的比例是6:1或12:1。[208] 当时基辅有大约60000人守卫，在这种情况下，俄罗斯人必须部署50万人才能拿下它。这将与1945年占领柏林动用的兵力相当。

空降部队很快与地面部队会合：据五角大楼称，在乌克兰首都基辅周围，俄罗斯约有22个BTG（即13200至17600人）。也就是由大约2万俄军在"威胁"了首都。通过制造这种压力，俄罗斯指挥部迫使乌克兰总参谋部保护基辅，从而无暇其向顿巴斯地区增援，这与俄罗斯的主要主攻目标相一致。相比之下，据估计，俄军派遣了大约四万人来夺取马里乌波尔，这是一个相当小的城市。因此，俄国人从未打算占领首都。

3月29日，根据泽连斯基的提议，发表了《伊斯坦布尔公报》。这是一份停战协定草案，旨在作为持久解决危机的基础。作为善意的回应，弗拉基米尔·普京立即下令减少在切尔尼科夫和基辅地区的军事行动。正如联合国前副秘书长迈克尔·冯·德舒伦堡，柏林自由大学政治学教授哈乔·芬克和德国联邦国防军前监察长哈拉尔德·库贾特将军的陈诉，[209] 还有俄罗斯媒体RT的报道。[210] 但希望是短暂的，按照《乌克兰真理报》的说法，在西方的压力下，泽连斯基再次撤回了他的提议。[211]

207. "Вооруженные Силы Российской Федерации: их состав и предназначение," *Армейский Сборник*, 1/2023, January 2, 2023 (https://army.ric.mil.ru/Stati/item/460541/)

208. http://www.dupuyinstitute.org/blog/2018/04/25/u-s-army-force-ratios/

209. https://braveneweurope.com/michael-von-der-schulenburg-hajo-funke-harald-kujat-frieden-fur-ukraine

210. https://www.rt.com/russia/552910-istanbul-peace-talks-explainer/

211. https://www.gov.uk/government/news/pm-call-with-president-zelenskyy-of-ukraine-2-april-2022

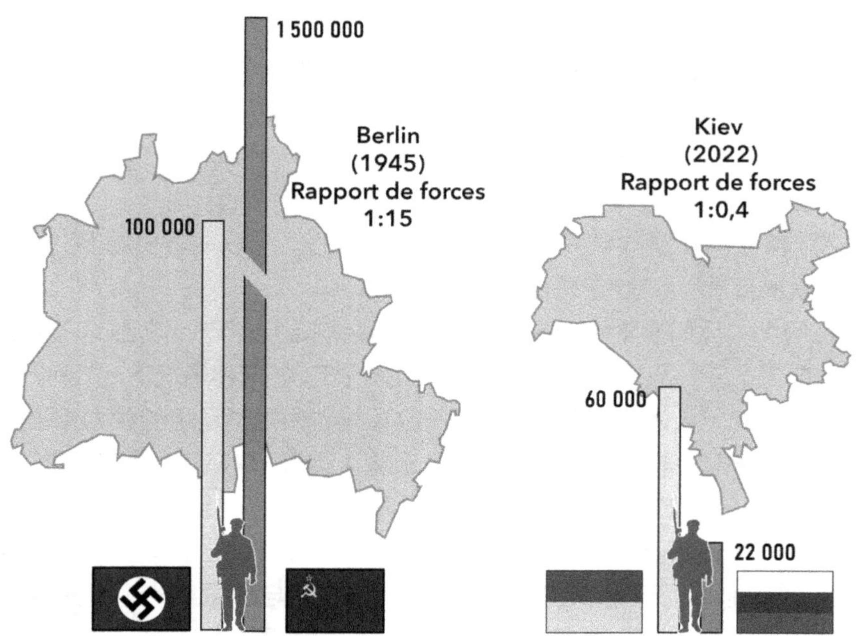

图25-1945年，苏联人以大约是德国人15倍的兵力占领了柏林。2022年，对于一个规模相当的城市，俄罗斯人的兵力比会低37倍。对于马里乌波尔作战，俄罗斯人8:1的优势。

俄罗斯国防部在2022年3月30日的新闻稿中解释了这一机 制：[212]

> 俄罗斯武装部队在顿巴斯和乌克兰进行的特别军事行动的 第一阶段，旨在迫使敌人集中兵力、资产、资源和作战装备以保卫包括基辅在内的主要城市地区。目的是在不袭击城市，在避免平民伤亡的情况下，把他们"牢牢固定在那里"，并给基辅政权的武装部队造成重大损失，致使他们无法增援同我军在顿巴斯的主要方向作战的乌军部队。所有这些目标都已实现。

俄罗斯军队没有打算在乌克兰北部长期驻扎。它要么因对乌克兰后方进行一次大的攻击而延长冲突时间，要么就得撤军。没有证据表明俄罗

---

212. https://z.mil.ru/spec_mil_oper/news/more.htm?id=12415372@egNews

俄罗斯的战争艺术

斯总参谋部曾有过继续这一攻势的计划。因此撤军是不可避免的。伊斯坦布尔谈判使俄罗斯得以将撤军作为朝着和平的方向迈出了一步。

占领马里乌波尔，使俄罗斯人能够在顿巴斯重新集结部队，并将精力集中在"去军事化"的目标上。现在，俄罗斯能够在其决定性的战区拥有优势，能够从基辅地区撤军，并加强其在该国南部的态势。2022年3月29日，伊斯坦布尔的谈判似乎即将成为现实。据德国媒体DW报道，俄罗斯人看到了该做出和解姿态的机会。[213] 他们宣布从乌克兰北部地区撤出。从基辅撤军，是俄罗斯既定的计划呢，还为回应泽连斯基在伊斯坦布尔有建设性建议，而采取了善意的姿态？这是一个悬而未决的问题。但无论如何，俄罗斯人能够在政治上，利用了这次撤军。

乌克兰让俄罗斯的撤军看起来像是一场胜利，这是公平的。但令人担忧的是，西方根本不理解俄罗斯这样部署军队的真正用意，法国武装部队参谋长的蒂埃里·伯克哈德将军对此还做了一个报告，他显然对俄军的目的一无所知。[214] 2022年5月，瑞士驻基辅大使克劳德·怀尔德在RTS频道上讲，俄罗斯人"输掉了基辅作战"。[215] 事实恰恰相反。正如当时的乌克兰首席谈判代表，大卫·阿拉哈米亚[216]所证实的那样，俄罗斯目的是推动乌克兰进行谈判，这一目标已经实现。但西方在他们自己制造的叙事中不能自拔，这势必把乌克兰推向灾难。

这样做的目的只是为了证实"俄罗斯不能，也绝不应该赢得这场战争"。[217] 因此，这场所谓的胜利归功于乌克兰总参谋部了不起的指挥能力，但这实际上是俄罗斯人为表示对谈判的诚意，主动从基辅周围撤退了军队。这引来另一个问题是，它鼓励了西方人开始重新评估事态：

a) 乌克兰人在作战艺术方面更胜一筹；

b) 反对基辅发面的任何谈判企图。

---

213. "Russia pledges to cut back operations around Kyiv", *DW.com*, March 29, 2022 (https://www.dw.com/en/russia-pledges-to-scale-down-military-activity-near-kyiv-chernihiv-as-it-happened/a-61286047)

214. Laurent Lagneau, "According to General Burkhard, Russia is 'developing a long-term strategy' in Ukraine", *opex360.com*, November 21, 2022 (https://www.opex360.com/2022/11/21/selon-le-general-burkhard-la-russie-developpe-une-strategie-de-long-terme-en-ukraine/)

215. "Nobody would have bet a franc on such resistance", says Swiss ambassador to Ukraine", *RTS Info*, May 24, 2022 (https://www.rts.ch/info/monde/13121067-personne-naurait-parie-un-franc-sur-une-telle-resistance-estime-lambassadeur-suisse-en-ukraine.html)

216. "Interview with David Arakhamia, head of the Ukrainian delegation at the peace talks", *1+1*, November 25, 2023 (https://youtu.be/0G_j-7gLnWU)

217. https://www.assemblee-nationale.fr/dyn/16/rapports/cion_def/l16b1111_rapport-information.pdf

一年过去了，我们大使他那相当简单的解读得到"专家"和我们的媒体赞许，但这将使乌克兰付出数万甚至数十万人死亡的代价。当你爱一个人的时候，你就不要算计你的付出。

SMO第一阶段图

图26-2022年2月24日至3月30日，俄罗斯行动的第一阶段。俄罗斯投入的部队数量表明，占领基辅从来都不是他们的目标。

第一阶段的评估

第一阶段是俄罗斯作战艺术应用的典范。在一个月内，俄罗斯实现了2月24日确定的大部分目标：

- 到2月25日，泽连斯基准备与俄罗斯谈判，呼吁开启谈判。[218] 最初的谈判在戈梅利展开，但欧盟于2月27日开始介入，承诺向 乌克兰提供了4.5亿欧元的军售，以鼓励乌克兰继续战斗。[219]

---

218. Olga Rudenko, "Ukraine ready to negotiate with Russia", *The Kyiv Independent*, February 25, 2022 (https://kyivindependent.com/national/ukraine-ready-to-negotiate-with-russia/)
219. Maïa de La Baume & Jacopo Barigazzi, "EU agrees to give €500M in arms, aid to Ukrainian military in "watershed" move", *Politico*, February 27, 2022 (https://www.politico.eu/article/eu-ukraine-russia-funding-weapons-budget-military-aid/)

- 3月28日，随着马里乌波尔（亚速新纳粹运动的发源地）被包围，俄罗斯总参谋部（GOU）主要作战局局长谢尔盖·鲁茨科伊上将宣布，SMO第一阶段的目标已经实现。[220]　《金融时报》[221]　和《商业内幕》[222] 称，俄罗斯总指挥部认为，"去纳粹化"的目标已经实现，将不再进行谈判。

是欧洲人在2022年2月下旬和三月下旬结束了解决冲突的尝试。俄罗斯人知道泽连斯基本人很想谈判，但他受到周围有新纳粹思想的幕僚们摆布，他同时获得西方情报部门和媒体的支持。俄国人对试图推翻他没有兴趣——而是希望他继续待在那个位置。

因此，总的来说，俄罗斯的目标已经实现；但西方的大规模干预正在推动这两个对手继续打下去。在作战方面，俄罗斯军队从乌克兰北部和基辅地区撤军，标志着第一阶段的结束。

第二阶段

以动摇乌克兰军队为目的的第一阶段的结束后，第二阶段开始，但它是一个过渡阶段。它从泽连斯基在2022年3月伊斯坦布尔提出　有建设性的和平倡议开始，以2022年10月初，任命俄罗斯驻乌克兰战区新总指挥官而告终。

在伊斯坦布尔谈判期间，乌克兰代表团把签署的一份倡议文件交给俄方，俄罗斯将这个文件视为可继续讨论的积极基础。但在最后一刻，在英国的压力下，泽连斯基撤回了他的提议——他用解决危机的机会和数以万计的士兵的生命换取了无限的支持和海马斯系统。我们的媒体都没有报道这一事件的来龙去脉。这清楚地向俄罗斯表明，乌克兰现在，除了战斗，别无选择。

这一阶段，西方越来越多地参与其中，以替代第一阶段被摧毁的乌克兰潜力。在某种程度上，可以正式宣布，在2022年5月至6月已经完成的乌

220. "Ukraine: EU doubles military aid to €1 billion—as it happened", *dw.com*, March 23, 2022 (https://www.dw.com/en-ukraine-eu-doubles-military-aid-to-1-billion-as-it-happened/a-61226171; https://p.dw.com/p/48tit)
221. "Russia no longer requesting Ukraine be "denazified" as part of ceasefire talks", *Financial Times*, March 28, 2022 (https://www.ft.com/content/7f14efe8-2f4c-47a2-aa6b-9a755a39b626)
222. Matthew Loh, "Russia is prepared to drop its demand for Ukraine to be 'denazified' from its list of ceasefire conditions", *Business Insider*, March 29, 2022 (https://www.businessinsider.com/russia-nazi-demand-for-ukraine-dropped-in-ceasefire-talks-2022-3?r=US&IR=T)

克兰"去军事化"过程，又再次开启。从那时起，乌克兰将完全依赖西方来
打仗，正如非常反俄的英国报纸《卫报》报道的那样：[223]

> 乌克兰说，我们几乎耗尽了所有的弹药，现在只能依赖西
> 方武器了。军事情报局副局长说，现在是一场炮战，"一切
> 都取决于西方给我们的东西"。

与我们的媒体说法相反，俄罗斯无意继续越过第聂伯河前往基辅和该
国西部。他们知道，自第一次世界大战结束以来，极端民族主义势力一直
集中在该地区，因此不会重复1943年至1960年间在那里进行的反游击
战。因此，SMO不得不改变作战性质，由进攻转向防御模式。

目标

第二阶段的目标有两个：

- 加固前沿阵地，以应对乌克兰宣布的决定性反攻。目的是通过缩短前
  线的长度来收紧阵地，以增加沿接触线的部队密度。
- 继续对顿巴斯人口的威胁进行"去军事化"。

行动管理

在第一阶段，俄罗斯人凭借其灵活的机动能力，以相对较小的力量实
现了他们的目标。对于第二阶段，两个基本因素将决定行动的进程———
如果他们继续以进攻模式进行，预期冲突会长期化（他们不希望看到的）
；还有预计会应对一百万人的重大反攻。

因此俄罗斯人不得不转向更具防御性和静态的模式。在这种模式下，
机动能带来的优势，要让位于部队的数量和密度。自二月以来，他们还有
10万到15万平方公里的新领土需要保卫。

---

223. https://www.theguardian.com/world/2022/jun/10/were-almost-out-of-ammunition-and-
relying-on-western-arms-says-ukraine

俄罗斯联军在乌克兰南部的密度（2022年7月）

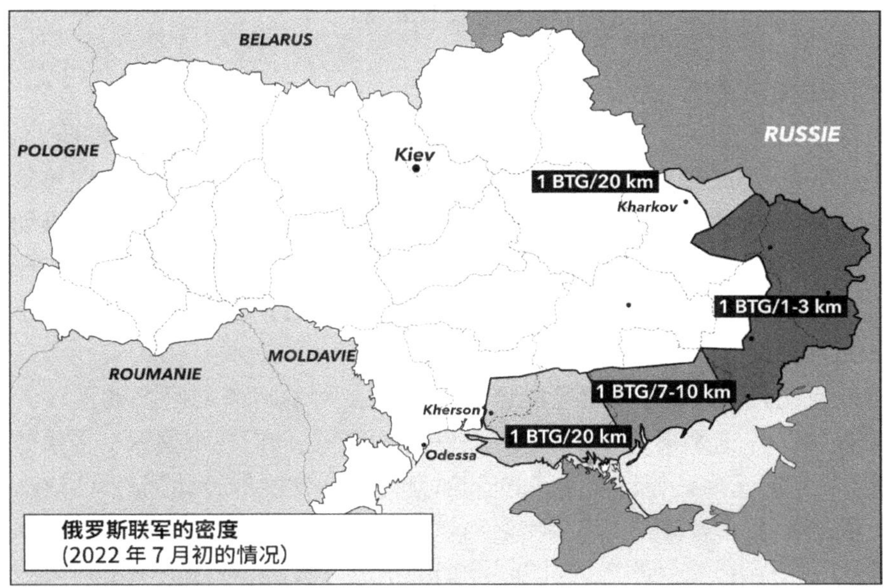

图27—BTG密度高低是俄罗斯力量部署多寡的标志。截至2022年6月10日，在哈尔科夫和赫尔松地区密度为每20公里有1个BTG，在顿涅茨克以西的地区，密度为每10公里有1个BTG，但在利西昌斯克地区的正面，每1-3公里有1个BTG。换句话说，哈尔科夫和赫尔松地区不是俄罗斯的优先地区。

与第一阶段相比，这一阶段不那么引人注目，但对俄罗斯领导层和参谋人员的工作要求很高。它分以下几个方面：

- 从乌克兰北部撤出的V和O部队（约20个BTG）整合到Z部队中，该部队在东南部开展主要行动，即对顿巴斯人口的威胁进行"去军事化"。

- 更密切地关注顿巴斯，同时保护侧翼。早在2022年春季，很明显，在西方被描述为"战略"的哈尔科夫和赫尔松地区，并不是俄罗斯人的优先事项。部署在那里的部队密度（大约每20公里有一个BGT)），对于大规模攻击来说太低了。更重要的是，部署在这些地区的部队，被哈尔科夫地区的奥斯科尔河和赫尔松地区的第聂伯河切断了与俄罗斯主力部队的联系。

- 将来自CPR和LPR的部队，以及来自新融入俄罗斯联邦的领土的志愿者升级和整合到一个单一的领导结构中，以便防御系统中没有薄弱环节。

3·在乌克兰的特别军事行动（SMO）

- 2022年9月，部分动员30万名士兵需要保卫俄罗斯新扩大的领土，并为乌克兰自夏季以来宣布的反攻做准备。

哈尔科夫撤军

从2022年8月开始，乌克兰人面临着需要在地面战斗取得成功的压力。乔·拜登不想在灾难迫在眉睫的情况下发起他的总统竞选活动。弗拉基米尔·泽连斯基则担心西方的支持正在失去动力。因此，美国人正在推动乌克兰加强反攻。由于组织混乱和管理不善，乌克兰人被系统地击退，导致乌克兰军队损失惨重，也导致了泽连斯基和他的军事指挥官之间关系出现紧张。

八月初，俄罗斯媒体已经在谈论乌克兰在哈尔科夫地区发动进攻的可能性。[224] 这个不是俄罗斯人的优先考虑区域。他们在那里只有少量部队，其职能是保证顿巴斯侧翼的安全，那才是决定性的行动区。

俄罗斯人没有试图在次要地区对抗乌克兰的进攻，而是更愿意将部队撤回到更容易防御的地区，同时增加部队的密度。九月初在哈尔科夫附近，一个月后在赫尔松就是这种情况。把军队部署到这两个地区，对实现他们的目标没有直接帮助。他们发现自己处于与六月蛇岛相同的情况——保卫这些领土所需消耗的力量超过了它们的战略重要性。

在发现俄罗斯人离开哈尔科夫地区后，美国情报部门看到了乌克兰取得成功的机会，并传递了信息。乌克兰人当时正忙于在赫尔松地区进行反攻。2022年9月6日，他们按照美国的指示发动攻势，重新夺回了俄罗斯人放弃的地区。当乌克兰人发现巴拉克拉娅的巨大弹药库时，它完全是空的，这表明他已经在几天前被井然有序地撤离了。俄罗斯人甚至离开了乌克兰随后没有袭击的地区。

因此，俄罗斯军队沿着一条由奥斯科尔河保护的较短的防线撤退。前线的这种致密化，使俄罗斯能够加强其在顿巴斯的进攻能力。

对于乌克兰人来说，这是一场惨烈的胜利。他们向哈尔科夫进发中，畅通无阻，几乎没有战斗。但他们进入了一个巨大的"火力口袋"（英语的意思是，杀戮区），在那里，俄罗斯炮兵摧毁了大约4000至5000名乌军（大约两个旅），而俄罗斯联军只遭受了轻微的损失。

---

224. Алина Корнеева, "'СП': Президент Украины Зеленский собрал миллионную армию под Харьковом для вторжения в РФ", *RK-News*, August 8, 2022 (https://rk-news. com/2022/08/08/568521166248.html)

赫尔松撤军

自2022年6月以来，赫尔松市一直是乌克兰多次"反攻"的目标，给乌克兰军队造成了巨大损失。[225] 被系统地击退，没有能成功突破俄罗斯的防御。11月10日，当俄罗斯军队正在撤退时，乌克兰的最后一次反攻也被击退。

然而，2022年11月8日，俄罗斯司令部宣布从第聂伯河东岸撤军。自九月以来，俄罗斯一直在讨论这个问题。军方要求这样做，但政届人士强烈反对。

俄国总参谋部对局势的分析认为，赫尔松和哈尔科夫的情况一样—俄军的目标不是征服领土。俄罗斯领土与克里米亚半岛之间的交汇处，是在乌克兰军队被摧毁时出现的。我们现在知道，俄罗斯人准备在2022年3月就放弃该地区进行谈判。但泽连斯基在西方的压力下撤回了他的提议。[226]

乌克兰人已经对新卡霍夫卡大坝发动了几次海马斯火箭袭击，俄罗斯军方担心，如果大坝坍塌，部署在第聂伯河西岸的部队可能会被完全孤立。此外，如果能将这些部队撤回到河左岸，总参谋部希望利用第聂伯河这个天然屏障，并缩短前线的长度。尽管它仅占赫尔松州的40%，但对于俄罗斯政治家来说，有关乎领土完整问题，它已经正式成为国家领土的一部分。他们担心——而且确实如此——撤军会给乌克兰带来一场轻松的胜利的感觉，而西方的宣传工具会利用这场胜利大做文章。最终，军方占了上风。

我们的媒体欣喜若狂，但弗拉基米尔·泽连斯基变得更加谨慎，他确实怕这又是一个陷阱，[227] 因为他知道一个月前在哈尔科夫发生的事情，他的部队没有与俄军遭遇，但在那里遭到预设的大规模火炮伏击，乌军伤亡惨重。赫尔松也会发生这种情况。

与乌克兰人不同，正如苏罗维金将军明确指出的那样，俄罗斯的首要任务是保护士兵的生命。2022年9月，在赫尔松，俄罗斯人发现自己处于

---

225. Jeremy Bowen, "Russia-Ukraine war: At the front line of Ukraine's struggle for Kherson", *BBC News*, November 4, 2022 (https://www.bbc.com/news/world-europe-63489081)
226. Matthew C. Mai, "Could the War in Ukraine Have Been Stopped?", *The National Interest*, September 20, 2022 (https://nationalinterest.org/feature/could-war-ukraine-have-been-stopped-204872)
227. https://www.dailymail.co.uk/news/article-11411551/Is-Russias-retreat-Kherson-actually-trap-laid-Ukraine.html

与六月在蛇岛，和八月在哈尔科夫相同的境地——保卫这些地区所需的资源大于坚守这些地区的战略利益。西方大肆宣扬所谓的俄罗斯失败，这只不过是俄罗斯人在战略目标与实现战略目标的成本之间寻找平衡的表现。正如我们自SMO开始以来所看到的那样，俄罗斯的军事行动非常有效。这是一次撤退，而不是退却。退却是在压力下与敌人不断接触的移动。撤退是指在为了重新集结部队，收紧战线，或为下一步的军事行动做准备。

正如我们六个月前在基辅附近已经看到的那样，俄罗斯军队并没有处于失败状态。俄罗斯是自愿撤军，而不是在乌克兰的压力下。应该记住，俄罗斯的目标不是领土，而是与安全有关。这与乌克兰不同，乌克兰将收复领土置于其人员的生命之上。这使得撤军成为双方共同的胜利。

这次撤军表明，俄罗斯对行动的管理与其说是政治管理，不如说是军事性的——作战和战术目标是由军方制定的。这与乌克兰形成鲜明对比。乌克兰的行动是政治性的，这解释了巨大的损失和效率低下。这种低效率（即用于实现目标的资源量），可以通过乌克兰人在战场上失去西方提供的装备的速度来衡量。我们会在2023年春季的巴赫穆特和2023年夏季的拉博蒂诺目睹同样的现象。

然而，俄罗斯军方的决定对外交和国内政策并非没有造成影响。在对外方面，乌克兰和西方显然迅速宣传乌克兰的"胜利"，结果乌克兰的能力被高估了，所有谈判的想法被拒绝了。在国内，人们对莫斯科领导层感到失望，对出现的信任问题感到沮丧。但俄罗斯总参谋部已经吸取了哈尔科夫撤军的教训，苏罗维金将军没有在事后解释这一决定的原因，而是提前进行了沟通。这样俄罗斯的权力并没有失去舆论的信心。甚至像拉姆赞·卡德罗夫这样的"鹰派"也对撤军欣然接受。[228]

然而，即使俄军已经离开赫尔松州西部，俄罗斯仍将其视为俄罗斯领土。[229] 这为随后的发动攻势收复它或将其用作谈判筹码留下了可能性。

乌克兰面临的问题是，西方媒体传播着这些宣传，并将这次撤军作为俄罗斯力量减弱的证据，也展示了乌克兰即将取得最终胜利的前景。这

---

228. Mark Trevelyan, "Russia's war hawks rally behind decision to abandon Ukrainian city of Kherson", *Reuters*, November 10, 2022 (https://www.reuters.com/world/europe/russias-war-hawks-rally-behind-decision-abandon-ukrainian-city-kherson-2022-11-09/)
229. "Peskov says 'Kherson remains Russian' as Ukrainian forces enter city", *The Kyiv Independent*, November 11, 11 (https://kyivindependent.com/news-feed/peskov-says-kherson-remains-russian-as-ukrainian-forces-enter-city)

是米歇尔·戈雅上校和布鲁诺·克莱蒙将军在法国参议院委员会作证时提供的分析，瑞士亚历山大·沃特拉弗斯也做出了相同的判断。这些分析导致了对乌克兰的能力高估，并将这个国家从一个失败推向另一个失败。

为了避免犯类似的错误，情报分析必须保持中立，不偏不倚，不受肤浅判断和宣传的影响。我们稍后再谈这个问题。

第二阶段的评估

第二阶段是一个波澜不惊的过渡阶段。尽管如此，在2022年5月下旬至六月上旬，俄罗斯人实现了他们的第二个目标，对乌克兰军队实行"去军事化"。从那时起，乌克兰的军事供应就只能依赖西方了。[230]

哈尔科夫和赫尔松的撤军，可以从不同角度去解释：

- 从军事角度看，这是乌克兰人的战术胜利，也是俄罗斯联军的作战/战略胜利。弗拉基米尔·普京宣布的"去军事化"和"去纳粹化"目标不是为了获得领土，而是为了摧毁乌克兰战争潜力。乌克兰人正在为领土而战，而俄罗斯人则在寻求摧毁其军事能力。你总是可以夺回领土，但你无法让人死而复生。
- 从作战角度看，俄罗斯人将前线长度减少到815公里，[231] 使他们的部队密度更大，以应对即将到来的乌克兰反攻。
- 从战略角度来看，西方认为俄罗斯的撤军是削弱的迹象。基辅、哈尔科夫和赫尔松的"胜利"将在西方叙事中反复出现，以说服乌克兰人启动他们的反攻。
- 从政治角度来看，这可以被视为乌克兰人的一次战略胜利。这是乌克兰人自2014年以来首次夺回如此多的领土。官方把它描绘成这是最后的胜利之一，提出了无疑被夸大的期待和希望。问题不在于乌克兰声称取得了胜利，而在于西方已经说服自己，俄罗斯是软弱的。这一成功对乌克兰来说，是金杯毒酒。它导致我们的专家高估了它的能力。2022年9月中旬，乌尔苏拉·冯德莱恩宣布"和谈的时机还不

230. https://www.france24.com/en/live-news/20220610-ukraine-dependent-on-arms-from-allies-after-exhausting-soviet-era-weaponry

231. https://telegraf.com.ua/novosti-rossii/2022-12-22/5726885-vydal-voennuyu-taynu-glava-putinskogo-genshtaba-rasskazal-kakie-strany-bolshe-vsego-pomogayut-ukraine

成熟"[232] 促使乌克兰人进行进一步的攻势，并拒绝任何谈判的想法。.
2022年9月，弗拉基米尔·泽连斯基宣布，他只会同意在弗拉 基米尔·普京不再掌权的条件下与俄罗斯谈判，[233]并在几天后发布了一项法令，禁止在弗拉基米尔·普京离任之前与俄罗斯进行任何谈判。[234]

最终，不管是乌克兰，还是俄罗斯，都指望在这个阶段取得某种形式的成功。但对于乌克兰人来说，这些成功是致命的，西方小心翼翼地不提醒他们。

第三阶段

SMO是俄罗斯武装部队与顿巴斯共和国部队之间的联合行动。由于后者正式独立，他们不隶属于俄罗斯指挥部，而由俄罗斯总参谋部协调。2022年9月公投后，所有俄罗斯联军被纳入莫斯科的指挥结构中。这导致成立了一个特定司令部，自2022年10月8日起，由谢尔盖·苏罗维金将军领导，他被任命为乌克兰特别军事行动地区联合特遣部队司令。这是第三阶段的起点。

新的领导结构的实施始于第二阶段，在建立新的领导结构和调整整个战略行动指挥链的同时，进行复杂的军事行动是脆弱性的根源。因此，这种重组是俄罗斯人在第二阶段没有试图对抗乌克兰对哈尔科夫的进攻的根本原因。在这样做的过程中，他们交换了不是优先事项（可以收复）的领土，以换取士兵的生命和时间（两者都无法挽回）。

第三阶段标志着向防御态势的过渡，目的是消耗进攻方的力量。

几个主要因素影响了俄罗斯总参谋部在这一阶段做出的决定：

- 西方增加了对乌克兰的军事供应，还有弗拉基米尔·泽连斯基宣布发动了一场100万人的大反攻。[235]
- 2022年9月的应召入伍的30万名预备役人员发挥的作用。

---

232. https://www.francetvinfo.fr/monde/europe/manifestations-en-ukraine/guerre-en-ukraine-ursula-von-der-leyen-promet-la-solidarite-avec-kiev-sans-convaincre-tous-les-eurodeputes_5362294.html

233. "Ukraine Will Not Negotiate with Russia as Long As Putin Is In Power: Zelensky," *Barron's/AFP*, September 30, 2022 (https://www.barrons.com/news/ukraine-will-not-negotiate-with-russia-as-long-as-putin-is-in-power-zelensky-01664548507)

234. Vladimir Socor, "Zelenskyy Bans Negotiations with Putin," *Eurasia Daily Monitor* (Volume 19, No. 147), October 5, 2022 (https://jamestown.org/program/zelenskyy-bans-negotiations-with-putin/)

235. https://www.independent.co.uk/news/world/europe/ukraine-million-army-russia-weapons-b2120445.html

- 在四个俄罗斯占领的州举行的全民公决,并将顿涅斯克和卢甘斯克共和国民兵纳入俄罗斯军队,这导致需要建立能够为新并入俄罗斯联邦的地区居民提供服务的地方行政机构。
- 2022年2月确定的目标已经实现,无需占领新领土。但另一方面,西方的援助意味着,乌克兰获得了新潜力,乌军一旦进入TVD,俄军必须有能力攻击他们。换句话说,俄罗斯仍然需要能够在乌克兰领土纵深作战能力。

2022年10月18日,苏罗维金将军解释了俄罗斯战略向更具防御性的模式的转变。[236]

> 我们有一个不同的战略……我们不追求高推进速度;我们让每个士兵都从容不迫,有条不紊地"粉碎"前来进攻的敌人。

这种战略变化和向更静态模式的转变的结果是,优势不是通过机动实现的,而是通过防御系统的兵力密度和灵活性实现的。

这一战略将贯穿整个2023年。

目标

我们不知道这一阶段俄军正式确定了哪些目标。我们只能从实地观察到的行动来推断出它们。

这些是:

- 整合联合力量,巩固新的统一领导结构。
- 巩固获得领土,加强阵地,以期转向更具防御性的战略, 能够抵御乌克兰的反攻。
- 重新夺回空域,防止敌人获得突破行动所需的空中优势。

行动管理

巴赫穆特作战是第三阶段的象征,它本身就说明了苏罗维金将军在2022年10月18日概述的战略:让乌克兰人前进,在他们到来时摧毁他

---

236. "Суровикин: российская групировка на Украине методично "перемалывает" войска противника", *TASS*, October 18, 2022 (https://tass.ru/armiya-i-opk/16090805)

们。目的不是夺取这座城市，而是消灭敌人。[237] 这是弗拉基米尔·普京在2022年2月24日指示的不折不扣的应用，普京的观点源自克劳塞维茨的原则：

> 胜利不仅仅是征服领土的问题，而是在身体和道德上粉
> 碎敌人的武装部队。

城市战是一种特殊的战斗形式，实际上并不需要军队之间的协作。它可以通过简单的武装进行，但需经验丰富且坚定的人。这就是为什么在2022年10月，苏罗维金委托"瓦格纳集团"在巴赫穆特消灭敌人——巴赫穆特绞肉机行动。

与讲法语的同行不同，《纽约时报》似乎非常了解俄罗斯的行动策略。在2022年11月27日当天的报道中，非常清晰地描述了巴赫穆特作战：[238]

> 即使俄罗斯扩张领土的希望已经减弱，但为将这座城市
> 变成基辅的资源密集型黑洞。它仍然可以从其他优先区
> 域撤军，包括为未来潜在的攻势而撤军。

在欧洲人的鼓励下，泽连斯基不听将军们的话，继续将他们的人送进屠宰场六个月。[239]

2023年2月17日，普里戈任指责莫斯科司令部想要害死瓦格纳，没有给他分配足够的火炮弹药。英国国防部的情报部门认为，由于在2月24日SMO周年纪念日之前难以占领巴赫穆特，俄罗斯领导层内部气氛紧张。[240] 西方媒体在重复这种没有事实依据的分析。[241]

据乌克兰消息人士称，俄罗斯军队已将炮弹消耗量减少到每天2万发。[242] 这虽难以验证，但这可以理解为俄军在为应对乌克兰春季大反攻

---

237. https://dzen.ru/a/ZD5JTKwhFzM0r_oo
238. https://www.nytimes.com/2022/11/27/world/europe/ukraine-war-bakhmut.html
239. Kate Tsurkan, "Zelensky, Zaluzhnyi have conflicting views on Bakhmut", *The Kyiv Independent*, March 6, 2023 (https://kyivindependent.com/bild-zaluzhnyi-and-zelensky-have-conflicting-views-on-bakhmut/)
240. https://twitter.com/DefenceHQ/status/1627555726628425728
241. https://www.newsweek.com/wagner-ammo-problem-bakhmut-1783134
242. https://en.defence-ua.com/industries/russia_spends_20000_artillery_shells_per_day_production_cannot_keep_up_with_such_rates_ukraines_intelligence_chief-5312.html

做准备。俄罗斯军队正在寻求将其迄今为止集中在顿巴斯地区的作战能力扩展到整个前线。不过,普里戈任的指控似乎是没有根据的。

俄罗斯国防部声称,在2月18日到20日期间,[243] 已向瓦格纳分配了1660只多管火箭弹和10171枚炮弹,即每天消耗800多只火箭弹和5000多枚炮弹。换句话说,瓦格纳仅在巴赫穆特地区每天拥有的火炮弹药就比整个乌克兰军队在整个战区的炮弹还要多。[244]

2023年4月底,与瓦格纳签订的为期六个月合同到期,达到了在巴赫穆特消灭敌人的目标。因此,俄军停止了对瓦格纳部队的炮兵和后勤支持,瓦格纳部队将被撤出,并由俄罗斯正规军接防。尽管瓦格纳已经履行了合同,但该市的一小部分仍处于乌克兰的控制之下。普里戈任随后要求完成收尾行动,消灭乌军最后的抵抗力量,并控制整个城市的工作。

这就是2023年5月初上演心理剧的原因,当时普里戈任要求[245]获得完成对巴赫穆特完全占领的手段,[246]他对绍伊古和格拉西莫夫的使用了非常恶毒和咄咄逼人的语气,这让西方媒体幻想俄罗斯阵营内部产生分裂,[247] 可能出现针对莫斯科政权的"政变"。[248]

俄罗斯不需要为西方宣传机构提供有争议的素材。为了平息局势,最重要的是一劳永逸地合上"巴赫穆特"这一页,俄罗斯国防部同意延长瓦格纳的合同。该合同将在这座城市被占领后的第二天,即2023年5月21日结束,瓦格纳的部队从战区撤出。

与一些"专家的"说法相反,巴赫穆特作战本身与作战艺术无关——这是一场完全在战术层面进行的战斗,部队没有整合到联合指挥结构中。由于将私人结构整合到其指挥结构中如此困难,以至于俄罗斯国防部决定停止与瓦格纳的合作,但为其成员提供加入武装部队的机会。

当然,根据俄罗斯的军事思想,这场战斗促成了2022年10月通过的防御战略。与对发电厂的袭击是迫使乌克兰浪费防空系统的一样,俄罗斯人的目标是中长期内消弱乌克兰的作战能力。

---

243. https://function.mil.ru/news_page/country/more.htm?id=12455382@egNews
244. https://www.nytimes.com/2022/11/25/us/ukraine-artillery-breakdown.html
245. https://t.me/Prigozhin_hat/3251
246. https://www.cnn.com/2023/05/05/europe/wagner-military-group-prigozhin-ammunition-tirade-intl-hnk-ml/index.html
247. https://www.cnn.com/2023/05/05/europe/wagner-prigozhin-russia-ukraine-analysis-intl/index.html
248. https://www.cnn.com/2023/05/24/europe/wagner-prigozhin-russia-manpower-ukraine-intl/index.html

针对电力基础设施的大规模空中打击

我们的宣传机构原封不动地报道俄罗斯针对乌克兰电力基础设施的大规模袭击，但没有人理解它背后的用意。等西方意识到这一点，并试图找到解决方案时，已经太晚了。

在SMO开始时，乌克兰空军因俄罗斯的第一次打击而迅速停飞，但防空能力几乎没有受到影响。这些主要基于俄罗斯曾经提供的S-300系统。俄罗斯的目标不是接管乌克兰，因此它不需要控制其整个领土的天空。它的导弹使它能够在不危及飞机和飞行员的情况下进行纵深作战。

2022年夏天，俄罗斯人看到西方通过向乌克兰运送武器，将他们拖入消耗战，因此决定彻底摧毁乌克兰军队。其目的是阻止乌克兰重新组建其部队，以发动自春季以来一直承诺的大规模反攻。

俄罗斯人意识到，在涉及打击地面目标时，航空炸弹比导弹更有效（而且成本可能更低）。为此，他们需要能够在乌克兰的天空中自由飞行。行动目标变成了耗尽乌克兰的防空能力，以便能够执行前线轰炸任务。这意味着要攻击乌克兰人必须保护的目标。这就是针对该国的电力基础设施进行打击的原因。直到2022年10月才开始打击这些设施。

这迫使乌克兰人使用他们的S-300和山毛榉导弹（BUK），甚至对同一个目标发射多枚导弹。其中一些导弹发射后漫无目的地飞行。这些导弹陈旧且维护不善，其自毁机制经常失灵。结果，它们坠落在有人居住的地点爆炸，如2023年1月在第聂伯罗[249]和波兰，如2022年11月的普热沃多夫。[250]

多亏了我们的"专家"（他们找到了除了正确的解释之外的所有可能的解释），俄罗斯的战略奏效了。2023年4月，乌克兰空军发言人尤里·伊格纳特指出，俄罗斯人发动了一场"效果明显"的大规模轰炸行动，乌克兰的防空能力不足以做出回应。[251]

俄罗斯的战术是发送第一波廉价无人机或过时的导弹作为诱饵。促使乌克兰人启动雷达探测。与此同时，一架A-50U MAINSTAY预警机从白俄

---

249. https://www.businessinsider.com/zelenskyy-aide-resigns-after-saying-ukraine-shot-down-dnipro-missile-2023-1

250. "Coraz bliżej prawdy o rakiecie w Przewodowie. Wiadomo czyj był pocisk," *Rzeczpospolita*, September 26, 2023 (https://www.rp.pl/kraj/art39165861-coraz-blizej-prawdy-o-rakiecie-w-przewodowie-wiadomo-czyj-byl-pocisk)

251. Ellie Cook, "Russian Glider Bombs Spark New Air Defence Woes for Ukraine," *Newsweek*, April 13, 2023 (https://www.newsweek.com/russia-glider-bombs-ukraine-air-defense-jdams-1794155)

罗斯一侧监视乌克兰领空,俄罗斯人分析乌克兰的反应模式。他们发射了第二波巡航导弹,能够准确摧毁乌克兰的防空阵地。

通过用导弹、无人机和诱饵弹的组合,使乌克兰的防空系统饱和,俄罗斯人迫使乌克兰人使用价值数十万美元的导弹来打击价值数千美元的无人机。据《福布斯》杂志报道,截至2022年2月,乌克兰拥有300套SA-10/S-300系统。一年后,2023年4月泄露的美国机密文件显示,乌克兰只剩下25套系统,SA-10/S-300和SA-11/BUK防空系统及其弹药在2023年3月底至5月底期间耗尽。

我们的媒体大肆宣扬俄罗斯人的导弹已经用完,并被迫使用过时的导弹。更重要的是,宣传机构公布的拦截数据表明,乌克兰的防空系统表现良好!习惯于只通过我们自己的棱镜来理解战略,我们才华横溢的"专家"对此一无所知。2022年11月,米歇尔戈雅·上校在法国参议院委员会作证时说,这只是俄罗斯人"应该有点事干,但干什么,不知道"的问题。[252] 多亏了他们,没有人了解俄罗斯的策略。

这就解释了,为什么西方在2023年1月之前忽视了防空武器的供应,而是将精力集中在火炮上。具有讽刺意味的是,通过试图将俄罗斯的成功降到最低,我们的媒体和军事专家夸大了俄罗斯战略的有效性,并直接导致了乌克兰资源的削弱。

俄罗斯的战略运作良好,自2022年底至2023年初以来,西方迫切需要部署防空系统到乌克兰。美国承诺提供一套MIM-104爱国者防空系统。2023年3月,法国决定援助两套射程为11公里的CROTALE系统,并在夏季,与意大利一起交付一套MAMBA SAMP/T系统。尽管这些系统的质量很高,但数量太少,这些努力远不足以让乌克兰恢复平衡。

西方为乌克兰提供防空系统的过程,并不顺利。据2023年5月16日CNN的报道,美国提供的爱国者系统刚刚在乌克兰部署,就立即遭到打击并损坏。[253] 俄罗斯也有相同的报道,[254] 卫星图像似乎证实了这一点。稍后会详细介绍。

---

252. https://youtu.be/aZe5diu87sk?t=1520

253. https://www.cnn.com/2023/05/16/politics/patriot-missile-damage-ukraine/index.html

254. Elena Teslova, "Russia says it destroyed 5 launchers, radar of US Patriot missile defense system in Ukraine", *aa.tr*, May 18, 2023 (https://www.aa.com.tr/en/russia-ukraine-war/russia-says-it-destroyed-5-launchers-radar-of-us-patriot-missile-defense-system-in-ukraine/2900064)

图28—2023年4月初泄露的机密文件信息表明，到5月，乌克兰不再拥有可用的防空系统。这是俄罗斯大规模打击该国电力基础设施行动的结果，这也是乌克兰宣传和我们的媒体声称俄罗斯不再拥有导弹或飞机的结果。

地下秘密战争

除了常规行动外，在乌克兰南部和东部的基辅控制区（敖德萨、尼古拉耶夫、扎波罗热、第聂伯罗彼得罗夫斯克、哈尔科夫、苏梅、切尔尼科夫）似乎也有非常强大的抵抗运动。因为它们扰乱了西方的叙事，因此几乎关于他们的所有信息都被屏蔽掉了。但他们被称为"俄罗斯赫尔松"，并于2023年4月出现。在赫尔松州、扎波罗热州、和苏梅州，观察到他们消灭了外国雇佣军、新纳粹准军事民兵成员等。根据未经证实的报道，相当于消灭了一个营的兵力。破坏行动还针对乌克兰的后勤线路。乌克兰的弹药库和军事设施被塑料包裹的炸药摧毁。

在第二次世界大战期间，1943年5月30日，苏联最高统帅部(VGK)决定建立一个游击队运动，中央参谋部负责协调，供应，训练和装备东欧的游击队运动。[255]　俄罗斯人在乌克兰也做了同样的事情了吗？不知道。但似乎一些游击活动与俄军的行动是相协调的。

值得注意的是，在俄罗斯占领的地区没有类似的运动，因为那里的大多数人口都同情俄罗斯人。那些仍然忠于基辅的人已经离开。

第三阶段的评估

第三阶段说明了西方叙事是如何将乌克兰推向的不对称境地。俄罗斯的目标是摧毁乌克兰的潜力，而乌克兰目标是夺回失去的土地。换句话说，乌克兰越是坚持自己的目标，俄罗斯就越能更好地实现自己的目标。

事实上，俄罗斯在2022年3月28日实现了"去纳粹化"的目标。它在2022年5月底也完成了第一次"去军事化"的目标，这是计划中的第二个目标。乌克兰人现在依赖西方的军备。东欧国家把前苏联生产的装备运抵乌克兰，在2022年底被完全耗尽，这是俄罗斯人对乌克兰的第二次"去军事化"。西方在2023年为乌克兰反攻提供的装备耗尽时，成了第三次"去军事化"。到2023年底，西方发现无法跟上这一步伐。

西方的武器供应导致俄罗斯经历了一场消耗战，乌克兰的潜力被一点一点侵蚀掉。在这种情况下，牺牲军队来保护领土是最糟糕的策略。你可以夺回领土，但你永远无法挽回逝去的生命。目前，西方人正在敦促乌克兰人赌上他们剩余的人力资本。我们的文人把它当成这是一部伟大的浪漫史诗（用别人的生命开战很容易），但是我们必须记住，一天，乌克兰将不得不重建自己。

我们的媒体可能会欢呼，乌克兰人英勇地保卫了巴赫穆特，但这解决不了任何问题，乌克兰人对此很清醒。对待巴赫姆特，有两种对立的方法，一种是瓦列里·扎卢日尼将军的方法，他宁愿放弃巴赫穆特，也要保

---

255. *Vtoraya Mirovaya Voïna—Itogi i uroki*, Moscow, Voenizdat, 1985, p. 161

存自己的部队，第二种是弗拉基米尔·泽连斯基和陆军司令奥列克桑德·西尔斯基将军的方法，他们看到了坚守该镇具有的象征意义，这是获得西方支持的必要条件。有西方人撑腰，泽连斯基的方法占了上风。

结果，在反攻期间，乌克兰人继续进攻，希望夺回巴赫穆特。

4. 乌克兰的军事思想

俄罗斯的军事思想结构良好且文件化，有据可查，但乌克兰的军事思想远没有那么有条理。直到2014年，乌克兰军队仍然受到其华沙条约军事传统的强烈影响。在和平伙伴关系（PfP）和欧洲-大西洋伙伴关系理事会（EAPC）（而不是一些"专家"声称的北约）的框架内，其武装部队正在向西方标准靠拢。这种影响在参与美国在伊拉克和阿富汗的行动时会得到很好的利用，将其锁定在战术作战方法中。

这种战术军事思想正努力与冷战期间出现的更具操作性的军事传统共存。因此，它仍然处于俩种军事条令过渡的阶段，这使它丧失了今天所需要的战略、作战和战术层面之间的相关知识的一致性。

面对顿巴斯地区的反政府武装，乌军遭受俩次重大失败，被迫签署明斯克I号（2014年9月）和明斯克II号（2015年2月）协议。当时作战思维的缺陷表现在作战效果上，这种缺陷一直持续到今天——它停留在在战术层次，而不是作战层面。结果是它的战斗方式不对称，从2022年开始，这种不对称对俄罗斯人有利。

到2014年底，乌克兰发动了一场反恐行动（ATO）（表明它没有面临外部威胁），无论在军事条令，组织结构上还是军事物资，都没有做好准备。西方的训练支持侧重于反叛乱。不幸的是，他们的作战技能，不仅未能在伊拉克和阿富汗取得胜利，而且完全不适合乌克兰冲突的特点。

乌克兰军队存在的主要弱点归因俩种完全不同的军事理念的过渡——它缺乏完整的军事思想构架和一致的军事条令。

乌克兰人民普遍受益于非常高的教育水平，该国以其高技能的黑客而闻名。在西方国家的眼里，这正是他们为所谓的第五代冲突做准备所需要的一切，这样的军队需要强大的"网络"成分。一个假想的敌人（俄罗斯）正试图通过影响美国、法国、德国或英国的选举来"摧毁我们的民主国家"（从未得到证实）。问题在于，这只是一种看法，而不是现实。

但俄罗斯发动的战争是第三代战争！因此我们没有让乌克兰军队为正确的战争做好准备。

矛盾的是，乌克兰对冲突的态度完全是混合的！这是可追溯到苏联时代的作战原则的仓促组合，由与乌克兰作战经验完全不同的北约教官重新改编。从2022年开始，从不同渠道收集的不同装备加剧了这种同质性性的缺乏。这些装备根据不同的作战学说而设计，组合集成了军事和民用控制系统，不适合乌克兰战区。

乌克兰军事力量

在2014年之前，乌克兰的乌克兰族人和乌克兰的俄罗斯族人之间的关系，传统上非常融洽。特别是在"受过教育"的人群中，每个人都不经意同时讲俩种语言。两个民族之间的联系是牢固而密切的。一小撮极右翼"基辅人"在极端民族主义狂热分子的帮助下，迅速崛起，但他们的行为与该国其他地区完全脱节。但最重要的是，2014年2月23日，乌克兰政府废除了关于官方语言的基《瓦洛夫-科列斯尼琴科法》，该国南部和顿巴斯，那些非常温和的百姓对此感受最深。以前用于公民与行政部门和学校之间交流的俄语被乌克兰语取代。整个南部群情激愤，政府动员军队平息示威活动。

这些变化对武装部队产生了极大的影响，其中许多人同情讲俄语的少数民族。这导致了违纪和开小差的大量增加。大批军队带着武器和装备加入了自治主义者。这解释了叛乱分子的迅速武装。我们的媒体将其归因于俄罗斯。

传统上，乌克兰军队实行的是征兵制。2013年10月，亚努科维奇总统决定在2014转为职业军队。但在2014年5月1日，新政府决定在全国各地包括南部地区恢复对18至25岁的年轻人的征兵。[256] 2015年乌克兰军队人数为250800人。

---

256. "Ukraine Enacts Compulsory Military Draft," *NBC News,* May 1, 2014 (https://www.nbcnews.com/storyline/ukraine-crisis/ukraine-enacts-compulsory-military-draft-n94906)

乌克兰军队在顿巴斯损失（2014至2020年）

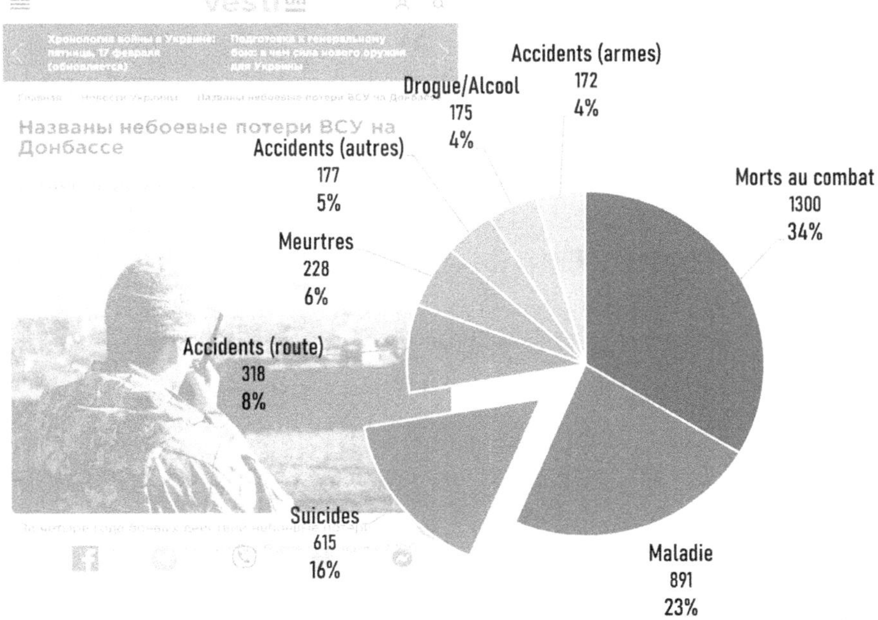

图29—2014年至2020年间，乌克兰军队的状况。这就是为什么乌克兰正在寻求北约的帮助以使其重建军队。北约将主要为改善武装部队的框架条件提供援助。与此同时，北约国家（特别是美国、英国、法国和加拿大）双边参与了军队和准军事部队（包括新纳粹分子和极端民族主义者）的训练。【来源：Vesti.ua】

 事实上，军队因其军官的腐败而受到破坏，不再得到民众的支持。根据英国内政部的一份报告，在2014年3月至4月的预备役人员动员中，70%的人未能参加第一次召集，80%的人没有参加第二次召集，90%的人没有参加第三次召集，95%的人没有参加第四次召集。[257]在2017年10月至11月，70%的应征入伍者未能参加"2017年秋季"召回活动，[258] 这还不包括自杀和逃兵（通常是到自治主义者。）在ATO地区，这个比例达到了30%。[259]

---

257. "*Country Policy and Information Note—Ukraine: Military service*", Version 4.0, Home Office, April 2017 (https://www.refworld.org/docid/590748164.html)

258. "В ВСУ заявили о 70% неявки во время осеннего призыва", *iPress.ua*, December 13, 2017 (https://ipress.ua/ru/news/v_vsu_zayavyly_o_70_neyavky_vo_vremya_osennego_pryziva_237367.html)

259. *Fact Finding Mission Report—Ukraine*, Office français de protection des réfugiés et apatrides (OFPRA) and Bundesamt für Fremdenwesen und Asyl (BFA), May 2017 (p. 36); Mikhail Klikushin, "Why Are So Many Ukrainian Soldiers Committing Suicide?", *Observer.com*, June 30, 2017

4· 乌克兰的军事思想

2018年，根据首席军事检察官阿纳托利·马蒂奥斯的说法，在与顿巴斯自治主义者发生冲突四年后，有2700名军事人员在战斗之外情况丧生（事故、毒品、武器操作不当、谋杀和自杀）。[260]

逃到叛乱地区的人不计其数。根据英国政府的数据，2014年至2018年间有33000名逃兵，2019年有9300名逃兵。[261]为了应对这种情况，乌克兰当局采取了双管齐下的方法：

· 请求北约援助在武装部队内建立社会计划，帮助军事人员退伍后能重新融入平民生活，同时打击腐败(建立诚信计划)。这么做的目的是提高军事履历的价值，并鼓励年轻人入伍。也正是在这种背景下，我参与了乌克兰军队重建。努力使其更具吸引力来振兴乌克兰军队。但这是一项长期活动规划，并没有为局势的紧迫性提供答案。

· 军队的不可靠性促使基辅的新当局建立了更多的政治准军事组织，主要来自极右翼（"新纳粹"或"极端民族主义"信奉者），残酷地镇压整个该国南部的民众起义，进一步激起并强化了俄罗斯少数民族的抵抗意志。这是乌克兰的权宜之计，只为适应当时的紧迫性。

这个问题在我的其他书中，《Z行动》和《乌克兰，战争与和平》中已经进行了广泛的讨论，所以我们不会在这里详细讨论。

简单提一下就够了，早在2014年，乌克兰就成立了一系列由寡头资助的志愿者军事组织，例如伊戈尔·科洛莫伊斯基(他是弗拉基米尔·泽连斯基的艺术生涯和后来的政治事业的幕后推动者)，例如艾达尔营、亚速营、第聂伯-1营、第聂伯-2营和顿巴斯营。乌克兰军队需要足够强大的意识形态来支撑，以弥补与本国同胞开战的士兵的士气低落。还应该记住，根据乌克兰总参谋长的说法，顿巴斯没有正规的俄罗斯军队。[262]　9个月

260. "На Донбассе небоевые потери ВСУ составили 2700 человек,—Матиос", *focus.ua*, October 27, 2018 (https://focus.ua/ukraine/410520-na-donbasse-neboevye-poteri-vsu-sostavili-2700-chelovek--matios)

261. "Country policy and information note: military service, Ukraine, version 8.0, June 2022 (accessible)", Home Office, June 2022 (updated July 27, 2022) (https://www.gov.uk/government/publications/ukraine-country-policy-and-information-notes/country-policy-and-information-note-military-service-ukraine-june-2022-accessible#preface)

262. https://www.dw.com/uk/генштаб-україна-не-воює-з-російськими-регулярними-військами/a-18225044

后，乌克兰SBU负责人证实了这一信息。他表示，在顿巴斯只观察到了56名俄罗斯战士。[263]

西方虚假信息：俄罗斯军队在乌克兰

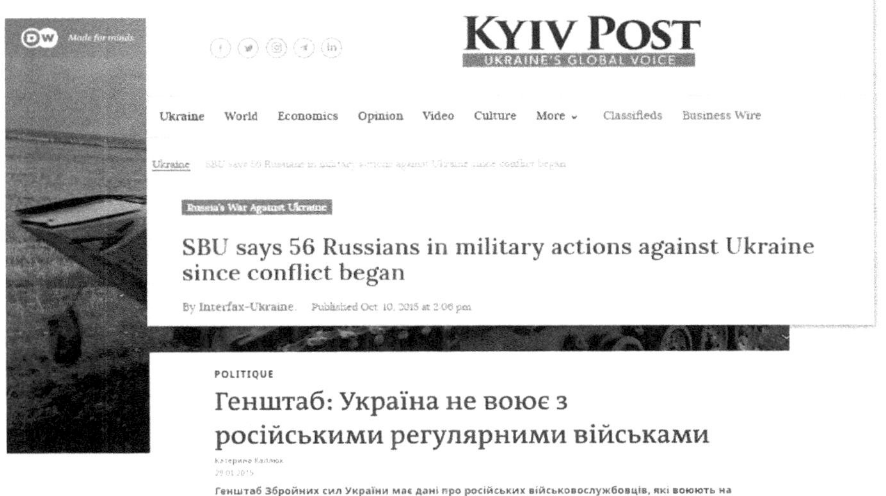

图30-为了证明对俄罗斯的制裁是正当的，捏造了俄罗斯军队入侵乌克兰。然而，根据乌克兰总参谋长在2015年1月的说法，乌克兰军队没有与俄罗斯军队作战，在2015年10月10日的《基辅邮报》上，乌克兰安全部门SBU负责人表示，只有56名俄罗斯人参与了战斗行动。

开小差在乌克兰军队成了家常便饭。逃兵越来越多，2022年5月，乌克兰拉达通过了一项法案，授权军官对试图开小差的士兵使用武器。[264] 2022年5月，一项修正案提交到拉达，[265] 要求删除"不造成死亡"一词。该提案在社交网络上引发了极大的愤慨，因此不得不撤回。[266] 这项提案并没有真正修改现行立法。事实上，指挥官一直有权使用他们的武器"制止犯罪，如果其他方式无效。"在战斗情况下，根据军事纪律守则，这些罪行

---

263. https://www.kyivpost.com/article/content/war-against-ukraine/sbu-registers-involvement-of-56-russian-in-military-actions-against-ukraine-since-military-conflict-in-eastern-ukraien-unfolded-399718.html

264. Damien Sharkov, "Ukraine Passes Law Allowing Military to Shoot Deserters," *Newsweek*, February 6, 2015 (https://www.newsweek.com/ukraine-passes-law-shoot-deserters-304911)

265. https://itd.rada.gov.ua/billInfo/Bills/Card/39562

266. "The Rada will withdraw the bill on the murder of deserters", *The News 24*, May 24, 2022 (https://then24.com/2022/05/24/the-rada-will-withdraw-the-bill-on-the-murder-of-deserters/)

是：违抗命令，抵抗或威胁长官，暴力和开小差。[267] 自俄罗斯SMO开始以来，极端主义民兵一直在乌克兰正规部队的后方交战，以消灭任何可能企图开小差的战斗人员。

尽管有支持者声称乌克兰军队的极端主义者已经"绝迹"，但新纳粹分子确实存在于乌克兰军队中，[268] 并继续对正规部队产生动员作用。[269]

乌克兰志愿准军事组织有两种类型：属于国民警卫队的和独立于国防部的。由德米特罗·亚罗什领导的乌克兰志愿军（UDA）就是这种情况，它是右翼部门的一个分支，也是一支可以被描述为极端民族主义和新纳粹分子的民兵。这种类型的部队于2018年夏季从顿巴斯的战区撤出。这就是我们的记者所说的乌克兰军队的"去纳粹化"。但与他们声称的相反，这些部队并没有消失。事实上，他们被撤回是因为他们难以管理，拒绝服从军事等级制度，并对许多战争罪行负有负责。[270] 今天，UDA与乌克兰军队并肩作战，但独立于乌克兰总参谋部的指挥。

这些独立于集中指挥部的军事单位，带来了许多问题。最明显的是行动协调。许多例子表明，这些单位，如以特别残酷著称的"海妖营"为例，他们拒绝屈服于基辅总参谋部的决定。这导致了这些民兵组织与乌克兰正规军之间的血腥冲突。此外，这些部队没有被纳入军事等级制度，不觉得应该为自己的行为负责，因此，他们通常比其他部队犯下更多的战争罪。

乌克兰军队面临的消耗战

2022年1月，乌克兰武装部队有20万至25万，[271]外加90万名预备役人员和民兵。他们正准备对顿巴斯发动进攻，因为他们知道俄罗斯可能会进行干预。

267. Anna Stechenko & Irina Gamaliy, "З Верховної Ради відкликали законопроєкт про розстріл дезертирів", *lb.ua*, May 24, 2022 (https://lb.ua/pravo/2022/05/24/517817_z_verhovnoi_radi_vidklikali.html)

268. Josh Cohen, "Ukraine's neo-Nazi problem," *Reuters*, March 19, 2018 (https://www.reuters.com/article/us-cohen-ukraine-commentary-idUSKBN1GV2TY)

269. Thomas Gibbons-Neff, "Nazi Symbols on Ukraine's Front Lines Highlight Thorny Issues of History," *The New York Times*, June 5, 2023 (updated June 7, 2023) (https://www.nytimes.com/2023/06/05/world/europe/nazi-symbols-ukraine.html)

270. https://zn.ua/UKRAINE/pravyy-sektor-mozhet-voyti-v-sostav-vsu-lish-kak-otdelnoe-po-drazdelenie-171167_.html

271. Prasanta Kumar Dutta, Samuel Granados & Michael Ovaska, "On the edge of war", *Reuters*, January 26, 2022 (https://graphics.reuters.com/RUSSIA-UKRAINE/dwpkrkwkgvm/)

到2022年4月至5月，乌克兰二月份的那批军队几乎不复存在，西方介入以支撑乌克兰的防御。正是在这一点上，乌克兰开始投入领土部队来对抗俄罗斯联盟。乌克兰军人的妻子和母亲的示威活动遭到暴力镇压。[272]

2022年7月，泽连斯基声称他想发动一场行动，以100万人的军队收复失地。[273]但尽管有这些声明，乌克兰还是没能征召那么多人。这是因为年轻的乌克兰人不愿意打仗。2022年男大学生人数增加了82%，在一些大学。新生人数增加了12倍.[274]

2023年5月，当俄罗斯人谈论将征兵年龄从27岁提高到30岁时，乌克兰正在将其从27岁降低到25岁。当时的国防部长奥列克西·列兹尼科夫区以需要补充动员储备为理由，为这种明显的矛盾辩护。以前征兵的最高年龄为27岁，因此如果一个人年满27岁，并且没有在军队服役，他就不能再被强行动员。法律修订后，年龄在25至六十岁之间的男性，即使是没有兵役经验的人，也可以被强行动员。[275]

2023年6月，瑞士军事"专家"亚历山大·沃特拉弗斯宣称，乌克兰军队的总兵力为96万人，其中包括17万名"休假"人员。这些数字完全是天方夜谭。事实上，在2023年2月，Statista的研究部门已经证实，乌克兰的最大潜力是50万人(20万名现役、25万名预备役和5万名准军事人员)。[276]

"乌克兰军事网页"媒体透露，据乌克兰总参谋部的称，自2023年5月以来。武装部队新人力的情况显著恶化。由于乌克兰在东部和南部的反攻以及俄罗斯军队在哈尔科夫地区的攻势造成的战斗伤亡增加，人员情况变得"特别危急"。到2023年7月，只有50%的动员部队向乌克兰军队训练中心报到，[277]这种不忠现象因服役能力下降而加剧，服役能力在

272. Paul Waldie, "In the small Ukraine city Khust, a rare public display of dissent over war with Russia", *The Globe and Mail*, May 2, 2022 (https://www.theglobeandmail.com/world/article-russia-ukraine-war-conscription-protest/

273. Maxim Tucker, "Ukraine has one million ready for fightback to recapture south", *The Times*, July 10, 2022 (https://www.thetimes.co.uk/article/ukraine-has-one-million-ready-for-fightback-to-recapture-south-3rhkrhstf)

274. https://gordonua.com/ukr/news/society/v-ukrajini-za-rik-vijni-kilkist-cholovikiv-studentiv-platnoji-formi-navchannja-zrosla-na-82-u-dejakih-vishah-u-12-raziv-zmi-1661079.html

275. https://visitukraine.today/blog/1974/conscription-age-cut-to-25-in-ukraine-what-will-change-and-how-will-it-affect-mobilisation

276. https://www.statista.com/statistics/1296573/russia-ukraine-military-comparison/

277. https://www.ukrmilitary.com/2023/07/mobilization-buksue.html

50%到60%之间，在降落伞部队等精英编队中下降到10.2%。[278] 我们的专家一直在胡说八道。

尽管他们被禁止离开该国，但成千上万的乌克兰年轻人试图逃离从而逃避动员。[279] 根据欧盟统计局的数据，在欧洲避难的4114320名乌克兰人中，有17.7%的年龄在18至64岁之间可以被动员起来。这意味着只要符合要求就可以加入武装部队的不到73万人。这就是为什么乌克兰在2023年8月宣布将在2023年8月至9月调整其法规，以减少豁免数量，并将要求欧洲国家引渡达到有效年龄的男性。一些国家同意，如波兰，[280]但其他国家拒绝，如德国、奥地利和捷克共和国。[281]

虽然俄罗斯不得不处理征兵问题，因为它的军队规模需要不断扩大。在日益紧张的人力局势下，乌克兰则有动员问题需要处理。[282] 事实上，具有决定性意义的2023年反攻遭受重创，失败只会加剧民众对乌克兰政府，尤其是泽连斯基的不信任。九月，一项民意调查显示，超过78%的乌克兰人认为他对该国的腐败负责。[283]

据《时代》杂志报道。战争已经摧毁了年轻的年龄组，需要动员更年长的男性，使乌克兰士兵的平均年龄达到43岁左右。[284] 这意味着更低的作战能力和更重的后勤负担。

训练不足的士兵

自冷战结束以来，西方军队从未有机会实施冷战期间制定的战术和作战思想来对抗苏联。他们的装备、军事学说和程序都是用来适应反叛乱

---

278. https://www.ukrmilitary.com/2023/06/50.html

279. "Thousands of Ukrainian men are avoiding military service", *The Economist*, August 31, 2023 (https://www.economist.com/europe/2023/08/31/thousands-of-ukrainian-men-are-avoiding-military-service)

280. "Poland May Start to Extradite Ukrainian 'Draft Dodgers'", *Kyiv Post*, September 4, 2023 (https://www.kyivpost.com/post/21242)

281. Zoltán Kottász, "Ukraine Demands Extradition of Its Draft-Age Men", *The European Conservative*, September 9, 2023 (https://europeanconservative.com/articles/news/ukraine-demands-extradition-of-its-draft-age-men/)

282. Anastasia Stognei, Polina Ivanova & Christopher Miller, "Russia and Ukraine tighten conscription rules ahead of spring hostilities", *The Financial Times*, April 11, 2023 (https://www.ft.com/content/35d34148-32a9-4b95-99da-db2470817329)

283. Valentyna Romanenko, "Almost 80% of Ukrainians consider Zelenskyy responsible for dealing with corruption in government and military administrations", *Ukrainska Pravda*, September 11, 2023 (https://www.pravda.com.ua/eng/news/2023/09/11/7419343/)

284. Simon Shuster, "'Nobody Believes in Our Victory Like I Do.' Inside Volodymyr Zelensky's Struggle to Keep Ukraine in the Fight," *TIME magazine*, October 30, 2023 (updated November 1, 2023) (https://time.com/6329188/ukraine-volodymyr-zelensky-interview/)

类型的冲突。这就是为什么，今天乌克兰人得到的仅仅是"反恐战争"中没有使用的剩余装备。

首先，许多部队是全新的，是在其他缺编部队的基础上创建或重组的，或由新编入的军事人员组成。第32独立机械化旅就是这种情况，该旅在2022年不存在，由"大多数从未向任何人开过火的平民组成"。"其中许多人不想成为军队的一员"。让他们与"经验丰富、且装备精良的俄罗斯人作战，他们拥有大量炮弹和多枚火箭弹："[285]

> 步兵讲，在这个攻击轴上，能看到的训练有素，无所畏惧
> 的俄罗斯军队是如何碾压我们的。

这与我们的伪专家和媒体告诉我们的完全相反。

截至2023年7月，西方国家已训练了17个旅大约6.3万名乌克兰军人。[286]可是西方教官并没有训练乌克兰军官和士兵应对当下冲突经验。[287] 他们经常利用他们在中东的作战经验，对乌克兰人进行逐屋清理和叛军识别的培训，这些与乌克兰战场无关。

事实上，北约国家提供的培训往往与实地情况脱节，高度官僚化，不适合乌克兰冲突。[288] 德国和英国教官无法与乌克兰军事人员进行有效沟通，并且无法根据乌克兰"客户"调整军事术语。[289] 在德国接受训练的乌克兰军人告诉《基辅独立报》，"这些训练，让他们为乌克兰不存在的战争方式做好准备。他们说北约军官根本不了解战场真实情况。"[290]

经媒体长期地，欺骗性地对俄罗斯军队能力低估的宣传，用预计的结果推动乌克兰人战斗，尽管他们知道他们的战斗是无望的。因此乌克兰

---

285. Igor Kossov, "New brigade bears heavy brunt of Russia's onslaught in Kharkiv Oblast", *The Kyiv Independent*, September 1, 2023 (https://kyivindependent.com/new-brigade-bears-heavy-brunt-of-russias-onslaught-in-kharkiv-oblast/)

286. https://www.defense.gov/News/News-Stories/Article/Article/3462714/ukraine-defense-contact-group-members-remain-unified-in-support-to-kyiv/

287. Isobel Koshiw, "NATO training leaves Ukrainian troops 'underprepared' for war", *openDemocracy*, August 8, 2023 (https://www.opendemocracy.net/en/odr/ukraine-russia-training-nato-west-military/)

288. Jack Watling, "West must focus on preparing Ukraine's troops—or we will all pay the price", *The Guardian*, July 23, 2023 (https://www.theguardian.com/world/2023/jul/23/west-must-focus-on-preparing-ukraines-troops-or-we-will-all-pay-the-price)

289. Laura Pitel, "Lost in translation: Germany's challenges training Ukrainian soldiers", *Financial Times*, August 28, 2023 (https://www.ft.com/content/5bcb359e-f0ae-475d-9773-b89c0ebe0a1b)

290. https://kyivindependent.com/new-brigade-bears-heavy-brunt-of-russias-onslaught-in-kharkiv-oblast/

军队的士气非常低落。事实上，这已成为弗拉基米尔·泽连斯基一个与北约讨价还价的理由，他告诉美国有线电视新闻网（CNN），现在邀请加入北约"将会给乌克兰士兵带来巨大动力"。[291]

一个关键问题是乌克兰人员的培训，被我国媒体完全忽视了。乌克兰部队的人力军事潜力遭到破坏，导致经验丰富的军人逐渐消失。

除此之外，还有时间限制，这意味着在进入下一个科目之前，每个科目的训练都没有得到巩固和验证。在训练期间使用无人机通常很困难，甚至在一些北约国家被禁止，因为可能与平民发生事故。每个营只有2个排（60～70人），也就是总兵力的10%左右具有战斗力。

我们的军事"专家"告诉我们，乌克兰军队倾向于个体主动性和基于任务的行动。但这似乎不是事实，据访问过乌克兰的军事记者称，"乌克兰武装部队不鼓励个人主动性、相互信任或基于任务的行动"。[292]

俄罗斯人可以庆幸乌克兰军队是由那伙北约军官训练的。

乌军行动实施

乌克兰军队的核心问题是，他没有准备好与机械化对手进行运动战。自2014年以来，北约对其进行了现代化改造和训练，它一直受到西方人缺乏经验的影响，他们只在反叛乱背景下，同技术落后的军队作战。

正如我们在某些行动（例如巴赫姆特）中看到的那样，西方人在理解作战水平的战斗方面存在明显的缺陷。这就是为什么自2022年2月SMO开始以来，我们没有看到任何像1943年库尔斯克那样的重大坦克战。乌克兰人正在战壕或城市地区进行步兵战，例如在马里乌波尔，北顿涅茨克和巴赫穆特。

我们可以由此得出结论，引进西方坦克，不会从根本上改变局势，更不用说乌克兰人并不完全熟悉的西方坦克了。即使有了更新的装备，乌克兰也不再能够夺回被俄罗斯人占领的领土。让我提醒你，当西方谈论领土时，俄罗斯人谈论的是潜力。

291. https://edition.cnn.com/europe/live-news/russia-ukraine-war-news-07-04-23/h_9ffe-d7e97423cb666d3e0079ec06e978?embed=true
292. https://warontherocks.com/2023/06/what-the-ukrainian-armed-forces-need-to-do-to-win/

北约军队缺乏经验的另一个问题是，出现了影响乌克兰军队的"微观管理"趋势。随着经验丰富的指挥官的消失和只接受过北约仓促训练军官的到来，这种趋势有所增加。

乌克兰和西方的战略

西方的战略

从表面上看，乌克兰和西方国家似乎有着相同的目标，因此也应该有相同的战略。但事实并非如此，乌克兰和西方（也就是美国）的战略有时很难相互区分，因为它们相互依存，但确实无法成功地满足各自的特别利益。

自2000年以来，乌克兰的主要利益一直是向西方靠拢，以保证促进其繁荣。正如我在以前的书中所展示的那样，乌克兰希望通过加入北约来实现和解，这将打开通往欧盟的大门，从而成为现代欧洲的"正式"成员。2014年之前，俄罗斯一直是乌克兰的合作伙伴，并不被视为威胁。从那时起，乌克兰出台了针对少数民族的政策，特别是针对俄罗斯少数民族的歧视性政策，加剧了两国之间的紧张局势（顺便说一句语，匈牙利一样），最终导致了2022年的SMO。

美国热衷于中国威胁论，中国在科技和商业上的快速发展——这两个领域是美国宣称的世界领先地位——仍然被视为威胁。因此，美国的目标是防止俄罗斯成为中国和欧洲的能源和自然资源"后院"。最初，对俄罗斯的战略，白宫内部有俩种完全对立的构想：

- 向俄罗斯做出让步，以使其留在西方阵营从而削弱中国。
- 削弱俄罗斯，导致弗拉基米尔·普京垮台和权力更迭，使其对中国毫无用处。

在这两种构想实施过程中，乌克兰都发挥了核心作用：要么向俄罗斯做出让步，要么利用它来将俄罗斯卷入冲突。最终，选择了由拜登政府的"极端分子"维多利亚·纽兰和安东尼·布林肯辩护的后一种选择。它将通过对俄罗斯的"去殖民化"名义来扩张，[293]也就是，将俄罗斯肢解，然后

---

293. Casey Michel, "Decolonize Russia," *The Atlantic,* May 27, 2022 (https://www.theatlantic.com/ideas/archive/2022/05/russia-putin-colonization-ukraine-chechnya/639428/)

重新建立一些国家。[294] 2022年3月，乌克兰国防和国家安全委员会秘书奥列克西·丹尼洛夫在瑞士电视频道RTS[295] 上证实了这一点：

> 西方必须为俄罗斯的去殖民化做好准备。俄罗斯将很快在其现有边界内不复存在。这不是由我们决定的。俄罗斯崩溃的开始是普京于2022年2月24日带来的…曾导致苏联解体的进程，现在正在今天的俄罗斯进行。

从2022年5月开始，在华沙（2022年5月）、布拉格（2022年7月）、格但斯克（2022年9月）和布鲁塞尔（2023年1月）相继举行了不少于五场会议（包括一场视频会议）。这与瑞士官方媒体宣称的"妄想症"还差得很远。

为了实现这种崩溃，五角大楼智库兰德公司于2019年3月在一份长达300页的文件中非常精确地描述了一项战略，题为《扩张俄罗斯：利用自身优势与俄罗斯竞争》。[296]美国人确实在按部就班实践着这一战略，其中包括将俄罗斯推向冲突。[297]

这就是乌克兰的用武之地：它旨在作为一种诱饵和开关，使西方能够动员国际社会对抗俄罗斯。

但兰德公司分析师警告说，如果没有适当评估俄罗斯的能力，这一战略可能会适得其反，给乌克兰带来巨大伤害。事实也正是如此。由于俄罗斯没有西方经济体的规模大，人们认为其经济脆弱，很快就会崩溃。由于弗拉基米尔·普京被描绘成"独裁者"，[298]我们认为俄罗斯人民正在寻找推翻他的机会。因为我们认为俄罗斯军队装备落后，指挥僵化，所以我们认为它很快就会被北约训练的乌克兰军队在战场上击败。换句话说，西方"战略家"认为这场战争将是非常短暂的，因为大规模的制裁和俄罗

---

294. https://www.csce.gov/international-impact/events/decolonizing-russia

295. https://www.rts.ch/info/monde/13818312-lukraine-demande-des-armes-des-armes-et-encore-des-armes.html

296. James Dobbins, Raphael S. Cohen, Nathan Chandler, Bryan Frederick, Edward Geist, Paul DeLuca, Forrest E. Morgan, Howard J. Shatz, Brent Williams, "Extending Russia: Competing from Advantageous Ground", *RAND Corporation*, 2019, p. 101.

297. Robert H. Wade, "Why the US and Nato have long wanted Russia to attack Ukraine," *London School of Economics and Political Science*, March 30, 2022 (https://blogs.lse.ac.uk/europpblog/2022/03/30/why-the-us-and-nato-have-long-wanted-russia-to-attack-ukraine/)

298. "Biden calls Putin a 'dictator' and says Russian army is being 'ridiculed'", *Euronews*, May 4, 2022 (https://fr.euronews.com/2022/05/04/biden-qualifie-poutine-de-dictateur-et-estime-que-l-armee-russe-est-ridiculisee)

斯在国际上的孤立将确保俄罗斯不再能够维持其战争努力[299]，正如乌苏拉·冯·德莱恩在2022年3月2日在欧洲议会上所设想的那样。[300]

西方乌克兰冲突战略的演变

大致时间段	目标	战略
2022年2月至5月	通过以平民为目标来瓦解俄罗斯经济。造成一场社会灾难，导致弗拉基米尔·普京被推翻。[301]	大规模制裁
2022年6月至7月	重新武装乌克兰，使其处于更好的谈判地位。[302]	武器交付和军事援助
2022年8月至12月	与俄罗斯进行消耗战，迫使其投降。[303]	多次反攻
2023年1月至夏季	多次反攻突破俄罗斯防线，切断克里米亚与俄罗斯领土的联系以引起恐慌，导致弗拉基米尔·普京被推翻。[304]	乌克兰大规模反攻
2023年夏季	逐步系统地摧毁俄罗斯军队的能力。[305]	对俄罗斯的消耗战
2023年8月至9月	冻结前线的冲突。	推动泽连斯基谈判
2023年10月至11月	在不丢面子的情况下，找到解决乌克兰战略失败局面的办法。	推动泽连斯基与俄罗斯谈判并实施"遏制"战略
2023年12月	重新唤起国际社会对乌克兰的支持	确保乌克兰以一个国家的形式存在。

图-31西方的目标随着事态的变化而漂移不定。

---

299. Paul De Grauwe, "Russia cannot win the war", *London School of Economics and Political Science*, March 2, 2022 (https://blogs.lse.ac.uk/europpblog/2022/03/02/russia-cannot-win-the-war/)

300. https://www.pubaffairsbruxelles.eu/eu-institution-news/speech-by-president-von-der-leyen-at-the-european-parliament-plenary-on-the-russian-aggression-against-ukraine/

301. "Economic sanctions will hurt Russians long before they stop Putin's war in Ukraine," *The Conversation*, March 1, 2022 (https://theconversation.com/economic-sanctions-will-hurt-russians-long-before-they-stop-putins-war-in-ukraine-178009)

302. Joseph R. Biden Jr, "President Biden: What America Will and Will Not Do in Ukraine", May 31, 2022, *The New York Times* (https://www.nytimes.com/2022/05/31/opinion/biden-ukraine-strategy.html)

303. "Why Ukraine is waging a brutal war of attrition against Russia over Bakhmut," *PBS.org*, May 23, 2023 (https://www.pbs.org/newshour/world/why-ukraine-is-waging-a-brutal-war-of-attrition-against-russia-over-bakhmut)

304. Kateryna Tyshchenko, "Russia will panic when Ukraine's counteroffensive begins—Ukraine's Deputy Defence Minister", *Ukrainska Pravda*, May 7, 2023 (https://www.pravda.com.ua/eng/news/2023/05/7/7401067/)

305. http://www.ukrainianjournal.com/index.php?w=article&id=37113

这些不同战略的问题在于他们对俄罗斯的能力的看法，而不是基于真实现状。可能是因为他们仍保留了某种形式的言论自由，美国人比欧洲人更快的意识到，制裁不会阻止战争。[306] 因此，2022年4月，乔·拜登的财政部长珍妮特·耶伦试图阻止欧洲人对俄罗斯石油产品实施制裁，以免市场失衡。[307] 但欧洲只能有一种叙事，不可辩驳。盲目追求俄罗斯崩溃，势必导致经济灾难，以及乌克兰和乌克兰人的消亡。

西方坚信俄罗斯只能输。但只靠军事行动是办不到的。最有效的办法是在民众和克里姆林宫之间制造紧张局势来破坏俄罗斯的稳定。这就是为什么西方将支持乌克兰在俄罗斯发动的恐怖主义活动，并通过散布虚假信息，例如关于2023年1月5日可能在俄罗斯动员的假消息。[308]

西方战略的问题在于，它故意将乌克兰工具化，以满足美国的战略目标。正如民主党参议员理查德·布卢门撒尔在2023年8月下旬所说：[309]

> 乌克兰是我们争取独立和自由的先锋。

他承认，乌克兰不仅在为美国做这项工作，而且对美国人来说，成本不高。[310]

> 让我告诉我的美国同胞，你在乌克兰的付出物超所值。俄罗斯的武装力量已经削弱了一半。他的兵力减少了50%，没有一名美国士兵被杀，而且不到我们军事预算的3%。从军事角度来看，太值了！

306. Christine Adams, "Can economic sanctions end a war?", *The Washington Post*, March 1, 2022 (https://www.washingtonpost.com/outlook/2022/03/01/can-economic-sanctions-end-war/)
307. "Yellen warns European ban on Russian energy could harm economies", *RFI*, April 21, 2022 (https://www.rfi.fr/en/yellen-warns-european-ban-on-russian-energy-could-harm-economies)
308. Veronika Melkozerova, "Ukraine defense chief warns of new Russian mobilization", *Politico*, December 31, 2022 (https://www.politico.eu/article/ukraine-defense-chief-oleksii-reznikov-warn-russia-mobilization/)
309. Richard Blumenthal, "Zelenskyy doesn't want or need our troops. But he deeply and desperately needs the tools to win", *The Connecticut Post*, August 29, 2023 (https://www.ctpost.com/opinion/article/sen-blumenthal-opinion-ukraine-tip-spear-18335871.php)
310. https://twitter.com/NatalkaKyiv/status/1696759802154614836

这种玩世不恭的态度，不仅是民主党独有的，也得到了共和党人的广泛支持。正如2023年8月美国共和党参议员米特·罗姆尼再次见证的那样：[311]

> 能够投入相当于我们军事预算5%左右的金额……。我认为，帮助乌克兰人是我们有史以来最好的国防开支。我们没有在乌克兰失去任何生命。乌克兰人正在与俄罗斯英勇作战，俄罗斯拥有1500枚针对我们的核武器。与我们在其他防御上花费的金额相比，我们正在以非常小的代价削弱和摧毁俄罗斯军队。

2023年10月初，荷兰外交大臣卡伊萨·奥隆格伦证实了这种对乌克兰人生命的漠视：[312]

> 支持乌克兰当然是一种非常廉价的方式，这确保俄罗斯和俄罗斯政权不会对大西洋联盟构成威胁的。

据说荷兰人很吝啬，但我们并不认为这足以将乌克兰人的牺牲描述为"廉价"。这些言论揭示了西方做法的两件事：

- 没有提到收复被俄罗斯占领的乌克兰领土，也没有提到乌克兰人自己付出的代价。
- 我们坦率地承认，美国正在利用乌克兰以较低的成本与俄罗斯作战，以便能够更好的攻击中国。

早在2019年3月，兰德公司就曾警告美国政府，实施其拟议的战略将对乌克兰造成灾难性后果，可能会失去领土和无数人的生命。因此，西方很清楚乌克兰面临的风险。

延长战争将削弱俄罗斯的想法与事实相矛盾。事实上，这场战争提振了俄罗斯经济，同时正在摧毁乌克兰，甚至没有让西方受益。结果与预期

311. https://www.youtube.com/watch?v=nXJJw9MV-ak
312. https://www.republicworld.com/world-news/russia-ukraine-crisis/ukraine-a-cheap-way-to-ensure-that-russia-is-not-a-threat-to-nato-says-dutch-minister-articleshow.html

恰恰相反。2023年1月，兰德公司的一份题为"避免长期战争"的报告，再次警告美国不要与俄罗斯进行长期战争，因为这将对后者有利。[313]

2023年11月，我因在以前的书中说过这句话而被RTS点名。但一年后的今天，乌克兰将军瓦列里·扎卢日尼说了这句话。[314]

西方战略：工作中的不连贯性

德国起初拒绝	但随后接受
派遣豹二坦克[315]	20023年1月25日[316]
供应头盔和防弹背心	2023年1月26日[317]
爱沙尼亚在出口榴弹炮[318]	2023年2月26日[319]
美国反对	**但随后接受**
无人机袭击俄罗斯领土[320]	2022年12月9日[321]
向乌克兰提供M-1艾布拉姆斯坦克[322]	2023年1月25日[323]

313. https://www.rand.org/content/dam/rand/pubs/perspectives/PEA2500/PEA2510-1/RAND_PEA2510-1.pdf

314. "'It was my mistake': Ukrainian Commander-in-Chief on counteroffensive and 'gunpowder' for victory", *RBC-Ukraine*, November 2, 2023 (https://newsukraine.rbc.ua/news/it-was-my-mistake-commander-in-chief-on-counteroffensive-1698929719.html)

315. Holly Ellyatt, "Germany resists intense pressure over tanks for Ukraine, saying 'the situation has not changed,'" *CNBC*, January 24, 2023 (https://www.cnbc.com/2023/01/24/germany-refuses-to-shift-position-on-tanks-for-ukraine-despite-pressure.html)

316. Arne Delfs & Michael Nienaber, "Germany to Boost Ukraine Firepower With Leopard Battle Tanks," *Bloomberg*, January 25, 2023 (https://www.bloomberg.com/news/articles/2023-01-25/germany-to-send-ukraine-14-leopard-battle-tanks-in-first-step#xj4y7vzkg)

317. Hans von der Burchard, "Germany to send 5,000 protective helmets to Ukraine", *Politico*, January 26, 2022 (https://www.politico.eu/article/germany-export-5000-helmets-ukraine/

318. "Germany blocks Estonia from exporting German-origin weapons to Ukraine -WSJ", *Reuters*, January 21, 2022 (https://www.reuters.com/article/germany-ukraine-arms/germany-blocks-estonia-from-exporting-german-origin-weapons-to-ukraine-wsj-idUSL1N2U123W)

319. Hui Min Neo, "Germany to Send Weapons to Ukraine in Policy Reversal," *The Moscow Times*, February 26, 2022 (https://www.themoscowtimes.com/2022/02/26/germany-to-send-weapons-to-ukraine-in-policy-reversal-a76617)

320. "US 'not encouraging' drone strikes in Russia, State Department says", *France 24*, December 6, 2022 (updated December 7, 2022) (https://www.france24.com/en/europe/20221206-live-ukraine-races-to-repair-power-grid-as-country-enters-peak-frost-period)

321. Michael Evans & Marc Bennetts, "Pentagon gives Ukraine green light for drone strikes inside Russia", *The Times*, December 9, 2022 (https://www.thetimes.co.uk/article/ukraine-drone-warfare-russia-732jsshpx)

322. Jeff Schogol, "The US is sending tanks to Ukraine, just not American ones," *Task & Purpose*, November 4, 2022 (https://taskandpurpose.com/news/ukraine-tanks-military-assistance-russia/)

323. Joe Gould, "In reversal, US to send 31 Abrams tanks to Ukraine," *Defense News*, January 25, 2023 (https://www.defensenews.com/pentagon/2023/01/25/in-reversal-us-to-send-31-abrams-tanks-to-ukraine/)

| 向乌克兰提供F-16飞机[324] | 2023年8月18日[325] |
| 向乌克兰提供ATACMS导弹[326] | 2023年9月22日[327] |

图32-西方向乌克兰提供武器的过程像"躲猫猫"游戏,这表明完全缺乏战略连贯性。因此,乌克兰人将不可避免的无法实现行动的连贯性。乌克兰人的问题在于,他们从SMO的最初几个小时起就完全依赖西方的援助。

2023年9月,尽管德国联邦议院已经接受了向乌克兰提供"金牛座"巡航导弹的提议,但政府仍在犹豫不决,到10月份,干脆拒绝了。乌克兰外交部长德米特罗·库莱巴告诉他的德国人同行安娜莱娜·贝尔伯克:[328]"无论如何你们都会这样做的——这只是时间问题——我不明白我们为什么要浪费时间!"显然,乌克兰人知道欧洲人缺乏连贯性,最终他们一定屈会服于他们的叙述。

2023年夏天,泽连斯基似乎开始意识到自己被所谓的盟友欺骗了。他们一直说,是否进行谈判取决于乌克兰。但这显然不是真的。泽连斯基被迫在2022年3月撤回了他与俄罗斯人即将达成的解决方案,其中包括俄罗斯军队从乌克兰领土撤出。但另一方面,在2023年9月,奥拉夫· 朔尔茨宣布,在俄罗斯人离开乌克兰领土之前,不可能进行谈判。

西方战略有两个主要弱点。首先,我们的政治决定是基于认知和偏见,而不是基于事实。媒体和决策者都采用"幻想(Coué)"方法,英语世界称之为"一厢情愿"。不仅有乔·拜登、乌尔苏拉·冯德莱恩、伊曼纽尔·马克龙、奥拉夫·朔尔茨,还有亚历山大·德克鲁, 他们系统的做出了不适当的决定,他们故意将乌克兰人推向死亡。正如一名乌克兰军人在伦敦《泰

324. Nicola Slawson, "First Thing: Biden says US will not provide F-16 fighter jets to Ukraine", *The Guardian*, January 31, 2023 (https://www.theguardian.com/us-news/2023/jan/31/first-thing-biden-says-us-will-not-provide-f-16-fighter-jets-to-ukraine)

325. Dan Sabbagh & Helen Sullivan, "US has cleared way for F-16s to be sent to Ukraine, say Denmark and Netherlands", *The Guardian*, August 18, 2023 (https://www.theguardian.com/world/2023/aug/18/us-reportedly-approves-sending-f-16-jets-to-ukraine-from-denmark-and-netherlands)

326. John Ismay, "The Missile Ukraine Wants Is One the U.S. Says It Doesn't Need," *The New York Times*, October 6, 2023 (https://www.nytimes.com/2022/10/06/us/ukraine-war-missile.html)

327. David Martin & Olivia Gazis, "Biden tells Zelenskyy U.S. will provide Ukraine with ATACMS long-range missiles," *CBS News*, September 22, 2023 (https://www.cbsnews.com/news/biden-tells-zelenskyy-u-s-will-provide-ukraine-with-atacms-long-range-missiles/)

328. "Germany Says Ukraine Belongs in the European Union", *VOA News*, September 11, 2023 (https://www.voanews.com/a/germany-says-ukraine-belongs-in-the-european-union/7263496.html)

4 · 乌克兰的军事思想

晤士报》发表的一篇文章中所说那样，题为"我们的盟友要求我们背着枪前进:"[329]

> 我们的盟友帮了我们很多忙，但他们的政治领导人想都
> 没有想过派遣自己的士兵到前线，却要求我们在这样的
> 条件下夺取领土。

这说明了一切。

第二个弱点是，我们不再处于理性的背景下。我们的政治家和记者的声明和解释表明，主导当今西方政治的不是我们的价值观，而是对俄罗斯人的仇恨。国家美术馆也在经受洗礼，将德加在1899年的画作《俄罗斯舞者》改为《乌克兰舞者》，这是西方做派的完美例证。[330] 它被非理性的，修正主义维度所支配，甚至艺术也被军事化。并且无法通过理智对话解决问题。

正如《华尔街日报》在2023年11月写的那样，我们正处于"奇幻思维"的国度里，[331]《基辅邮报》[332] 援引卡内基和平基金会2023年2月的一篇文章:[333]

> 俄罗斯总统弗拉基米尔·普京对乌克兰的战争开始一年
> 后，俄罗斯遭受了重大战略失败，乌克兰赢得了重大战略
> 胜利，西方表现出了意想不到的决心、团结和凝聚力。

换句话说，无论是在美国还是在乌克兰，我们都意识到，我们实际上是"幻想"了一个乌克兰的胜利。现在的问题是，如何回到现实中来，在不丢面子的情况下找到解决方案。

---

329. Maxim Tucker, "'Our allies ask us to advance with a gun at our backs'", *The Times*, October 4, 2023 (https://www.thetimes.co.uk/article/our-allies-ask-us-to-advance-with-a-gun-at-our-backs-vrjdnx2hv)

330. https://agauche.org/2022/04/06/nihilisme-anti-russe-un-tableau-de-degas-rebaptise-ukrainien-par-la-national-gallery-de-londres/

331. Eugene Rumer & Andrew S. Weiss, "It's Time to End Magical Thinking About Russia's Defeat," *The Wall Street Journal*, November 16, 2023 (https://www.wsj.com/world/russia/its-time-to-end-magical-thinking-about-russias-defeat-f6d0b8de)

332. Stash Luczkiw, "What the US Means When It Talks About Strategy," *Kyiv Post*, November 20, 2023 (https://www.kyivpost.com/opinion/24363)

333. Eugene Rumer, "Putin's War Against Ukraine: The End of The Beginning," *Carnegie Endowment for International Peace*, February 17, 2023 (https://carnegieendowment.org/2023/02/17/putin-s-war-against-ukraine-end-of-beginning-pub-89071)

乌克兰战略

弗拉基米尔·泽连斯基及其团队的战略目标是加入北约，想正式成为有着美好前程的欧盟成员国，这个前奏是必要的。它是对美国人（因此也是欧洲人）目标的补充。问题在于，它与俄罗斯的紧张关系，特别是在克里米亚问题上的紧张局势，导致乌克兰加入北约成员国议程被推迟。2022年3月。泽伦斯基在美国有线电视新闻网CNN上透露，这些缘由正是美国人告诉他的。[334]

在2019年4月上台之前，弗拉基米尔·泽连斯基的竞选纲领由两项完全对立政策组成：他在总统竞选期间承诺要与俄罗斯和解，同时，把加入北约确立为他的目标。他知道这两项政策是相互排斥的，因为俄罗斯不希望看到北约及其核武器在乌克兰部署，而是寻求乌克兰中立或不结盟。

更重要的是，泽连斯基知道他的极端民族主义盟友将拒绝与俄罗斯谈判。在他当选一个月后，右翼组织Praviy　Sekor领导人德米特罗·亚罗在乌克兰媒体上公开威胁要杀死他。[335]　因此泽连斯基从竞选活动一开始就知道，他将无法兑现与俄罗斯和解的承诺，只剩下唯一的解决方案——与俄罗斯对抗。

但这场对抗不可能由乌克兰单独对俄罗斯发起，它需要西方的物质支持。2019年3月，泽连斯基在当选前，他的私人顾问奥列克谢·阿雷斯托维奇在乌克兰媒体《Apostrof》上透露了泽连斯基及其团队制定的战略，阿雷斯托维奇解释说，俄罗斯发动袭击才能引发国际动员，这将使乌克兰能够在西方国家和北约的帮助下一劳永逸地击败俄罗斯。他以惊人的精确度描述了三年后，即2022年2月至3月之间俄罗斯袭击的过程。他不仅仅是说，如果乌克兰要加入北约，这场冲突是不可避免的，而且还将这场对抗放在了2021至2022年。他概述了西方援助的主轴。[336]

---

334. Chandelis Duster, "Zelensky: 'If we were a NATO member, a war wouldn't have started'", *cnn. com*, March 20, 2022 (https://edition.cnn.com/europe/live-news/ukraine-russia-putin-news-03-20-22/h_7c08d64201fdd9d3a141e63e606a62e4)

335. Лилия Рагуцкая, "Ярош: если Зеленский предаст Украину—потеряет не должность, а жизнь," *Obozrevatel*, May 27, 2019, (https://incident.obozrevatel.com/crime/dmitrij-yarosh-es-li-zelenskij-predast-ukrainu-poteryaet-ne-dolzhnost-a-zhizn.htm)

336. "UKRAINE 24: Ukrainian Nostradamus who predicted war with russia in 2019 with stunning accuracy", *YouTube*, April 3, 2022 (https://www.youtube.com/watch?v=RZ3GsYPRkv4)

在这场冲突中，我们将得到西方的积极支持。武器、设备
和各种援助。对俄罗斯的新制裁紧随其后。最有可能的是
引入北约特遣队。禁飞区，依此类推。换句话说，我们绝对
不会失败。

正如我们所看到的，这一战略与兰德公司同时描述的战略有很多共同
之处。事实上，如此之多，很难不把它看作是受到美国强烈启发的战略。
在接受采访时。阿雷斯托维奇在接受采访时特别指出了四大要素，这些
要素将成为乌克兰对俄战略的支柱。泽伦斯基将定期对照这些要素：
- 国际援助和武器供应
- 国际制裁
- 北约干预
- 建立禁飞区。

应该指出的是，泽连斯基将这四大支柱理解为承诺，对其实现这一战
略的成功至关重要。2023年2月，乌克兰国防和国家安全委员会秘书奥
列克西·丹尼洛夫在《基辅独立报》上宣布，乌克兰的目标是瓦解俄罗
斯。[337] 动员西方国家向乌克兰提供重型武器似乎为这一目标提供了实
质内容，这与奥列克西·阿雷斯托维奇在2019年3月宣布的内容一致。

然而，几个月后，很明显，提供给乌克兰的设备不足以确保其反攻成
功。泽连斯基要求额外的、适应性更强的装备。[338] 当时西方人对这些一
再提出的要求感到有些恼火。[339] 英国前国防部长本·华莱士宣称，西方
人"不是亚马逊"。[340] 事实上，西方不遵守其承诺。

337. Alexander Query, "Danilov: 'Ukraine's national interest is Russia's disintegration'", *The Kyiv Independent*, February 6, 2023 (https://kyivindependent.com/national/danilov-ukraines-national-interest-is-russias-disintegration)
338. Joe Barnes, "We know West can give us more weapons, says Ukraine's spy chief", *The Telegraph*, September 18, 2023 (https://www.telegraph.co.uk/world-news/2023/09/18/western-allies-are-not-running-out-of-weapons-says-ukraine/)
339. David Averre, "Is the world running out of patience with Zelensky's 'blank cheque' demands? Poland stops giving arms and US gives a fraction of what Ukraine's leader asked for as he visits Canada today to win support", *The Daily Mail*, September 22, 2023 (https://www.dailymail.co.uk/news/article-12548375/Is-world-running-patience-Zelenskys-blank-cheque-demands-Poland-stops-giving-arms-gives-fraction-Ukraines-leader-asked-visits-Canada-today-win-support.html)
340. Dominic McGrath, "UK and other allies 'not Amazon', Wallace tells Kyiv", *The Independent*, July 12, 2023 (https://www.independent.co.uk/news/uk/volodymyr-zelensky-ben-wallace-kyiv-amazon-joe-biden-b2373967.html)

与我们的媒体和伪"专家"告诉我们的相反，自2022年2月以来，很明显乌克兰无法独自击败俄罗斯。正如奥巴马所说，"俄罗斯将始终能够保持其升级主导地位"。[341] 换句话说，乌克兰只有在北约国家的参与下才能实现其目标。这意味着他的命运将取决于西方国家的善意。因此，有必要维持一种叙述，以鼓励西方保持这种努力。这种叙事就成为我们所说的战略术语，即它的"重心"。我们稍后再谈这个问题。

随着时间的流逝，几个月过去了，行动的过程表明，乌克兰胜利的前景变得越来越渺茫，因为俄罗斯不但没有被削弱，而且在军事[342]和经济上[343] 越来越强大。就连美国欧洲最高司令克里斯托弗·卡沃利将军也告诉美国国会委员会"俄罗斯的空军、海军、太空、数字化和战略能力在这场战争中没有遭受重大削弱。"[344]

西方期待一场短暂的冲突，再也无法维持向乌克兰承诺的努力。在维尔纽斯举行的北约峰会（2023年7月11日至12日）以乌克兰的部分成功告终。其成员资格被无限期推迟。它的情况甚至比2022年初还要糟糕，因为与SMO之前相比，它加入北约的理由并不多。

乌克兰随后将注意力转向一个更具体的目标：重新获得对其1991年整个领土的主权。

因此，乌克兰的"胜利"概念正在迅速演化。"俄罗斯崩溃"的想法很快发现没有指望，肢解俄罗斯的想法也迅速消退。这时有人开始谈论"政权更迭"，泽连斯基将其锁定为一个目标，只要弗拉基米尔·普京执政，就禁止任何谈判。[345] 然后是收复失地，这得要靠2023年的反攻。但在这里，希望也很快消失了。该计划是将俄罗斯军队一分为二，直插亚速海。但到了2023年9月，这一目标已缩减为只解放三个城市。[346]

---

341. Jeffrey Goldberg, "Obama Sees Ukraine as Putin's Client State," *The Atlantic*, March 10, 2016 (https://www.atlanticcouncil.org/blogs/natosource/obama-sees-ukraine-as-putin-s-client-state/)
342. Holly Ellyatt, "Russia's military has adapted and is now a more formidable enemy for Ukraine, defense analysts say," *CNBC News*, May 19, 2023 (https://www.cnbc.com/2023/05/19/russias-military-has-adapted-is-now-a-formidable-enemy-for-ukraine.html)
343. https://www.intellinews.com/imf-improves-russia-s-2023-gdp-forecast-from-0-3-to-0-7-275604/
344. https://armedservices.house.gov/sites/republicans.armedservices.house.gov/files/04.26.23 Cavoli Statement v2.pdf
345. "Kyiv decree confirms impossibility of negotiating with Putin", *Reuters*, October 4, 2022 (https://www.reuters.com/article/ukraine-crise-zelensky-poutine-idFRKBN2QZ0ZD)
346. Joe Barnes, "Zelensky vows to liberate Bakhmut and two other cities in secret plan," *The Telegraph*, September 22, 2023 (https://www.telegraph.co.uk/world-news/2023/09/22/volodymyr-zelensky-secret-plan-liberate-cities-ukraine/)

在没有取得具体成功的情况下，叙事仍然是乌克兰唯一可以依靠的东西来维持西方的关注和支持它的意愿。因为正如前国防部长本·华莱士2023年10月1日在《每日电讯报》上所说的那样，"最宝贵的商品是希望"。[347] 没错，但是我们对局势的评估必须基于对对手的现实分析。然而，自乌克兰危机开始以来，我们的分析一直基于偏见。

西方的援助

我们现在知道，为了说服泽连斯基撤回他在2022年3月向俄罗斯提出的倡议，西方发誓要提供武器和弹药援助，兑现"不管需要多久"的承诺。到2022年5月底/6月初，乌克兰军队的物资能力已被摧毁，它完全依赖西方援助。[348] 然而到了2023年初，西方显然不再有能力履行其对乌克兰的承诺，这解释了泽连斯基一再要求新设备的原因。他所做的只是要求西方尊重其承诺。

问题在于，泽连斯基仍然向他的人民描绘胜利的前景，而乔·拜登总统在《纽约时报》上却承认：这不再是乌克兰"获胜"的问题，而只是战斗的问题。[349]

问题是西方故意低估了俄罗斯的军事力量，高估了乌克兰的能力。[350] 这就是为什么他们认为他们的武器可以战胜俄罗斯。据《纽约时报》报道，提供的武器往往是有缺陷的。2023年3月底，弗拉基米尔·泽连斯基告诉《美联社》，从"一个欧洲国家"收到的武器系统无法工作，必须进行多次维修。[351]《基辅独立报》也报道了这一信息。[352] 而这还只是在基辅订购和支付的武器到达前线情况。[353] 在这里，和其他地方一样，西方向乌克兰交付了过时且经常有缺陷的设备。

---

347. Ben Wallace, "Ukraine is winning. Now let's finish the job", *The Telegraph*, October 1, 2023 (https://www.telegraph.co.uk/news/2023/10/01/ben-wallace-ukraine-counteroffensive-succeeding/)

348. https://www.france24.com/en/live-news/20220610-ukraine-dependent-on-arms-from-allies-after-exhausting-soviet-era-weaponry

349. Joseph R. Biden Jr, "President Biden: What America Will and Will Not Do in Ukraine", May 31, 2022, *The New York Times* (https://www.nytimes.com/2022/05/31/opinion/biden-ukraine-strategy.html)

350. https://youtu.be/hxqIuzn32Fw

351. Julie Pace, Hanna Arhirova & James Jordan, "Takeaways from AP's interview with Ukraine's Zelenskyy", *AP*, March 30, 2023 (https://apnews.com/article/ukraine-zelenskyy-russia-putin-war-78f55fbf4fb7e57711c2fadaf914fd45)

352. https://www.businessinsider.com/zelenskyy-says-ukraine-received-faulty-air-defense-system-europe-ally-2023-3

353. https://fr.businessam.be/ukraine-armes-achat-livraison/

从乌克兰士兵收集到的的证词显示，[354] 这些武器经常出现故障，专门为职业士兵设计的的武器过于复杂，训练周期太长，普通士兵根本无法正确使用。训练不足的乌克兰士兵，即使能拿到这些武器的使用手册，也不得不借助谷歌来翻译成乌克兰语，这样才能理解他们。[355]

西方人面临的挑战是如何能够为战场提供补给，这不再是胜利的问题，而是战斗的问题。他们的想法是，对长期冲突感到厌倦的俄罗斯人可能会带来期待已久的"政权更迭"。因此向乌克兰提供武器的标准不是有效性，而是可得性。

乌克兰的主要陆地武器（2023年10月）

	(1) 2022年2月24日的局势英国广播公司）	(2) 2023年10月1日缴获的俄罗斯装备（Oryx）	(3) 2023年10月1日西方提供的装备	(1)+(2)+(3) 2023年10月1日总计
作战坦克	987	551	1 135	2 673
装甲步兵车	831	972	>2 732	>4 535
火炮	1818	204	>967	>2 989
多管火箭炮	-	52	>101	>153

图33—自SMO开始以来，乌克兰手中的主要装备。乌克兰对设备的新需求表明，俄罗斯已经摧毁了乌克兰潜力的2到5倍。【来源(1)https://www.bbc.com/news/world 60798352;(2)https://www.oryxspioenkop.com/2022/02/attackon-europe-documenting-equipment.html;(3)https://www.economist.com/zaluzhny-transcript】

354. https://t.me/HersonVestnik/5489

355. Thomas Gibbons-Neff & Natalia Yermak, "Potent Weapons Reach Ukraine Faster Than the Know-How to Use Them," *The New York Times*, June 6, 2022 (https://www.nytimes.com/2022/06/06/world/europe/ukraine-advanced-weapons-training.html)

最初，西方人收集了在东欧储存或封存的冷战时期的装备，并将其运往乌克兰。它们通常维护不善，而且状况很差，实在没有更好的设备可提供，有总比没有强。但这些库存很快也用完了。美国人正寻找前华沙条约国家重新开始生产152毫米火炮弹药，这些国家有保加利亚，罗马尼亚，捷克共和国和斯洛伐克的。[356] 与寻找主要装备比较，获得弹药的机会更为复杂。在这些情况下，把交付的设备拆散，用拆散的零部件来修理幸存的乌克兰装备。波兰和斯洛伐克提供的米格-29战斗机就是这种情况，它们显然不能飞了，乌克兰人只能用它来"修补"自己受损的飞机。[357]这只重新装备了苏联和俄罗斯装备的"第二代"乌克兰军队，也将在2022年底前被摧毁。

第二阶段，西方从自己的储备中向乌克兰运送了过时的设备。2023年1月24日，爱沙尼亚宣布将向乌克兰援助库存的所有155毫米榴弹炮，即24门FH-70s和122mm苏联原产的D-30榴弹炮及其弹药.[358] 这种榴弹炮刚要投入战斗，在俄罗斯武器面前，它们早已过时了。这些武器被保存下来是为了在技术要求较低的"殖民"战争中使用。老古董M-113运兵车就是这种情况它的40毫米铝制装甲仅相当于10毫米均质钢，面对当下武器的攻击，它根本不能为乘员提供保护，在乌克兰看到大量被砸碎的庞然大物，证明了这一点。当时提供的装备使乌克兰能够作战，但在数量或质量上都不足以进行决定性的反攻。

有一句老话，"仁爱始于家"——西方国家给乌克兰提供了大部分设备都是命运之手，正好有机会向本国议会施加压力——增加军费开支，以使我们的军队跟上新装备的最新步伐。

在第三阶段，西方人不得不动用自己军队现有的装备给乌克兰人用。凯撒自行火炮就属这种情况。法国就是从自己的作战库存中向乌克兰提供了大约30门凯撒自行火炮。[359] 丹麦向乌克兰提供了从法国订购的19

356. "NATO looking at production of Soviet-era weapons used by Ukraine, says Blinken", *The New Voice of Ukraine*, November 30, 2022 (https://english.nv.ua/amp/nato-looking-at-production-of-soviet-era-weapons-used-by-ukraine-says-blinken-50287799.html)
357. "Ukraine's top guns need new jets to win the war", *The Economist*, April 23, 2023 (https://www.economist.com/europe/2023/04/23/ukraines-top-guns-need-new-jets-to-win-the-war)
358. . Joe Saballa, "Estonia Sending All Its 155-mm Howitzers to Ukraine," *The Defense Post*, January 24, 2023 (https://www.thedefensepost.com/2023/01/24/estonia-sending-howitzers-ukraine/)
359. "France to supply Ukraine with twelve additional Caesar guns", *France 24*, January 31, 2023 (https://www.france24.com/fr/europe/20230131-en-direct-macron-reçoit-le-ministre-de-la-défense-ukrainien-kiev-réclame-des-avions-de-combat)

套凯撒自行火炮。这同样适用于派往乌克兰的14辆英国挑战者-2主战坦克。根据国防参谋长安东尼·拉达金海军上将的说法，[360] 这些是从实际投入使用的40辆中取出的，相当于将英国的作战能力降低了30%，直到挑战者-3[361] 的到来才会改观。

正如我们所看到的，他们正在剥离自己的武器库以满足乌克兰的需求。据《英国金融时报》报道，一位英国国会议员声称，如果发生战争，英国军队坚持不了五天。[362] 这些描述俄罗斯袭击会给欧洲造成多大危险的言论，只不过是为在我们本国民众中制造恐慌。

在第四阶段，西方试图生产乌克兰所需的材料并及时供应他们。但这一次又失败了。自冷战结束以来，西方—尤其是欧洲—军火工业实际上已经消失了。

2023年3月，欧盟决定拨款20亿欧元的预算来资助弹药供应，[363] 10亿是补偿那些动用自己库存来支持乌克兰的国家，10亿是调动欧洲工业资源，争取在12个月内为乌克兰生产100万枚155毫米炮弹。[364] 乍听起来起来很多，但根据皇家联合军种研究所（RUSI）的数据，这仅相当于俄罗斯在20到40天内发射炮弹的数量。[365]

西方努力的结果是，产生了第三代乌克兰军队，他们在西方接受武装，在西方接受训练，想必将有能力对俄罗斯进行决定性的行动。

2023年9月，西方，尤其是美国人，达到了他们所能做的极限。在比利时，武装部队的弹药已经全部用完，正要求拨款70亿欧元来重新补充他们的库存。[366] 北约军事委员会主席罗伯·鲍尔上将宣称，"我们可以看到

360. https://www.dailymail.co.uk/news/article-12264611/Britain-just-40-tanks-dozen-frigates-destroyers-ready-war.html

361. George Grylls, "Sending British Challenger 2 tanks to Ukraine will weaken UK, general warns", *The Times*, January 16, 2023 (https://www.thetimes.co.uk/article/putin-british-tanks-will-burn-ukraine-war-russia-challenger-2-hsww7wtw9)

362. George Parker & John-Paul Rathbone, "UK armed forces would last just 'five days' in a war, senior MP warns", *Financial Times*, February 10, 2023 (https://www.ft.com/content/4eb1af29-2491-458c-9f69-e065cba58bbb)

363. "EU agrees 2-billion-euro ammunition plan for Ukraine", *France 24*, March 20, 2023 (https://www.france24.com/en/live-news/20230320-eu-hammers-out-2-bn-euro-ammunition-plan-for-ukraine)

364. "Ukraine updates: EU agrees €2 billion ammo plan for Kyiv", *Deutsche Welle*, March 20, 2023 (https://www.dw.com/en/ukraine-updates-eu-agrees-2-billion-ammo-plan-for-kyiv/a-65045955)

365. Dr Jack Watling & Nick Reynolds, "Meatgrinder: Russian Tactics in the Second Year of Its Invasion of Ukraine", *Royal United Services Institute*, May 19, 2023 (https://rusi.org/explore-our-research/publications/special-resources/meatgrinder-russian-tactics-second-year-its-invasion-ukraine)

366. https://www.rtbf.be/article/defense-et-guerre-en-ukraine-larmee-belge-face-a-une-penurie-de-munitions-7-milliards-deuros-sont-demandes-11250713

桶底"，我们需要加快武器生产。[367]　当美国考虑减少对乌克兰的援助时，欧洲人发现他们无法弥补这个缺口。[368]　换句话说，西方无法信守承诺，欧盟只不过是一只"纸老虎"。

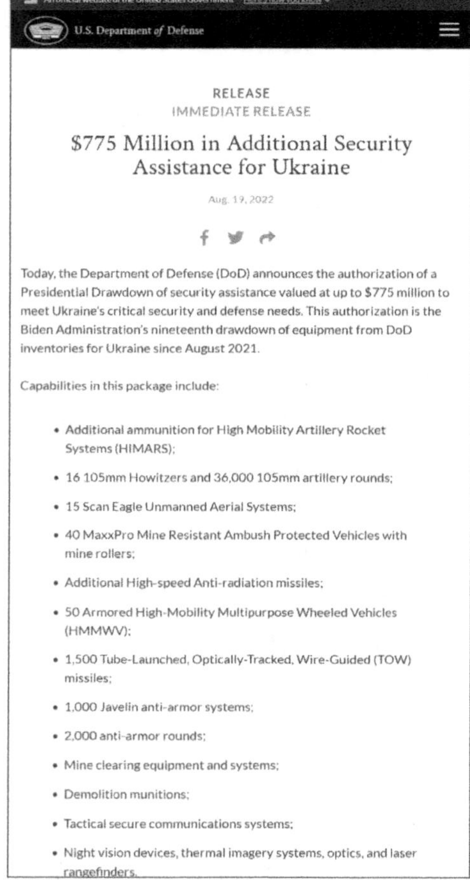

图34一美国在2022年8月[369]和2023年8月[370]对乌克兰的援助。不仅金额发生了变化，而且政府也不再给出供应装备的数量。事实上，到2023年，美国不再有能力以2022年的速度支持乌克兰。乌克兰最需要的"爱国者导弹"，却没有再次出现在清单上。【来源：美国国防部】

---

367. "NATO's Military Committee head urges boost in arms production," *TVP/Reuters*, October 4, 2023 (https://tvpworld.com/73184483/natos-military-committee-head-urges-boost-in-arms-production)
368. Nicholas Vinocur, Clea Caulcutt & Sarah Anne Aarup, "EU to US: Help, we can't cope without you on Ukraine", *Politico*, October 5, 2023 (https://www.politico.eu/article/josep-borell-eu-ukraine-to-us-help-we-cant-cope-without-you-on-ukraine/)
369. https://www.defense.gov/News/Releases/Release/Article/3134457/775-million-in-additional-security-assistance-for-ukraine/
370. https://www.defense.gov/News/Releases/Release/Article/3509116/biden-administration-announces-additional-security-assistance-for-ukraine/

俄罗斯的战争艺术

这导致美国调整了对盟友的援助,并重新确定他们的优先事项—是继续支持乌克兰失败的事业,还是回到他们的主要优先事项:对付中国。由于再也无法同时满足这两个优先事项的需要。本应援助埃及的资金被转移到台湾,产生了消极影响—南方国家现在知道它们被忽视,无足轻重,所以他们开始寻找新的、更可靠的盟友。

早在2022年6月,根据陆军后勤司令弗拉基米·卡尔彭科准将的说法,西方的武器交付仅满足了他们需求的10%-15%。[371]

事实上,西方国家严重低估了俄罗斯的能力。他们对乌克兰的支持更多的是一种沟通,而不是实际的援助。

问题是西方没有能力对俄罗斯发动战争。即使是对乌克兰的支持,也将北约国家推向不稳定的安全境地。这也表明,西方国家并没有把俄罗斯当成对欧洲的威胁。

在美国,有多种机制并存以支持乌克兰的战争努力。主要有:

- 乌克兰安全援助倡议(USAI),须经国会批准。它涉及在市场上或从盟国购买的设备。
- 《总统特别拨款权(PDA)》,[372] 授权美国总统,作为武装部队的最高指挥官有权从现有库存中提取装备以应对"不可预见的紧急情况"。它不需要国会批准,但只能在现有预算范围内进行。

截至2023年8月底,美国根据PDA,[373]为乌克兰提供了价值近240亿美元的设备,换句话说,美军这些设备的缺失,势必导致美国作战能力的下降——因此必须进行补充库存。2023年1月,战略与国际研究中心(CSIS)显示,补充一些关键设备库存所需的时间将达到7年。[374]

371. Stew Magnuson, "Ukraine to U.S. Defense Industry: We Need Long-Range, Precision Weapons," *National Defense Magazine*, June 5, 2022 (https://www.nationaldefensemagazine.org/articles/2022/6/15/ukraine-to-us-defense-industry-we-need-long-range-precision-weapons)
372. https://www.state.gov/use-of-presidential-drawdown-authority-for-military-assistance-for-ukraine/
373. https://crsreports.congress.gov/product/pdf/IF/IF12040
374. Mark F. Cancian, "Rebuilding U.S. Inventories: Six Critical Systems," *CSIS*, January 9, 2023 (https://www.csis.org/analysis/rebuilding-us-inventories-six-critical-systems)

4·乌克兰的军事思想

美国关键物资库存补充时间

	供应乌克兰的数量	年产量	启动时间（月）	生产时间（月）	库存补充时间（月）
Obus 155 mm	1'074'000	93'000	12-18	44	59
Obus 155 mm Excalibur	5'200	2'400	22	23	84
Javelin	8'500	2'100	24	12	56
HIMARS	20	72	26	5	30
Stinger	1600	350?	24	55	79

图35-表格显示了补充美国提供给乌克兰的武器库存所需的时间。该表由CSIS起草。都是按照最大生产能力计算的结果。【来源：CSIS】

2023年9月，几位法国军事"专家"在《十字架报》上发表了文章，呼吁"扩大"欧洲军事装备生产，以维持对乌克兰的援助。[375]

然而，美国似乎对这场冲突越来越尴尬，这场冲突未能兑现承诺，变成了美国外交政策的惨败。在弗拉基米尔·泽连斯基前往纽约参加联合国大会之际，西方的热情似乎正在消退。泽连斯基在联合国发表演讲时，听众寥寥无几，以至于乌克兰媒体"1+1"不得不用前几届会议的图片来"丰富"其报道——泽连斯基本人也在观众席上，聆听自己的演讲！但严重的是，如果泽连斯基希望继续接受援助，美国给了他一份四页的任务清单。[376]

对俄罗斯的制裁

西方击败俄罗斯战略的支柱之一，是对俄罗斯实施大规模和猝不及防的制裁。正如法国经济部长布鲁诺·勒梅尔所预言的那样，制裁可以导致俄罗斯崩溃，如果其经济不再能够支撑SMO，俄罗斯将很快被迫投降。

据欧洲专家称，制裁的效果是产生"核弹"[377] 的效果，并可以为乌克兰胜利的叙述推波助澜。然而，在2023年8月底，德国《图片报》透露，奥拉

---

375. https://www.la-croix.com/debat/Guerre-Ukraine-Europeens-doivent-amplifier-leur-production-materiel-militaire-2023-09-20-1201283537

376. "White House letter sets out reforms that Ukraine needs to implement to receive aid", *Ukrainska Pravda*, September 25, 2023 (https://www.pravda.com.ua/eng/news/2023/09/25/7421354/)

377. Gilles Quoistiaux, "Blocage de Swift: la bombe atomique qui n'a pas explosé", *L'Écho*, September 10, 2022 (Updated September 11, 2022) (https://www.lecho.be/dossiers/conflit-ukraine-russie/blocage-de-swift-la-bombe-atomique-qui-n-a-pas-explose/10412813.html)

夫·朔尔茨和埃曼纽尔·马克龙在比较他们与弗拉基米尔普京的对话经历时，惊讶地发现普京从未寻求与他们讨论对俄罗斯的制裁问题。[378] 换句话说。这不是俄罗斯关心的问题。

北约干预

正如奥列克谢·阿雷斯托维奇在2019年3月宣布的那样，乌克兰从SMO一开始就得到了西方情报支持。

2022年7月至8月，泽连斯基知道北约不会改变其不在乌克兰建立禁飞区（NFC）的决定，因此需要将禁飞区非军事化或向禁飞区派遣一支国际部队。禁飞区当时是炮火的目标—显然—归因于驻扎在那里的俄罗斯。西方的说法是，俄罗斯正在寻求对欧洲制造核威胁（出于什么目的?）。法国电视2台甚至将扎波罗热核电站（ZNPP）屋顶上损坏的烟囱作为导弹展示![379] 实际上在现场发现的导弹残骸来自西方。它们包括美国海马斯导弹和神风无人机[380] 以及英国硫磺石导弹。[381, 382]

西方人一直在监视那里的炮击，因此他们确切地知道谁在对埃涅尔戈达尔发电厂进行这些袭击。

乌克兰的策略是将扎波罗热核电站置于一场战斗的中心，迫使国际社会以某种方式进行干预。这就是为什么在2022年9月1日，国际原子能机构（IAEA）代表团前来视察，乌克兰派遣突击队对该工厂发动袭击，因而推迟了专家的部署。2022年9月至10月发生了几次未遂的袭击，动员了600名士兵和数十艘驳船度过第聂伯河。这些袭击导致数十人甚至数百人死亡。我们的媒体什么也没看到，只是说这是到俄罗斯的虚假信息。RTS甚至暗示，俄罗斯正试图利用该工厂进行"勒索核工业"。[383]

378. https://www.bild.de/politik/inland/politik-inland/ukraine-krieg-was-scholz-nach-seinem-putin-telefonat-besonders-quaelte-85191144.bild.html

379. Émilie Jehanno, "Guerre en Ukraine: Oui, France 2 a confondé une cheminée endommagée avec un missile dans un sujet", *20minutes.fr*, August 23, 2022 (https://www.20minutes.fr/arts-stars/medias/3340383-20220823-guerre-ukraine-oui-france-2-confondu-cheminee-endommagee-missile-sujet)

380. https://www.telegraph.co.uk/world-news/2022/07/20/ukrainian-kamikaze-drones-strike-russian-controlled-zaporizhzhia/

381. https://mezha.media/en/2022/05/12/brimstone-in-ukraine/

382. https://t.me/milinfolive/88735

383. https://www.rts.ch/info/monde/13300261-la-centrale-nucleaire-de-zaporijjia-cristal-lise-les-inquietudes-internationales.html

这些"袭击"直到6个月后才得到伦敦《泰晤士报》的证实，[384]然后在2023年10月也得到乌克兰军事情报局局长基里洛·布达诺夫的证实，他在乌克兰媒体上承认对该工厂进行了三次袭击。[385]实际上。正如我当时指出的那样，这是乌克兰挑起北约干预的策略。乌克兰攻击扎波罗热核电站的确凿证据就摆在大家眼前，但我们的媒体——再一次——更愿意把它说成是阴谋论，以维持他们的叙事。

2022年11月15日，一枚导弹在波兰的普热沃多夫附近爆炸，造成俩人死亡。该导弹很快被确定为S-300 5-V-55K防空导弹。[386] 第二天，弗拉基米尔·泽连斯基指责俄罗斯用"导弹袭击北约领土……这是俄罗斯对集体安全的导弹袭击！这是一个重大的升级。我们必须作出反应！"[387] 然而，美国，北约和波兰都没有指责俄罗斯，[388] 这并没有阻止军事"专家"亚历山大·沃特拉弗斯在RTS上声称，"它可能是俄罗斯的武器，偏离轨道而越过边界。[389]实际上，他对此一无所知，只是在胡编乱造，他不能解释俄罗斯为什么会发射防空导弹，更不要说对着波兰发射。事实上，2023年9月，波兰公布了调查结果，这是一枚乌克兰S300-5V-55防空导弹，由俄罗斯生产并出售给乌克兰。[390]除了技术细节之外，这无疑是泽连斯基试图利用这次"意外"事故，以获得北约在冲突中的更"实际"的参与。

禁飞区

乌克兰的问题在于现实状况与西方传播的叙事之间出入太大。乌克兰正在打一场北约准备不足的战争。从俄罗斯SMO开始，乌克兰就失去了对其领空的控制，不再能够在作战规模上掩护反攻。靠先前购买的俄罗

384. Maxim Tucker, "Ukraine's secret attempt to retake the Zaporizhzhia nuclear plant", *The Times*, April 7, 2023 (https://www.thetimes.co.uk/article/ukrainian-zaporizhzhia-nuclear-power-plant-russia-putin-war-2023-fx82xz3xz)

385. https://www.rts.ch/info/monde/13300261-la-centrale-nucleaire-de-zaporijjia-cristal-lise-les-inquietudes-internationales.html

386. https://twitter.com/Osinttechnical/status/1592603808634638336

387. https://youtu.be/26lKZTgSUM4

388. Phil Mattingly, Kevin Liptak, Radina Gigova, Jim Sciutto & Sophie Tanno, "Poland, NATO say missile that killed two likely fired by Ukraine defending against Russian attack", *CNN*, November 16, 2022 (https://www.cnn.com/2022/11/16/europe/poland-missile-russia-ukraine-investigation-wednesday-intl-hnk/index.html)

389. https://www.rts.ch/info/monde/13548963-tir-de-missile-sur-la-pologne-pistes-dexplication-et-consequences.html

390. "Coraz bliżej prawdy o rakiecie w Przewodowie. Wiadomo czyj był pocisk," *Rzeczpospolita*, September 26, 2023 (https://www.rp.pl/kraj/art39165861-coraz-blizej-prawdy-o-rakiecie-w-przewodowie-wiadomo-czyj-byl-pocisk)

斯的S-300防空系统，乌克兰在某些地区阻止了俄罗斯空军活动，但这还不足以建立一个动态防御。

这就是为什么从SMO开始，泽连斯基就寻求北约直接参与冲突，一再呼吁北约建立"禁飞区"或NFZ。但西方并不热衷于直接对抗俄罗斯空军，还有那些令人生畏的防空系统。

这就是为什么泽连斯基竭尽全力让西方冒险。希望能出现2011年利比亚的模式—北约在利比亚建立禁飞区。这样一来，通过这种方式，真实的或虚构的事件都有意地具有戏剧性的重要性。2022年3月初，泽连斯基利用扎波罗热核电站（ZNP）发生的一起小事故，谈到了欧洲面临的危险，[391] 并呼吁建立NFC，[392] 北约拒绝了。[393] 几天后，马里乌波尔妇产医院（2022年3月9日）和马里乌波尔剧院（2022年3月16日）的事件[394]让泽连斯基有机会再次提出请求，但北约再次拒绝。[395]2022年夏天，乌克兰试图挑起北约的干预，向当时由俄罗斯控制并由俄罗斯国民警卫队保护的埃涅尔戈达尔电厂ZNPP开炮。当然，我们的媒体不加掩饰地转播了乌克兰的指控。[396] 实际上发现的弹片残骸来自美国的海马斯导弹，神风自杀式无人机，[397] 还有英国的硫磺石导弹，[398, 399] 法国官方媒体France 2甚至把屋顶上损坏的烟囱作为导弹来报道。[400]

---

391. "Ukraine nuclear plant: Russia in control after shelling", *BBC News*, March 4, 2022 (https://www.bbc.com/news/world-europe-60613438)

392. "Ukraine's Zelenskyy condemns NATO over no-fly zone decision", *dw.com*, March 4, 2022 (https://www.dw.com/en/ukraine-zelenskyy-condemns-nato-over-no-fly-zone-decision-as-it-happened/a-61007081)

393. "Zelensky slams Nato over rejection of no-fly zone", *BBC News*, March 5, 2022 (https://www.bbc.com/news/world-europe-60629175)

394. Siobhan Hughes, "Zelensky Asks U.S. Again for No-Fly Zone," *The Wall Street Journal*, March 16, 2022 (https://www.wsj.com/livecoverage/russia-ukraine-latest-news-2022-03-15/card/zelensky-asks-u-s-again-for-no-fly-zone-SA6RQHFsz3NUsT9uE4ru)

395. Siobhan Hughes, "Zelensky Asks U.S. Again for No-Fly Zone," *The Wall Street Journal*, March 16, 2022 (https://www.wsj.com/livecoverage/russia-ukraine-latest-news-2022-03-15/card/zelensky-asks-u-s-again-for-no-fly-zone-SA6RQHFsz3NUsT9uE4ru)

396. https://www.rts.ch/info/monde/13291212-la-centrale-nucleaire-de-zaporijjia-bombardee-deux-fois-en-un-weekend-kiev-et-moscou-saccusent.html

397. https://www.telegraph.co.uk/world-news/2022/07/20/ukrainian-kamikaze-drones-strike-russian-controlled-zaporizhzhia/

398. https://mezha.media/en/2022/05/12/brimstone-in-ukraine/

399. https://t.me/milinfolive/88735

400. Emilie Jehanno, "Guerre en Ukraine: Oui, France 2 a confondé une cheminée endommagée avec un missile dans un sujet", *20minutes.fr*, August 23, 2022 (https://www.20minutes.fr/arts-stars/medias/3340383-20220823-guerre-ukraine-oui-france-2-confondu-cheminee-endommagee-missile-sujet)

2023年6月，当泽连斯基迫于西方的压力发动决定性的"反攻"时，他没有足够的空中掩护。因此，他尝试了同样的策略，炮制出了俄罗斯打算炸毁扎波罗热核电站的阴谋论。在一条推文中，他写道"防止它发生是世界上每个人的责任"。[401]

显然，乌克兰人卷入这场冲突前是得到了西方的保证的，西方不会让他们输。因此他们同意挑衅俄罗斯，[402] 认为在西方的支持下，在几天内就可以把俄罗斯的反击彻底瓦解。2022年3月底，泽连斯基被迫撤回他的谈判提议，以换取"不管需要多久"的支持，他试图推动西方建立NFC，这只不过是提醒西方遵守他们的承诺的一种方式。

事实上，这正是乌克兰外交部长德米特罗·库莱巴在《美国外交事务》杂志上发表的一篇题为《乌克兰将如何获胜》的文章中所提到的。[403] 他描述了一种完全依赖于西方现代武器供应的战略。在2022年6月，我们的媒体无休止地着重复俄罗斯正在失败的论调，[404] 理由是他们不再拥有任何士兵或装备。但事实恰恰相反——乌克兰军队不再有进行反攻的手段，现在完全依赖西方的善意和慷慨。

这是一场美国和俄罗斯之间的战争，只不过是要通过乌克兰来代理。因此，西方深度参与了乌克兰的决策，很难区分它们各自的策略，这带来了一系列问题：

- 乌克兰的政治领导层对其策略只有部分控制权，而在很大程度上依赖于西方国家的政治战略。

- 乌克兰的利益与其盟国伙伴的利益相冲突：乌克兰的战略重点是收复失地，而西方则试图推翻俄罗斯政府。因此，2022年3月提出的协议草案规定恢复2022年2月23日的边界，以换取乌克兰的中立，并引起俄罗斯的积极反应。但遭到西方拒绝，这迫使泽连斯基撤回了他的提议，并继续卷入一场无休止的冲突。

- 乌克兰的军事领导层缺乏实现其目标所需的军事条令、物质供应和训练水平几大要素。

401. https://twitter.com/ZelenskyyUa/status/1676336904285966336
402. https://www.president.gov.ua/documents/1172021-37533
403. Dmytro Kuleba, "How Ukraine Will Win", *Foreign Affairs*, June 17, 2022 (https://www.foreignaffairs.com/articles/ukraine/2022-06-17/how-ukraine-will-win)
404. https://www.rts.ch/info/monde/13145871-lukraine-affirme-avoir-fait-reculer-les-forces-russes-dans-severodonetsk.html#timeline-anchor-1654233752537

这种情况导致了乌克兰行为的"反复"和前后矛盾，不得不用一种叙述来掩盖。在法语世界，我们的狂热媒体（例如瑞士的RTS、LCI、BFM TV、法国的France 5和比利时的RTBF）甚至都没有提到乌克兰的谈判倡议。这些媒体对乌克兰人（尤其是俄罗斯人）的生活几乎没有任何同情心，甚至早在2014年起，他们就开始恶毒地诋毁任何和平的可能性。

这种情况成为2023年西方与基辅之间关系日益紧张的原因。早在2014年和2015年，一项军事行动的仔细分析表明，乌克兰人采用了完全不适合当时情况的"西式"模式与顿巴斯地区民兵作战，他们面对的是更具想象力、领导结构简单的更灵活的反叛者。今天，同样的事情正在发生。造成这种不一致有两个根本原因：

- 我们的媒体对战场的片面看法，使我们无法帮助乌克兰领导 层做出正确的决定。我们在2023年2月之前担任瑞士驻乌克兰大使克劳德·怀尔德身上看到了这一点。他只是在复制乌克兰官方宣传内容，这表明对当地的真实情况一无所知。[405]
- 有悖事实，我们的媒体，还有自称的俄罗斯军事思想"专家"，用他们"西式"判断方式来对俄罗斯军事行动进行解读，因此他们会说，俄罗斯想完全接管乌克兰，所以它必然会占领基辅，所谓的"去军事化"旨在阻止乌克兰加入北约；而"去纳粹化"旨在推翻泽连斯基。

正如瑞士联邦情报局（SRC）关于瑞士安全局势的年度报告所表明的那样，媒体对决策的影响是显而易见的。该报告只不过是我们媒体报道的"复制和粘贴"。

春季反攻（2023年）

首先，必须理解的是， 这次"反攻"实际是乌克兰预先策划和准备的攻势的延续，[406] 它是在执行泽连斯基2021年3月24日为收复克里米亚和乌克兰南部颁布的法令。为了让乌克兰望而却步，[407] 俄罗斯早在2021年4

---

405. https://www.rts.ch/play/tv/redirect/detail/13567586?startTime=383
406. https://www.president.gov.ua/documents/1172021-37533
407. Mykola Bielieskov, "The Russian and Ukrainian Spring 2021 War Scare," *National Institute for Strategic Studies*, September 2021 (http://niss.gov.ua/sites/default/files/2021-09/210921_bielieskov_war_scene.pdf)

月就在边境部署了军队；[408] 为了防止乌克兰发动对顿巴斯地区的攻击，普京决定于2022年2月24日发起他的特别军事行动SMO。

2022年5月，乌克兰军事情报总局（GUR）局长基里洛·布达诺夫宣布，俄罗斯军队正在被极大地削弱，乌克兰军队将能够在年底前重新夺回克里米亚。[409] 但乌克兰军队失去了大部分装备，自2022年6月以来，一直依赖西方援助来更换被摧毁的装备。[410] 2022年7月，泽连斯基声称他将以百万大军重新夺回克里米亚；[411] 可惜，他从未召集到必要的兵力。[412] 尽管他声称可调动70万军队，[413] 但在2022年夏天，他无法组织像样的作战。整个2022年，乌方发动了多次"反攻"，但没有一次真正成功击退俄罗斯联军。

2022年9月，在哈尔科夫取得成功后，泽连斯基要求他的参谋人员准备反攻。但兵棋推演显示，成功的前景渺茫，乌克兰面临的损失将会是巨大的。[414] 因而"反攻"被推迟到秋天，然后是2022年冬季，然后是2023年春季。2023年4月"泄露"的美国机密文件表明，攻势本应发生在2023年3月底或4月初。正如弗拉基米尔·泽连斯基后来向美国有线电视新闻网（CNN）解释的那样，[415] 这些连续的推迟是由于缺乏兵力和装备，证实了弗拉基米尔·普京"去军事化"目标已经实现。

但时间过得越久，泽连斯基感到的压力就越大，他被夹在西方对结果的要求和他渺茫的成功机会之间。这就是为什么他对是否发动攻势表现得犹豫不决的原因。从一开始，美国人[416]和乌克兰人自己都对他们的反攻

408. https://ria.ru/20210214/donbass-1597382842.html

409. https://www.5.ua/polityka/do-kintsia-2022-roku-armiitsi-zsu-maiut-zaity-na-terytoriiu-krymu-kerivnyk-hur-budanov-278020.html

410. https://www.lepoint.fr/monde/ayant-epuise-tout-son-armement-l-ukraine-depend-totale-ment-des-allies-09-06-2022-2478984_24.php

411. https://www.independent.co.uk/news/world/europe/ukraine-million-army-russia-weapons-b2120445.html

412. "Ukraine attacks Russian-held Kherson, plans counterattack", *Al Jazeera*, 12 July 2022 (https://www.aljazeera.com/news/2022/7/12/ukraine-strikes-russian-held-kherson-as-kyiv-plans-coun-terattack)

413. Emily McGarvey, "Ukraine aims to amass 'million-strong army' to fight Russia, says defence minister", *BBC News*, 11 July 2022 (https://www.bbc.com/news/world-europe-62118953)

414. Julian E. Barnes, Eric Schmitt & Helene Cooper, "The Critical Moment Behind Ukraine's Rapid Advance," *The New York Times*, September 13, 2022 (https://www.nytimes.com/2022/09/13/us/politics/ukraine-russia-pentagon.html)

415. https://youtu.be/gIIexTCdDa0

416. Alex Horton, John Hudson, Isabelle Khurshudyan & Samuel Oakford, "U.S. doubts Ukraine counteroffensive will yield big gains, leaked document says," *The Washington Post*, April 10, 2023 (https://www.washingtonpost.com/national-security/2023/04/10/leaked-docu-ments-ukraine-counteroffensive/)

成功没有任何真正的信心。然而，这次反攻的目是"决定性的"，并被寄予了厚望。为配合这次反攻，乌克兰拍摄了一部宣传片，赞美配备全套西方装备的乌克兰军队，他们正奔赴前线，杀死那些"强奸犯"和"杀人犯"。[417]

2023年6月初，乌克兰国家安全委员会秘书奥列克西·丹尼洛夫在《乌克兰真理报》称不会正式宣布反攻开始时间。[418] 这个想法是只有在战斗行动有确切成功把握时才会宣布。出于这个原因，泽连斯基总统直到6月11日日才确认反攻开始了。[419]

西方和乌克兰的目标

战略目标

从逻辑上讲，乌克兰宣布的目标是重新夺回被俄罗斯占领的领土（在该国南部和东部以及克里米亚），并将其军队推回到1991年的边界，正如米哈伊洛·波多利亚克于2023年2月24日在RTS上宣布的那样。[420]

（具有讽刺意味的是，当乌克兰于1991年独立时，它在1月20日的公投后已经失去了克里米亚，克里米亚成为"克里米亚自治苏维埃社会主义共和国"。1945年前曾用过这个名称，后被废除，于1991年2月12日由乌克兰苏维埃社会主义共和国最高苏维埃重新建立。[421] 1991年3月17日，莫斯科组织了一次关于留在联盟的全民公决，乌克兰接受了该公投结果。在这个阶段，克里米亚处于莫斯科而不是基辅的控制之下，而乌克兰尚未独立）。

为了实现这一目标，弗拉基米尔·泽连斯基在2022年2月份要求与俄罗斯进行谈判，随后在2022年3月，提出了希望推动俄罗斯人进行谈判的提议。提议包括俄罗斯军队从乌克兰撤出（顿巴斯和克里米亚除外，其地位尚未谈判），以换取乌克兰的中立化。但在西方的要求下，他迅速撤回了它，为尽快结束冲突，换取西方的"不管需要多久"援助。

对于西方人来说，积极参与冲突通常被贴上捍卫我们"价值观"的标签。这些价值观往往是模糊的，每个人都按照自己的意愿理解它们。例

---

417. https://cdn.jwplayer.com/previews/D2aG1luF
418. https://www.pravda.com.ua/eng/news/2023/06/4/7405242/
419. "Ukraine counter-offensive actions have begun, Zelensky says," *BBC News*, June 11, 2023 (https://www.bbc.com/news/world-europe-65866880)
420. https://www.rts.ch/play/tv/-/video/-?urn=urn:rts:video:13813494&startTime=514
421. Article "1991 Crimean referendum", *Wikipedia* (accessed November 27, 2021)

如2022年2月底，《欧盟时报》报道称，对于英国秘密情报局（SIS或MI-6）的负责人来说，乌克兰战争是关乎"同性恋权利"的！[422]　正如我们所看到的，西方的目标仍然不明确。这势必对行动的执行产生影响。

然而，有一件事似乎很清楚——对西方来说，他们的目标不是收复乌克兰领土，而是让俄罗斯崩溃。这解释了泽连斯基政策变化的原因，只有彻底击败俄罗斯才能实现他目标。因此在2022年9月，他宣布他只会在普京不再掌权的条件下与俄罗斯谈判，[423]　甚至发布了一项法令，禁止与普京进行任何谈判的。[424]

换句话说，弗拉基米尔·泽连斯基排除了回到2022年3月解决方案的可能——不可否认，现在已无可能——让俄罗斯人离开乌克兰领土。

就西方人而言，在没有现实任何具体目标的情况下，西方人蹦出了一个相当奇怪的想法，认为反攻可能会在俄罗斯军队中造成"恐慌"，从而导致政治危机和"政权"更迭。[425]　这就是为什么普里戈任兵变（2023年6月）引发了如此高的热情，似乎表明这种策略可能奏效。但像往常一样，我们伪专家的分析不是建立在知识和深思熟虑的基础上，而是建立在信仰告白上。事实上，这一事件似乎加强了普京力量。

自2022年6月以来，我们就知道，无论是向乌克兰提供的武器和援助的数量还是质量，都无法使其在实际战斗中取得胜利。其目的只是仅仅是延长冲突，希望这最终会导致俄罗斯的政治危机和"政权更迭"，乌克兰因而迎来彻底的胜利。

就乌克兰而言，它知道在可预见的将来，它将完全依赖西方。这就是为什么它的战略超越了其国家利益——这不是满足其自身中短期目标的问题，而是满足那些为其未来提供资金的人的目标。

2022年11月27日，泽连斯基的私人顾问米哈伊洛·波多利亚克在乌克兰电视台宣布，克里米亚将在2023年5月完全解放。[426]　尽管付出巨大代

---

422. https://www.eutimes.net/2022/02/uk-mi6-spy-chief-says-war-in-ukraine-is-about-lgbt-rights/

423. "Ukraine Will Not Negotiate with Russia as Long As Putin Is In Power: Zelensky," *Barron's/AFP*, September 30, 2022 (https://www.barrons.com/news/ukraine-will-not-negotiate-with-russia-as-long-as-putin-is-in-power-zelensky-01664548507)

424. Vladimir Socor, "Zelenskyy Bans Negotiations with Putin," *Eurasia Daily Monitor* (Volume 19, No. 147), October 5, 2022 (https://jamestown.org/program/zelenskyy-bans-negotiations-with-putin/)

425. https://www.independent.co.uk/news/world/europe/ukraine-counteroffensive-russian-losses-putin-b2334687.html

426. https://www.ukrinform.ua/rubric-crimea/3623657-e-tam-u-mene-ulublene-misce-podolak-obicae-cerez-piv-roku-rozpovisti-z-alti-pro-vilnij-krim.html

价，2023年6月发起的的反攻还是没能实现其目标。正如乌克兰媒体《基辅独立报》所指出的那样，俄罗斯军队非但没有"惊慌失措"，反而进行了很好的抵抗：[427]

> 来自各个旅的士兵告诉《基辅独立报》，在这个地区，俄罗斯军队是经验丰富且装备精良的士兵，他们拥有大量炮弹和多管火箭炮。
>
> 第32旅的士兵毫不掩饰他们在战场的挫败事实。步兵们说， 他们在这个攻击轴上，被作战技能高超，且无所畏惧的俄罗斯军队所碾压。

结果，这一战略目标被修改了。2023年7月，乌克兰安全委员会主席奥列克西·丹尼洛夫宣布，其目的不是夺回领土，而是给俄罗斯"去军事化"。[428] 在反攻失败变得清晰之后，波多利亚克在2023年8月也说了同样的话：[429]

> 目标是逐步地，系统地摧毁敌军的能力：后勤补给，技术潜力，人员和装备。

具有讽刺意味的是，为了掩饰反攻的失败，他们试图重新定义其目标，使用几乎与俄罗斯将军苏罗维金在2023年10月18日所说的相同的话。[430]

2023年9月初，随着反攻失去动力，乌克兰领导层正在努力表明他们不想放弃战斗。其战略是"一寸一寸"重新收复失地，目的是消耗俄罗斯军队。[431]

427. https://kyivindependent.com/new-brigade-bears-heavy-brunt-of-russias-onslaught-in-kharkiv-oblast/

428. https://twitter.com/OleksiyDanilov/status/1676118862998257664

429. http://www.ukrainianjournal.com/index.php?w=article&id=37113

430. "Суровикин: российская групировка на Украине методично 'перемалывает' войска противника", *TASS*, October 18, 2022 (https://tass.ru/armiya-i-opk/16090805)

431. Roland Oliphant & Julian Simmonds, "Ukraine liberates territory tree by tree after critical tactical shift", *The Telegraph*, September 15, 2023 (https://www.telegraph.co.uk/world-news/2023/09/15/how-ukraine-captured-russian-territory-orikhv/)

换句话说，乌克兰正在对俄罗斯采取消耗战略。这种新的战略变化令人惊讶，因为只有当一方拥有比对手更多的资源时，才能有希望赢得一场消耗战。然而很明显，如果俄罗斯的资源不是无限的，那乌克兰的资源肯定是太有限了。

事实上，在2023年秋天，乌克兰人面临两大障碍：西方提供物质支持的能力已经达到极限，以及美国人总统选举，乔·拜登不愿在没有解决方案的情况下参选。[432] 换句话说，乌克兰缺乏消耗战的两个基本要素：人力和物力资源，还有时间。

问题在于，如何在不丢面子的情况下摆脱冲突。2023年12月中旬，《纽约时报》报道了拜登政府和乌克兰为制定新战略所做的努力，不是为了打败俄罗斯，而是为了让乌克兰有谈判的筹码。为此，美国指派了一位三星上将来解决这个问题。很明显，美国人含蓄地承认俄罗斯处于强势地位；他们不再有能力支持乌克兰，而且它将不得不在更紧缩的预算下战斗。其目的是为俄罗斯"制造一个强大的，足以令对手信服的现实威胁，以考虑在2024年底或2025年进行认真的谈判"[433] 显然其目的是在美国总统大选之前保持可能获胜的假象。

作战目标

从作战层面看，这个策略是突破俄罗斯的防御系统，迅速向亚速海推进，从而将俄罗斯军队一分为二，以便一支主力向克里米亚推进，另一支向马里乌波尔推进。

西方"战略家"是如何看待这个作战计划，想在2023年初，利用乌克兰可用资源发动一场这样模式的反攻，这真是一个谜——近乎蓄意犯罪。事实上，西方和乌克兰的策划者最终相信了他们自己对2022年秋季哈尔科夫和赫尔松事件的叙事。在2023年4月的《外交政策杂志》上，伦敦国际战略研究所（IISS）的一位专家谈到，在反攻后第一个24小时内就会

---

432. https://responsiblestatecraft.org/2023/06/13/is-the-us-military-more-intent-on-ending-ukraine-war-than-us-diplomats/

433. Julian E. Barnes, Eric Schmitt, David E. Sanger & Thomas Gibbons-Neff, "U.S. and Ukraine Search for a New Strategy After Failed Counteroffensive," *The New York Times*, December 11, 2023 (https://www.nytimes.com/2023/12/11/us/politics/us-ukraine-war-strategy.html)

取得突破。[434] 虽然我们的记者对即将到来的战斗充满热情，[435] 但美国情报部门对其结果远不那么乐观。[436]

乌克兰反攻的初步计划

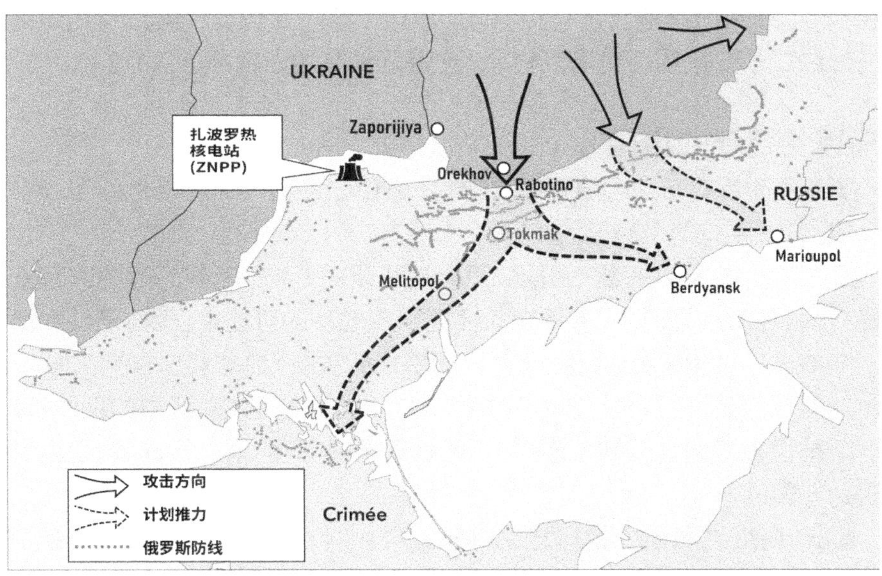

图36—乌克兰的反攻似乎正在向三个方向发展，沿着拉博蒂诺——梅利托波尔轴线的主要方向（实际上是美国强加的）；沿着塔洛麦奥尔斯克——马里乌波尔轴线的次要方向；以及通往巴赫穆特的另一个次要方向。

不是简单突破俄罗斯防御体系就大功告成，还要保持持续进攻态势，还有设法巩固夺取的阵地。2014年至2022年期间，乌克兰南部的居民受到歧视（特别是受到2021年7月1日《关于土著民的法律》[437]）并遭受了多

434. Franz-Stefan Gady, "Ukraine's Longest Day", *Foreign Policy*, April 18, 2023 (https://foreignpolicy.com/2023/04/18/ukraine-russia-war-counteroffensive-attack-bakhmut-himars/)

435. Timothy Garton Ash, "Why the West must be ready for this moment of opportunity and risk in Ukraine", *European Council on Foreign Relations*, May 12, 2023 (https://ecfr.eu/article/why-the-west-must-be-ready-for-this-moment-of-opportunity-and-risk-in-ukraine/)

436. Julian Borger, Manisha Ganguly, Flora Garamvolgyi & Justin McCurry, "US feared Ukraine could fall 'well short' in spring counter-offensive, leaks reveal," *The Guardian*, April 11, 2023 (https://www.theguardian.com/world/2023/apr/11/us-ukraine-counter-offensive-pentagon-leaks-reveal#:~:text=US intelligence reportedly warned in,trove of leaked defense documents.)

437. "Нардеп від 'Слуги народу' Семінський заявив про 'позбавлення конституційних прав росіян, які проживають в Україні'", *AP News*, July 2, 2021 (https://apnews.com.ua/ua/news/nardep-vid-slugi-narodu-seminskii-zayaviv-pro-pozbavlennya-konstitutciinikh-prav-rosiyan-yaki-prozhivaiut-v-ukraini/)

次法律滥用，他们可能无意返回到基辅的控制。在克里米亚，尤其如此。我们完全有理由相信乌克兰人将在这些地区面临强烈的民众抵抗。如果俄罗斯人进入乌克兰西部，他们也会遭遇相同的情况。

但在2023年9月底，塔伏利亚战略行动组指挥官，乌克兰准将奥列克桑德·塔尔纳夫斯基指出了乌克兰军队的不足，并宣布反攻的目标是距离前线约二十公里的托克马克村，[438] 这远远没有达到宣布的目标。

乌克兰行动的实施

虽然发动反攻日期一直保密，但却提前让全世界人都知道他们正准备反攻，这主要有两个原因。

首先是西方人越来越不耐烦，而弗拉基米尔·泽连斯基的声明实现安抚众人。在反攻之前，就有不少人怀疑反攻成功的可能性。西方已经动员了所有能力，向乌克兰提供这次行动所需的装备（武器和弹药）和训练，并期待"投资回报"。[439] 就乌克兰人而言，他们完全依赖西方的援助，泽连斯基担心他们会感到疲倦：乌克兰别无选择，只能采取行动，这是由其捐助者逼的。[440]

其次，乌克兰和西方的概念是基于这样一种想法，即俄罗斯人准备不足、指挥不力、丧失斗志和沮丧厌战，因此他们会在乌克兰的第一波进攻中就逃跑，为突破扫清了道路。人们希望大张旗鼓地宣布强大的反攻，将有助于在道义上削弱俄罗斯人，从而促进乌克兰的努力。这个想法源于围绕2022年夺回哈尔科夫和赫尔松地区的叙事。这是一个致命的错误。

正如《乌克兰真理报》所指出的那样，这次反攻是由乌克兰人，美国人和英国人在不少于八次兵棋推演中共同策划的。[441] 因此，这次行动的失

---

438. Vasco Cotovio, Frederik Pleitgen, Daniel Hodge, Konstyantyn Gak & Yulia Kesaieva, "Ukrainian forces have broken through in Verbove, top general says," *CNN*, September 23, 2023 (https://edition.cnn.com/2023/09/23/europe/ukraine-biggest-counteroffensive-to-come-in-tl-hnk/index.html)

439. Tennyson Dearing, "Ukraine's summer counteroffensive is a key moment but long-term resolve remains crucial," *Atlantic Council*, June 6, 2023 (https://www.atlanticcouncil.org/blogs/ukrainealert/ukraines-summer-counteroffensive-is-a-key-moment-but-long-term-resolve-remains-crucial/)

440. https://www.thetimes.co.uk/article/ukraine-isn-t-ready-for-its-big-offensive-but-it-has-no-choice-b7qrq3vcr

441. "Miscalculations, divisions marked offensive planning by U.S., Ukraine," *The Washington Post*, December 4, 2023 (https://www.washingtonpost.com/world/2023/12/04/ukraine-counteroffensive-us-planning-russia-war/)

俄罗斯的战争艺术

败，是由于西方人没有能力制定出一个针对拥有现代化装备对手发起大规模进攻行动的作战方案：[442]

> 凭借部署的乌克兰的部队和武器装备，美国军方确信，对俄罗斯前线进行机械化正面攻击是可行的。进一步的建模表明，基辅的部队最多可以在60到90天内到达亚速海，并切断南部的俄罗斯军队。

这次反攻将由12个旅领导，其中3个旅由乌克兰组建，9个旅由西方国家组建。美国人本想在四月中旬发动反攻，以防止俄罗斯人进一步加强他们的阵地。乌克兰人还没有准备好，所以推迟到2023年夏天。[443]

对这次反攻的实施，美国人和乌克兰人在几个层面上似乎存在重大分歧。虽然双方似乎都接受了拉博蒂诺——托克马克——梅利托波尔为主攻方向，但美军似乎希望乌克兰将所有资源集中在这条轴线上，而乌克兰军队总司令扎卢日尼将军则不想为这一行动重新规划他的整个前线。另一方面，泽连斯基坚持要夺回巴赫穆特，而扎卢日尼自2022年以来一直不愿为这个城镇牺牲自己的军队。

这也许可以解释扎卢日尼将军的缓慢失宠，他被指控参与破坏北溪1号和北溪2号，[444] 他也因在2022年初冲突爆发时，他领导的国防部门失职而受到官方调查。

犹豫不决的开始

2023年春天，乌克兰人知道他们还没有准备好，但西方敦促他们去做。这就是为什么从四月开始，乌克兰人发动了一系列攻击，但没有取得任何决定性的成功。这些行动只具有政治功能，但必须给出这些行动的合理性。瑞士军事"专家"亚历山大·沃特拉弗斯为这些行动辩护，这些行动

442. Alona Mazurenko, "US and the West insisted on Ukraine's targeted counteroffensive to cut off Russia from Crimea", *Ukrainskaya Pravda*, December 4, 2023 (https://www.pravda.com.ua/eng/news/2023/12/4/7431593/)

443. "Ukrainian counteroffensive could begin in summer, PM says," *The New Voice of Ukraine*, April 11, 2023 (https://english.nv.ua/nation/ukrainian-counteroffensive-could-begin-in-summer-pm-says-war-news-50317188.html)

444. "On the Ukrainian trail of the Nord Stream 2 saboteurs", *Intelligence OnLine*, September 26, 2023 (https://www.intelligenceonline.com/government-intelligence/2023/09/26/on-the-ukrai-nian-trail-of-the-nord-stream-2-saboteurs,110057638-fac)

是为这场公开的重大攻势做的准备工作，并声称这些重复的公告目的是麻痹俄罗斯人。[445]《乌克兰真理报》证实了这一推理，解释说这些是"塑造行动"。[446]

> 从象征性打击到更具战略意义的攻击，这些塑造行动是标准军事实践的一部分。据国防官员和分析人士称，他们的目的是麻痹敌人，干扰他们的思维方式，并在大规模进攻之前"塑造"战场。

这只不过是为对外宣传装点门面。读者不妨将这个"定义"与上面看到的美国陆军的"定义"进行比较。我们可以看到，我们只是试图让协调不力、不适合特定任务、浪费生命和设备的行动具有连贯性。

这是因为塑造行动不是在作战真空环境中进行的——它必须作为整体计划的一部分进行，它必须同步，甚至更快的速度跟进决定性行动。显然，乌克兰人没有资源进行这么复杂的行动。

至于这一切都是为了"愚弄俄罗斯人"的想法，未免太简单化了，想想凭借今天的情报资源，战场实际已经完全"透明"了。2023年8月，俄罗斯人向库皮扬斯克方向发动了进攻，没有人发现，这让乌克兰人感到惊讶。因此，也让为了自己的利益而监视整个战区的西方情报机构感到意外。[447]

事实上，直到2023年6月初，乌克兰的行动更像是"武力侦察"，你与对手接触，迫使他透露自己的位置。要进行这种行动，你通常不会使用你的重要资源，而是使用一些轻装备——目的不是摧毁对手，而是迫使他暴露自己。执行这种任务的理想车辆是像法国AMX-10RC轮式侦察车，它具有更高的生存能力。

445. https://www.lemanbleu.ch/fr/Emissions/189661-Geneve-a-Chaud.html
446. Olena Roshchina, "UAV attacks and border breaches are Ukrainian 'shaping operations'—FT", *Ukrainska Pravda*, May 30, 2023 (https://www.pravda.com.ua/eng/news/2023/05/30/7404475/)
447. Dan Sabbagh, "'I couldn't take it any more': holdouts quit Kupiansk after renewed Russian shelling", *The Guardian*, August 29, 2023 (https://www.theguardian.com/world/2023/aug/29/holdouts-quit-kupiansk-after-renewed-russian-shelling-ukraine)

反攻正式开始

在《乌克兰新之声》中，一名乌克兰上校声称，反攻在2023年4月底已经开始。[448] 但人们普遍认为反攻是从2023年6月4日正式开始的；直到一周后，据说他的部队占领了七到八个小村庄，泽连斯基才出面证实这一点。所有这些村庄都位于苏罗维金防线线的监视区以外。

从第一天开始，战场景象就就显示出这是一场彻彻底底的灾难。据乌克兰消息人士讲，在一次进攻的短短几个小时内，乌克兰人就损失了超过150多辆战车，其中包括12辆豹-2坦克（占他们收到的车辆的20%）和15辆布拉德利战车（约15%）。他还讲，在进攻的前72小时内，有10辆豹-2在它们还没放一炮就被摧毁了。[449]

俄罗斯的防御基于上述"动态防御模型"。除非进攻方可以用各种攻击手段持续不断进行突破，否则不会成功。就这一点，乌克兰军队无论如何再也做不到了。在三个月的时间里，乌克兰仍未能在900公里前线的任何一点到达俄罗斯人的第一道防线（苏罗维防线）。

乌克兰人和西方人都感到失望。我们的"专家"围绕乌克兰在哈尔科夫和赫尔松的"胜利"的宣传（特别是在法国[450] 和瑞士[451] 的官方报告中重复），导致乌克兰人低估了他们行动的难度，从而在很大程度上导致了他们的失败。正如《每日电讯报》在2023年7月指出的那样：[452]

> 将今天艰苦而代价高昂的进展与去年秋天哈尔科夫和赫尔松的闪电般的胜利进行比较。当时基辅的部队朝正在撤退准备重新部署部队的敌人方向前进，以空间换取时间。现在，俄罗斯人通过动员加强了他们的部队，并挖掘了广阔的防线，这次，他们原地不动。

448. Roman Svitan, "Ukraine's counteroffensive has already started", *The New Voice of Ukraine*, May 1, 2023 (https://english.nv.ua/opinion/ukraine-s-counteroffensive-has-already-started-opinion-50321375.html)
449. https://t.me/resident_ua/18191
450. https://www.assemblee-nationale.fr/dyn/16/rapports/cion_def/l16b1111_rapport-information#
451. https://www.newsd.admin.ch/newsd/message/attachments/72369.pdf
452. https://www.telegraph.co.uk/news/2023/07/21/ukraines-counter-offensive-is-failing-with-no-easy-fixes/

问题是，我们的媒体只谈论乌克兰的进攻而从未提及俄罗斯的反击。因此我们总是觉得是乌克兰人在前进。但对乌克兰人来说，现实要戏剧化的多。

虽然西方的注意力集中在像梅利托波尔推进上，但乌克兰人仍然打算夺回巴赫穆特镇。事实上，在2023年8月至9月，这是伤亡人数最多的地方。由于缺乏重型装备，试图发动这些袭击的部队实际上被俄罗斯大炮直接摧毁了。这种义无反顾行动背后的原因将一直是个迷。一种假设是，泽连斯基认为这将让乌克兰获得的心理上的成功，这可能导致俄罗斯的政治危机。这只是猜，但它确实与我们的"专家"认为这座城市无关痛痒不同，这座城市对乌克兰人很重要。

因此，乌克兰夺取诺沃达里夫卡和里夫诺波尔村庄（位于斯塔罗马约尔斯克-梅利托波尔轴线）却被广泛认为是俄罗斯的成功。乌克兰人遭受的损失使他们无法继续沿着这条轴线前进。英国研究所LUSI指出：[453]

> 同样重要的是要认识到，俄罗斯军队的战斗能力更强，防御也更顽强。即使他们正在失去阵地，俄罗斯军队基本上也会有条不紊地撤出他们的阵地，尽可能迟滞和牵制乌军的进攻，同时摧毁对手大量的装备。

显然，西方计划用一次"突破"来为大反攻做准备，扫雷装甲车（豹-2R）在坦克支援下开道，机械化步兵确保突破走廊的安全，紧接着，大量坦克源源不断地开过裂口。

计划第47机械化旅将实现第一个突破，该旅在占领了拉博蒂诺小村庄后，将推进到托克马克。然后由第82空降突击旅进入第47旅的阵地，并向梅利托波尔推进。计划的模式与俄罗斯的机械化操作非常相似。

问题是，俄罗斯的防御要比预期的更顽强。该计划是在预期俄罗斯军队出现恐慌的情况下进行的。"指挥不力、士气低落、软弱不堪"。但事实并非如此。得知第47旅突破失败后，其他十几个旅也尝试突破——第65机械化旅；第116机械化旅；第117机械化旅；第118机械化旅；"SKALA"团；第78"赫兹"团；第73特种海军作战中心；第46空中机动旅；第71战斗

---

453. Jack Watling & Nick Reynolds, "Stormbreak: Fighting Through Russian Defences in Ukraine's 2023 Offensive, *RUSI*, September 2023 (https://ik.imagekit.io/po8th4g4eqj/prod/Stormbreak-Special-Report-web-final_0.pdf)

旅；国民警卫队"斯巴达"第3作战旅，国民警卫队"切尔沃纳·卡琳娜"14
作战旅；和国民警卫队第82空降突击旅，它属第二梯队。

乌克兰在反攻中的战术

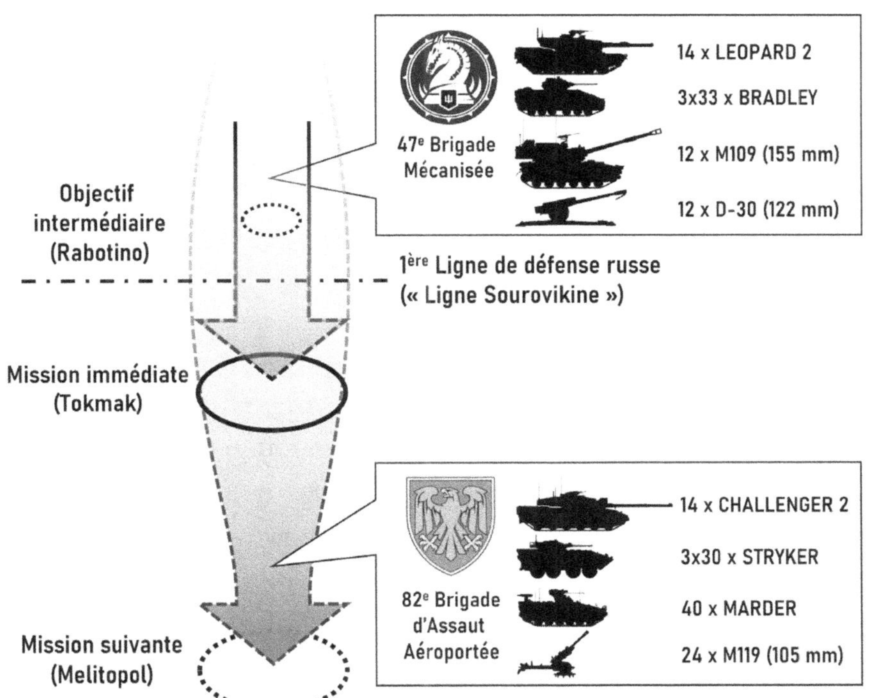

图37—乌克兰在"拉博蒂诺—托克马克—梅利托波尔"作战线上的反攻计划图。正如《纽约时报》
所指出的那样，乌克兰已决定放弃北约推荐的战术，并回归前苏联的战术。对拉博蒂诺的行动说
明了这种变化。

第82旅是第二梯队，拥有挑战者-2坦克，英国人对外宣称它是无敌
的——但又担心会被俄国人摧毁。在第一次交战中至少有一辆挑战者-2
被摧毁……

到2023年9月初，乌克兰人遭受了超过5万人的伤亡而没有办法突破俄
罗斯人的防线。而根据美国国防情报局（DIA）分析主任特伦特·莫尔的说
法，俄罗斯人甚至没有投入大部分部队。[454]

---

454. "How the Pentagon assesses Ukraine's progress," *The Economist*, September 6, 2013 (https://
archive.ph/1y4tn)

4·乌克兰的军事思想

更重要的是，当我们的媒体关注即将到来的反攻胜利时，俄国人正在向库皮扬斯克取得突破。[455] 乌克兰媒体《基辅独立报》报道：[456]

> 来自各个旅的士兵告诉《基辅独立报》，在这个战区，俄罗斯人是经验丰富、装备精良的士兵，拥有大量大炮炮弹和多管火箭炮弹。
>
> 像大多数部队一样，第32部队缺乏车辆和火炮弹药。大部分好的装备都部署在扎波罗热前线进行反攻。
>
> 从最低级别的士兵到指挥官，大家都缺乏战斗经验……2022年的那批有丰富作战经验的乌军战斗人员已经减少到可以说是短缺的程度。

乌克兰媒体有时告诉我们的内容，[457] 与西方的媒体或电视机上的"专家"告诉我们的大相径庭，[458] 英国的RUSI分析证实了这一点。

事实上，没有强大的空中和炮火支援，乌克兰军队根本无法使用西方规划者设想的战术来突破俄罗斯防御系统。与一些"专家"声称的相反，乌克兰并没有"恢复"苏联的战术，而是在适应其对手，其战术与苏联完全无关。

因此，从2023年夏天开始，乌克兰军队采用小规模分批进攻的战术。步兵靠一两辆主战坦克支援，坦克充当"突击炮"。正如乌克兰国防部长奥列克西`列兹尼科夫于2023年6月15日在布鲁塞尔向美国国防部长劳埃德·奥斯汀解释的那样：[459]

> 没有空中支援，唯一的选择就是使用大炮攻击俄罗斯防线，用装甲车把士兵运到目的地，士兵下车后并继续步行。

---

455. "Cédric Mas: "In Ukraine, the time for diplomacy has not yet come"", *rts.ch*, August 23, 2023 (https://www.rts.ch/info/monde/14255857-cedric-mas-en-ukraine-le-temps-de-la-diplomatie-nest-pas-encore-venu.html)

456. https://kyivindependent.com/new-brigade-bears-heavy-brunt-of-russias-onslaught-in-kharkiv-oblast/

457. Jack Watling & Nick Reynolds, "Stormbreak: Fighting Through Russian Defences in Ukraine's 2023 Offensive", *RUSI*, September 2023 (https://ik.imagekit.io/po8th4g4eqj/prod/Stormbreak-Special-Report-web-final_0.pdf)

458. https://www.lemanbleu.ch/fr/Emissions/189661-Geneve-a-Chaud.html

459. Alona Mazurenko, "US and the West insisted on Ukraine's targeted counteroffensive to cut off Russia from Crimea", *Ukrainskaya Pravda*, December 4, 2023 (https://www.pravda.com.ua/eng/news/2023/12/4/7431593/)

这就是乌克兰人正在做的事情。步兵能够绕过反坦克雷区并到达第一道俄罗斯防线。这就是他们声称他们能够在反攻中取得进展的方式。问题是，一旦他们接触到俄罗斯的防线，他们就再也没有办法坚持下去，更不用说取得真正的突破了。他们最多能做的就是与俄国人进行近距离战斗。

2023年10月，在多次推诿之后，扎卢日尼将军本人终于承认这次决定性反攻的失败。[460] 它没有实现任何目标，既没有重新夺回土地，也没有按计划击垮军。[461] 随着阿以冲突引起了全世界的关注，泽连斯基也意识到，因缺乏实际战果，西方越来越不满。因此，他命令他的部队每天前进五百米，[462] 又一次，战斗是由政治家而不是军人指挥的。即使是在反攻期间，乌克兰军队也从未达到过每天500米速度。在装备和部队枯竭的时候下这样的命令，表明政治领导层与当地局势完全脱节，因为乌克兰军方不太可能"想要"前进。认为他们"不能"更现实。这种差异让人想起第三帝国的最后几天，当时柏林认为其军队的撤退是由于缺乏战斗意志。

2023年10月至11月，乌克兰领导层被迫"轮换"其部队，将参加消防演习的部队调到前线，把他们从相对平静的地区部署到战区。

实际上，西方从未告诉乌克兰为什么要继续打仗。他们给乌克兰的这些装备只是想让俄罗斯处于战争状态，希望这会破坏俄罗斯的稳定。

失败的原因

战略方面的原因

为了避免媒体那样的缺点，尽可能客观地评估反攻的结果，我们需要根据设定目标的基础上进行分析。问题在于，我们的记者玩弄后者，是为了确定他们是否达到自己的目标。这就是他们对俄罗斯人所做的，这也是他们对乌克兰人所做的。

---

460. Tom Soufi Burridge, "Ukraine general's view of war 'stalemate' appears to be recognition of failed counteroffensive: Reporter's Notebook," *ABC News*, November 3, 2023 (https://abcnews. go.com/International/ukraine-generals-view-war-stalemate-appears-recognition-failed/story?id=104576525)

461. Tom Soufi Burridge, "Ukrainian counteroffensive 'shaping-up' amid attempts to destabilize Russian forces," *ABC News*, June 5, 2023 (https://abcnews.go.com/International/ukrainian-counteroffensive-shaping-amid-series-meant-destabilize-russian/story?id=99789793)

462. Kateryna Tyshchenko, "Zelenskyy: We need results every day, to advance at least 500 metres", *Ukrainska Pravda*, October 22, 2023 (https://www.pravda.com.ua/eng/news/2023/10/22/7425232/)

2023年9月底,《纽约时报》绘制了乌克兰反攻的效果图。[463] 该图显示,在这一年中,战线前后移动,乌克兰增加了约370平方公里,俄罗斯增加了约857平方公里。这表明俄罗斯不仅在作战层面取得了明显的成功,而且在战略层面也取得成功。正如苏罗维金将军在2022年10月所解释的那样,俄军的目标不是夺取领土,而是削弱乌克兰。相反,乌克兰人的目标是夺回领土。

乌克兰的目标是夺回克里米亚,并恢复目前被俄罗斯占领的整个领土的主权。事实上,这是泽连斯基为开启谈判设定的条件。[464] 问题是没有人还真得相信这个目标是现实的。

目标太多太大,难以实现,乌克兰军队的优先事项似乎也不再集中在这些目标上。自2023年9月初以来,主要焦点是一直打击俄罗斯黑海舰队和攻击克里米亚。打击这些目标,当然会让我们的记者的兴奋,他们对每一个被杀的俄罗斯人幸灾乐祸,其结果是武装力量离谱得分散,这些目标似乎与反攻的进程无关。它们的唯一功能就是让乌克兰舆论看起来很成功。弗拉基米尔·泽连斯基要求用导弹袭击伊朗和叙利亚,[465] 表明乌克兰正在其他战区寻求成功,以弥补其反攻失败。

这种分散,可以用乌克兰将自己置于完全依赖西方的境地这一事实来解释。换言之,它必须兼顾自身目标和援助国的目标。在2023年3月,泽连斯基不得不用他与俄罗斯谈判的提议换取西方"不管需要多久"的支持承诺。[466] 他用和平的前景换取了西方的支持,从而排除了与俄罗斯的任何妥协。正如英国专家马克·加莱奥蒂在2023年4月的《泰晤士报》上所提到的那样:乌克兰没有为大规模进攻做好准备,但它别无选择。[467] 军事行动的成败总是有很多原因。就乌克兰的反攻而言,主要有两个:西方和乌克兰人无法正确评估俄罗斯的能力;以及所采用的战略的不恰当。这可以解释但不能原谅这样一个事实,即军事攻势从未有过精心的

463. Josh Holder, "Who's Gaining Ground in Ukraine? This Year, No One.", *The New York Times*, September 28, 2023 (https://www.nytimes.com/interactive/2023/09/28/world/europe/russia-ukraine-war-map-front-line.html)

464. https://www.cnn.com/europe/live-news/russia-ukraine-war-news-06-16-23/index.html

465. "Ukraine 'Requests Long-Range Missiles to Attack Iranian Kamikaze Drone Production'", *Kyiv Post*, September 27, 2023 (https://www.kyivpost.com/post/22067)

466. https://www.voanews.com/a/biden-us-will-support-ukraine-as-long-as-it-takes-/6953138.html

467. https://www.thetimes.co.uk/article/ukraine-isn-t-ready-for-its-big-offensive-but-it-has-no-choice-b7qrq3vcr

策划，这是成功的必要条件。正如泽伦斯基总统所在政党的国会议员玛丽安娜·贝祖拉所指出的那样。[468]

自俄罗斯进攻开始以来，西方人和乌克兰人似乎一直依赖"希望战略"。我们的媒体声称俄罗斯人已经耗尽了武器[469]和人员；他们的弹药生锈了，[470]他们的军队士气低落，[471]并且指挥不善。[472]希望俄罗斯军队会"恐慌"并逃跑，[473]俄罗斯将损失比对手更多的人；乌克兰只能赢。

在法语媒体上，一位接一位军事专家不是从事实，而是从他们对俄罗斯军队的个人认知和偏见来解释冲突。他们不断低估俄罗斯的能力，似乎有可能对俄罗斯的消耗战略会奏效。因此，他们将重点从突破亚速海转移到消耗战略。我们知道，自十月以来，俄罗斯人一直在实施这种战略，继续坚守阵地，而乌克兰想用人员损失来换取土地的战略，从开始就注定失败。

我们的媒体编造的战场景象，显然有助于将乌克兰推向错误的方向。这解释了一些乌克兰人（可能是最激进的）对我们记者的根深蒂固的怨恨。这些记者在道义上和智力上无法继续发挥《慕尼黑宪章》所界定的作用，而导致许多人丧生。

作战方面的原因

正如我在以前的书中指出的那样，乌克兰人还没有掌握旅级及以上级别的作战和联合作战艺术。他们的行动是连续的，但没有充分协同。为了能够诋毁俄罗斯人，我们的"专家"故意隐瞒真实情况，从而导致乌克兰人高估了他们的可能性。

---

468. Alisa Orlova, "MP Fuels Rumors of Zaluzhny-Zelensky Conflict, Calls for Military Leadership Change," *Kyiv Post*, November 27, 2023 (https://www.kyivpost.com/post/24730)

469. https://www.liberation.fr/international/guerre-en-ukraine-a-ce-rythme-les-russes-nont-plus-de-missiles-dans-trois-semaines-20220323_LTACIYGPW5G5XGOKTQL3LJRSQQ/

470. https://www.blick.ch/ausland/ausruestung-immer-schlechter-mit-dieser-rost-munition-muessen-putins-soldaten-kaempfen-id18343393.html

471. https://www.dhnet.be/actu/monde/2022/08/24/la-russie-fait-face-a-une-penurie-de-munitions-de-vehicules-et-de-personnel-leur-moral-est-au-plus-bas-V7KDYW7UAJCH3MNO4B-NJUXBS6E/

472. https://nepassubir.fr/2023/06/18/loperation-de-liberation-de-lukraine-nest-encore-ni-un-echec-ni-un-succes-puisquelle-est-en-cours/

473. Kateryna Tyshchenko, "Russia will panic when Ukraine's counteroffensive begins—Ukraine's Deputy Defence Minister", *Ukrainska Pravda*, May 7, 2023 (https://www.pravda.com.ua/eng/news/2023/05/7/7401067/)

在2022年11月法国参议院委员会的听证会上，米歇尔·戈雅上将称，经哈尔科夫和赫尔松战斗后，乌克兰人拥有"无可置疑"的优势。事实上，这是错误的。乌克兰人成了他们自己叙事的受害者，这种叙事将哈尔科夫和赫尔松事件视为俄罗斯军队的软弱和乌克兰的成功的证明。乌克兰没有从中总结经验教训，做出更合适的作战决策，我们的媒体鼓动我们的政客在虚幻的军事优势的基础上支持春季反攻。

2023年8月初，俄罗斯国防部报告称，六月至七月，有4.3万名乌克兰军人丧生。[474] 很难说这个数字在多大程度上反映了现实，尽管经验表明，俄罗斯人给出的数字相对可靠。如果得到证实，这将意味着乌克兰失去士兵的数量，与接受过北约训练，在反攻中充当先锋的士兵人数相当，这样我们就会进入加速减员的过程中。

2023年7月底，反攻开始一个半月后，《华尔街日报》承认：[475]

> 当乌克兰在春季发动他们的大反攻时，西方军事领导人知道，基辅既没有训练也没有武器来击退俄罗斯军队，更不要说炮弹和战机了。但他们希望乌克兰靠勇气和聪明才智挽救局面。

事实上，西方人将希望寄托在"乌克兰人的勇气和聪明才智上"。

2023年9月，泽连斯基在访问美国期间宣布了一项夺回三座城市的"秘密计划"。其中一个被确定为巴赫穆特尔，另外两个成了炒作的题材：[476]托克马克，位于梅利托波尔方向；索莱达尔，位于巴赫穆特郊区。

但人们很快就发现，即使是这些有限的目标也是遥不可及的。实际上，俄罗斯人在前线一直处于进攻状态。但他们进展缓慢，目的是不暴露他们的部队。

---

474. https://www.theinteldrop.org/2023/08/05/ukraines-attrition-rate-suggests-counteroffensive-is-over/

475. Daniel Michaels, "Ukraine's Lack of Weaponry and Training Risks Stalemate in Fight With Russia", *Wall Street Journal*, July 23, 2023 (https://www.wsj.com/articles/ukraines-lack-of-weaponry-and-training-risks-stalemate-in-fight-with-russia-f51ecf9)

476. Joe Barnes, "Zelensky vows to liberate Bakhmut and two other cities in secret plan," *The Telegraph*, September 22, 2023 (https://www.telegraph.co.uk/world-news/2023/09/22/volodymyr-zelensky-secret-plan-liberate-cities-ukraine/)

2023年12月1日，泽连斯基在接受美联社采访时承认反攻失败，伤亡率很高，[477] 这导致他采取防御策略，并下令建造防御工事。[478]

战术方面的原因

2023年9月，弗拉基米尔·泽连斯基解释说，武器交付迟缓是反攻成功缓慢的原因。[479]这个借口在西方一直存在争议，然而这显然是有道理的。毕竟西方提供的武器零零碎碎，这些武器一到达战区就可能被摧毁。且不说提供的武器质量好坏，就它们的数量来说，从未达到使乌克兰获得足够优势实现战线突破所需的最低量。更重要的是，这些武器往往在乌克兰人不再需要它们的时候到达了，比如M1艾布拉姆斯坦克。[480] 乌克兰人不明白，西方不是为了乌克兰赢得战争，而是为了延长战争来拖垮俄罗斯。

事实上，乌克兰人没有足够的装备来突破像俄罗斯人这样构筑的防线。不仅需要更多的排雷资源，而且需要更多的部队来确保每条突破防线后的桥头堡的安全。此外，他们需要在突破区取得空中和炮兵优势，以阻止俄罗斯增援部队的到来。

由于缺乏这些资源，乌克兰放弃了大规模机械化突破作战。2023年6月，它的第一波攻击以惨败告终。因为这样的行动不能"半途而废"。要么完胜，要么完败。这就是为什么乌克兰司令部选择了较低战术级别（排和班）的步兵行动，这样可以更容易地穿过反坦克雷区并躲避俄罗斯炮兵。

乌克兰人采用这种新战术的同时，美国人开始向他们提供集束弹药。在那之前，俄罗斯人至少在这个防区没有使用过这种武器，看到乌军使用这种集束炸弹，俄军也开始效仿。然而，集束弹药的设计是为供防御方用来抵御进攻方的，乌克兰人当时就是进攻方。这造成了一种不对称的局面——被认为对乌克兰人有利的东西变成了额外的负担。

477. James Jordan, Samya Kullab & Illia Novikov, "The AP Interview: Ukraine's Zelenskyy says the war with Russia is in a new phase as winter looms", *AP*, December 1, 2023 (https://apnews.com/article/zelenskyy-ukraine-russia-war-interview-winter-75f1f785b17452fc23819d459e6ab64b)
478. Matthew Luxmoore, "Ukraine's Zelensky Orders Construction of Defenses to Hold Back Russia," *The Wall Street Journal*, December 1, 2023 (https://www.wsj.com/world/ukraines-zelensky-orders-construction-of-defenses-to-hold-back-russia-9ab87c81?mod=europe_news_article_pos1)
479. https://www.cnn.com/videos/world/2023/09/10/exp-gps-0910-zelensky-on-counteroffensive.cnn
480. Jack Detsch, "Ukraine Is Getting Its Abrams-but Not What It Really Wants," *Foreign Policy*, September 19, 2023 (https://foreignpolicy.com/2023/09/19/ukraine-russia-abrams-military-weapons/)

我们的媒体和情报部门不断误导性地低估俄罗斯的能力，似乎是，西方承诺对乌克兰的支持足以让泽连斯基实现他的目标。因此，"只要它需要"的援助好像要到头了。但是我们的媒体，腐败的专家和情报部门想方设法向我们展示俄罗斯人的非理性和无能，这实际是对我们隐瞒了现实。他们混淆了信息战和真枪实弹的战争。俄罗斯的能力比腐败专家所宣称的要大得多。因此，西方把自己困在一张无法兑现的"空白支票"中。

2023年9月底，由国务院助理国务卿维多利亚·纽兰的嫂子金伯利·卡根领导的战争研究所（ISW）试图解释乌克兰反攻战果不佳的原因：[481]

> 普京可能给俄罗斯军事指挥部下达命令，要求坚守俄罗斯的所有初始防御阵地，以制造一种错觉，尽管西方提供了大量援助，但在战术和作战层面上，对乌克兰的反攻没有起到任何作用。

换句话说，俄罗斯人坚守阵地只是为了给人一种他们在坚守阵地的错觉！

西方的评论

反攻一开始，很明显，媒体上大肆宣扬的，由美国参与制定作战计划的大决战注定要失败的。乌克兰人很少就他们的行动计划的细节对外透露。因此，有时很难确定我们观察到的错误是由行动策略出了问题，还是其执行过程出了问题。不过，从西方对乌克兰2023夏季反攻的评论中我们能够得出某些结论。

2023年7月底，德国联邦国防军内部的一份报告[482]　　出现在《图片报》上，报告批评了乌克兰对反攻计划执行不力，坚持认为乌克兰没有遵循北约倡导的联合作战原则，而是优先采用自己的作战经验。

但这些对乌克兰的批评实际上是不合理的，原因有很多。

首先，乌克兰反攻的失败是完全可以预见的，甚至是意料之中。交付给乌克兰的武器在质量和数量上都不足，如以下看到的。我们的军事"专

---

481. https://twitter.com/TheStudyofWar/status/1706157492462379203

482. Julian Röpcke, "Bundeswehr kritisiert erstmals die Ukraine-Armee", *Bild*, July 25, 2023 (https://www.bild.de/bild-plus/politik/ausland/politik-ausland/geheim-papier-enthuellt-bundeswehr-kritisiert-erstmals-die-ukraine-armee-84802800.bild.html)

家"不切实际的乐观，还有完全不着边际的"分析"，但乌克兰人只得到了我们不再想要的废旧武器。

第二，我们从一开始就知道反攻会给乌克兰人带来非常惨重的损失，因为这些损失是预先计算出来的。[483] 因此，我们的政客和媒体非常清楚乌克兰人正在送死。这就是我们媒体恶意所为。如果我们能正确的描述局势，也许会找到更合理的解决方案，而不是鼓励乌克兰进行这次鲁莽攻势，我们都非常清楚这必将失败。现在没有一个严肃的专家——甚至乌克兰人也没有再说——乌克兰可以夺回克里米亚或远至亚速海。

第三——正如泽连斯基相当准确描述[484] 的那样——武器送达，零零散散。结果，乌克兰从来没有建立足够的临界武器量来开展作战层面的行动。这表明俄罗斯人确实达到了去军事化目标，乌克兰的反攻只能完全依靠西方的援助。乌克兰就是在没有空中能力（或至少没有空中优势）的情况下发动反攻的。经过数月的扯皮，到2023年8月底，就美国交付F-16飞机的协议总算达成，此时反攻开始已经两个半月了。[485] 更糟糕的是，在乌克兰人接触飞机前，[486] 还需要增加语言课程，这样，乌克兰飞行员的培训时间不得不延长。当然，必须调整官方口径以说服乌克兰人，没有飞机，反攻照样能成功。[487] 最后，这些零敲碎打的交付，意味着这些装备到达前线时，无法与作战计划同步。因此，到当2023年10月宣布未来将交付F-16战机，这时，与反攻相关的问题都已经结束了，新飞机将被部署到乌克兰西部承担防空认为。

第四点，对乌克兰军队的训练基本都是战术性的。凭借在中东和阿富汗的战斗经验，西方人教会了小型战术编队（几个人-10几个人-几十个人）如何战斗。但换一种环境，无法协调中高级别的联合行动。

483. https://www.defense.gov/News/Transcripts/Transcript/Article/3433535/deputy-pentagon-press-secretary-sabrina-singh-holds-a-press-briefing/

484. https://www.cnn.com/videos/world/2023/09/10/exp-gps-0910-zelensky-on-counteroffensive.cnn

485. Aamer Madhani & Lolita C. Baldor, "Biden's shift on F-16s for Ukraine came after months of internal debate," *AP News*, August 25, 2023 (https://apnews.com/article/biden-ukraine-f16-decision-russia-64538af7c10489d7c2243dadbad31008)

486. Luis Martinez, "US will help train Ukrainian pilots on F-16s after all," *ABC News*, August 25, 2023 (https://abcnews.go.com/Politics/us-train-ukrainian-16-pilots-after/story?id=102542985)

487. Kateryna Tyshchenko, "Ukraine's counteroffensive may be successful without F-16s", *Ukrainska Pravda*, August 13, 2023 (https://www.pravda.com.ua/eng/news/2023/08/13/7415420/)

为什么需要F16

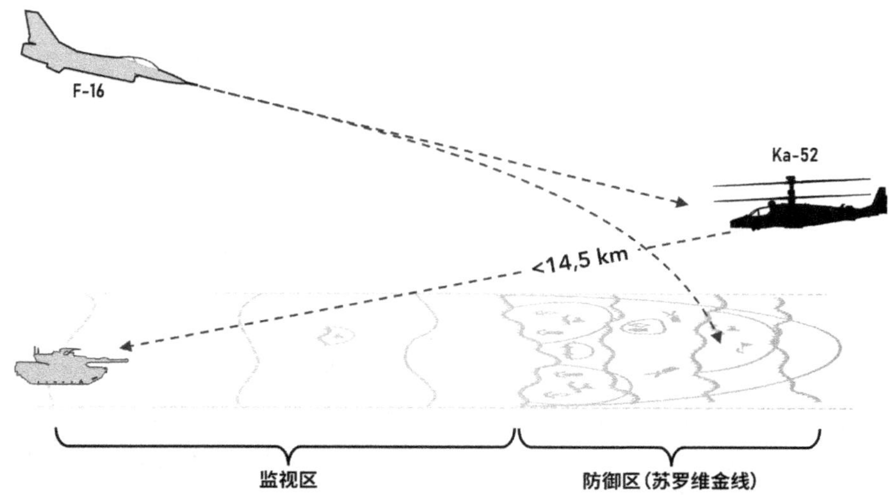

图38—F16无法与俄罗斯空军抗衡。但它们可以攻击试图突破防线的卡-50/52武装直升机，根据作战条令，这些武装直升机必须在俄罗斯的防御系统覆盖的区域谨慎活动。此外，F-16可以攻击敌方纵深500公里的地面目标。

第五点，为了有效的进行联合战斗，这需要拥有能投放到战场的所有资源（主要是情报、装甲、步兵、炮兵、工兵、航空和防空）。然而，乌克兰人收到的装备不仅在很大程度上不适合乌克兰冲突，而且量也极度不足。比如他们缺乏航空和有效的防空能力。也就是说，乌克兰缺少联合作战的基本组成部分。

第六点，今天，仅仅靠协调已经不够了，我们需要能够在作战层面上整合力量。乌克兰人拥有协调所需的领导资源，而且知道如何做到这一点。但是，一个联合部队不仅仅是系统的简单组合，它必须是一个能高效运作的整体系统。但西方提供给乌克兰的设备，质量不同、原产地不同，出厂年代不同，它们不可能融合到一个系统里。

最终，西方对反攻结果表现出了不耐烦，他们无法为乌克兰提供发动反攻所需的临界数量的装备，是这次失败的主要原因。再往上找会发现，西方情报部门无法评估各方力量的平衡，低估了俄罗斯的能力而高估了乌克兰的能力，导致了这种情况的出现。

共同交战问题

"共同交战"一词适用于参与武装冲突的行为者，不受条约或联盟（如北约）的正式约束。与一些"专家"所声称的相反，该术语并不是由国际法定义的。这为各种解释留下了余地。

我们向一个国家运送武器，而这个国家某一天在冲突中使用这些武器，这不存在共同交战的问题。另一种情况，当一个国家已经卷入冲突，而我们介入它的后勤链，为它以提供武器、弹药和维修支持时，问题就完全不同了。西方现在就在这么做：

- 提供财政援助，为乌克兰对抗俄罗斯的军事行动提供全额财政支持。
- 提供武器，乌克兰自2022年6月，乌克兰完全依赖西方的武器供应。[488]
- 武器维修，确保西方武器参与战斗的后勤支持。损坏的武器被运出乌克兰领土，在边境附近的工厂进行修复，然后返回战场。因此，法国、德国和波兰等国家完全整合到了乌克兰的作战物流；
- 训练士兵，确保战斗人员得到战场训练；
- 提供情报，为乌克兰指挥部提供实时作战情报（ISR），在战场空域部署监视侦察设备；
- 制裁俄罗斯，领导一场针对整个俄罗斯[489]及全体人民的经济战争，[490]目的是制造社会冲突，引发叛乱颠覆运动。
- 积极支持甚至呼吁对俄罗斯人口和当局采取恐怖主义行动。[491]

如2023年4月泄露的美国机密文件所显示的那样，法国、瑞典、美国和英国正在向乌克兰军队提供作战情报，以便进行目标定位和决策。因此，显然这已经直接参与决策。这在2023年的反攻中显露无疑，当时西方人抱怨乌克兰没有听从他们的指示。我们可以辩论这种"共同交战"的法律问题，但最严重的是我们做得很糟糕。由于彻底的无能，更多基于情绪和政治而不是事实和军事理性行事，我们这样的援助只会削弱乌克兰。

---

488. https://www.lepoint.fr/monde/ayant-epuise-tout-son-armement-l-ukraine-depend-totale-ment-des-allies-09-06-2022-2478984_24.php

489. https://www.zeit.de/zustimmung?url=https://www.zeit.de/politik/ausland/2023-01/an-nalena-baerbock-russland-krieg-aussage

490. "Nous allons provoquer l'effondrement de l'économie russe", lance Bruno Le Maire, *Ouest-France / AFP*, March 1, 2022 (https://www.ouest-france.fr/monde/guerre-en-ukraine/guerre-en-ukraine-nous-allons-provoquer-l-effondrement-de-l-economie-russe-lance-bruno-le-maire-8df620ec-9937-11ec-a65a-8b59a463d3c4)

491. https://lequotidien.lu/politique-societe/jean-asselborn-eliminer-physiquement-vladi-mir-poutine/

诉诸恐怖主义

乌克兰采用的战术和方法演变的一个值得注意的方面是，在俄罗斯和欧洲使用暗杀和恐怖行动。他们的特殊性在于，他们得到了欧洲政府（和议会）的支持。因此，我们捍卫我们的"价值观"的说法纯粹是宣传。我们会毫无保留地谴责巴勒斯坦人袭击以色列的行动，但75年来，我们默许以色列违反国际法对巴勒斯坦长期迫害，但我们也可以接受在我们土地上犯下更不可原谅的各种暴行。

从内部破坏俄罗斯稳定的想法与对俄罗斯重心的分析是一致的。从一开始，乌克兰就宣布其目标是引起莫斯科政权更迭。在2022年9月，弗拉基米尔·泽连斯基甚至亲自颁布了一项法律，禁止在普京执政期间与俄罗斯进行任何谈判。[492] 然而，要想让俄罗斯出现动荡的策略奏效，就需要在俄罗斯制造出一种能引起人们不满的恶劣社会气氛。如果对俄罗斯的制裁真的有效，这种情况早就发生了。适得其反，这些举动帮助改善了俄罗斯的总体局势。

针对平民的袭击

由于无法实施和发动2022年夏天承诺的反攻，促使乌克兰指挥部对俄罗斯本土进行袭击。据报道袭击导致13名平民死亡，[493] 其中最大的一次袭击发生在2023年5月22日，靠近乌克兰边境的别尔哥罗德州的村庄。他的目的有两个：表明当局对俄罗斯人民保护不力，[494] 并且更有可能——正如俄罗斯政府声称的那样——乌克兰在巴赫穆特沦陷后需要创造一种胜利感。[495]

媒体报道这类事件的过程中，尽可能淡化新纳粹运动和令人厌恶的意识形态在事件中起到的作用，他们避免提供袭击者性质的细节。例

---

492. "Ukraine Will Not Negotiate with Russia as Long As Putin Is In Power: Zelensky," *Barron's/ AFP*, September 30, 2022 (https://www.barrons.com/news/ukraine-will-not-negotiate-with-russia-as-long-as-putin-is-in-power-zelensky-01664548507)
493. https://en.wikipedia.org/wiki/2023_Belgorod_Oblast_incursions
494. "Cross-border incursions from Ukraine take a stab at Russian defences", *Euractiv.com / Reuters*, May 24, 2023 (https://www.euractiv.com/section/global-europe/news/cross-border-incursions-from-ukraine-take-a-stab-at-russian-defences/)
495. "Russian 'clean up' operation after raid on Belgorod from Ukraine", *Al-Jazeera*, May 23, 2023 (https://www.aljazeera.com/news/2023/5/23/ukraine-says-russian-armed-groups-behind-border-raid-on-russia)

如，RTS小心翼翼地避免透露平民死亡人数，以使极端分子"结束克里姆林宫独裁统治"的行动合法化。[496]

以瑞士人的角度看，我们也许可以讨论俄国的民主，就像法讨论法国的民主一样。但令人惊讶的是，用这种方式讨论，我们不得不承认，那些反对普京的人大多与新纳粹极右翼组织有关。[497]

瑞士官方媒体没有提到的是，突袭是由两个极右翼团体进行的，"俄罗斯自由军团"（LLR）和俄罗斯自由军（CVR）。CVR是一个新纳粹组织，其领导人丹尼斯·卡普斯汀被反诽谤联盟（ADL）视为新纳粹分子。[498] LLR也是一个极右翼组织，但其形象似乎不那么明显。[499]

最初，乌克兰政府否认对袭击事件负有任何责任，声称这些袭击是由在乌克兰的俄罗斯反对派实施的。[500] 尽管乌克兰有权报复俄罗斯，包括派遣来自俄罗斯的准军事组织进入俄罗斯本土作战，作为对俄罗斯SMO的回应，但这次，他们立即选择与这次袭击划清界限。

俄罗斯游击队

图39-了解那些袭击俄罗斯本土军事组织的背景，就会明白这些得到西方支持的反普京组织的本质。无论一个人对俄罗斯人的判断如何，我们支持的反对派没有民主资格，并传达了令人作呕的意识形态。

---

496. https://www.rts.ch/info/monde/14042636-des-combattants-font-une-incursion-armee-en-russie-et-frappent-plusieurs-villages.html

497. "Quand des opposants russes à Poutine prennent les armes en Ukraine", *Le Point/AFP*, October 31, 2023 (https://www.lepoint.fr/monde/quand-des-opposants-russes-a-poutine-prennent-les-armes-en-ukraine-31-10-2023-2541503_24.php)

498. https://extremismterms.adl.org/glossary/denis-kapustin

499. https://www.nbcnews.com/news/world/belgorod-raid-russian-volunteer-corps-freedom-russia-legion-rcna86168

500. Yuliya Talmazan, "Who are the anti-Putin groups behind the dramatic raid into Russia?", *NBC News*, May 26, 2023 (https://www.nbcnews.com/news/world/belgorod-raid-russian-volunteer-corps-freedom-russia-legion-rcna86168)

一名CVR指挥官在5月24日表示，他们没有得到乌克兰政府的援助，"除了情报、燃料、食品和药品"。据乌克兰军事情报局（GUR）发言人称，这些团体"根据自己的目标和计划独立开展了这些行动"。[501]　与这些说法相矛盾的是，这些乌克兰民主力量声称得到乌克兰军队的正式承认，并"在乌克兰的指挥下"作战。此外，事件的图像显示，这些战士配备了美国和乌克兰的武器和车辆。

《欧洲国际法杂志（ELJL）》认为，这些团体旨在推翻俄罗斯政权的行动本身是非法的，但在乌克兰自卫权的框架内是合理的。[502]　EIJI没有分析的是所使用的策略。虽然这些行动本身显然不是为了推翻莫斯科的权力，但他们旨在向民众施加压力，并煽动他们反抗他们的政府。这种策略与伊斯兰国在2015年和2016年在法国发动袭击的策略完全相同。[503]　因此，我们可以看到，当恐怖主义对我们没有影响时，我们的法学家是恐怖主义的辩护者。恐怖主义是一种在任何情况下都必须禁止的手段，即使一些政府经常这样做，例如法国，美国英国和以色列。

这些袭击使我们的媒体能够推进关于边境"渗透性"和俄罗斯政府无力保护自己人民的叙述。但这种论断需要加以限定。两国之间的边界长约2300公里。俄罗斯选择不像罗马帝国的哈德良长城，甚至铁幕那样用连续的物理屏障来保护它。在整个边界沿线，国民警卫的快速干预部队定期巡逻，他们可以对此类入侵采取行动。事情就是这样发生的，乌克兰的俄罗斯右翼志愿部队渗透到俄罗斯领土几百米后，局势迅速得到控制。[504]　然而，他们用大炮、无人机和火箭弹可以袭击更远的俄罗斯领土，这给人一种他们在俄罗斯纵深行动的错觉。但事实并非如此。

501. https://en.interfax.com.ua/news/general/912407.html

502. Stefan Talmon, "Ukraine's Involvement in Cross-Border Raids by Russian Paramilitary Groups: Illegal Use of Force and Intervention or Lawful Self-Defence?", *European Journal of International Law*, May 29, 2023 (https://www.ejiltalk.org/ukraines-involvement-in-cross-border-raids-by-russian-paramilitary-groups-illegal-use-of-force-and-intervention-or-lawful-self-defence/)

503. Video "France on its knees", *Islamic State*, November 21, 2015

504. Stefan Talmon, "Russian 'clean up' operation after raid on Belgorod from Ukraine", *Al-Jazeerah*, May 23, 2023 (https://www.aljazeera.com/news/2023/5/23/ukraine-says-russian-armed-groups-behind-border-raid-on-russia)

图40—为乌克兰而战的俄罗斯右翼志愿部队的突袭并没有超出科津卡的范围。它可能瞄准了"别尔哥罗德22号"基地。但这次行动的真正目的是向俄罗斯民众发出信号。

乌克兰人的目标似乎是"别尔哥罗德-22"基地。据称，该基地储存有核武器。实际上，这个仓库几年前就清空了核武器，这引起了人们对乌克兰情报能力的质疑。[505]

对基础设施的攻击

2022年10月8日上午，一辆自杀式卡车在连接克里米亚半岛和俄罗斯领土的刻赤大桥上爆炸。卡车爆炸的监控录像很快开始流传。看这些图像不禁让人联想到2015至2016年的伊斯兰国袭击事件。毫无疑问，这就是为什么瑞士罗曼德广播电视台谨慎地将这一事件描述为"连接莫斯科吞并的乌克兰克里米亚和俄罗斯领土的巨大汽车和铁路桥发生大火"，

---

505. Nick Mordowanec, "Russia Removes Nuclear Munitions From Belgorod Amid Conflict: Ukraine", *Newsweek*, May 22, 2023 (https://www.newsweek.com/russia-removes-nuclear-muni-tions-belgorod-amid-conflict-ukraine-1801940)

175

并小心翼翼地避免使用"恐怖主义"一词。[506] 我们的记者将此事为特别行动的例证，"这看起来越来越像走进死胡同"。

据《华盛顿邮报》报道，这次袭击是由乌克兰SBU特种部队发起的，[507]是一次以伊斯兰国袭击为模型设计的自杀式袭击。[508] 正如在叙利亚和伊拉克观察到的那样，卡车炸弹的司机很可能不知道这次袭击，并且在他不知情的情况下远程启动了这次袭击。

克里米亚仍然是乌克兰官方叙事的核心。对塞瓦斯托波尔海军基地和刻赤大桥采取了许多行动。2023年7月17日，一艘海军无人艇袭击了大桥的桥墩，仅造成轻微损坏，但也表明俄罗斯对基础设施的保护很脆弱。

美国调查媒体"灰色地带"公开了他获得的文件，这些文件显示，英国至少帮助设计和训练武装分子进行恐怖袭击。包括针对刻赤大桥。[509]

英国对刻赤大桥破坏的计划

图41-2022年12年4月英国情报演示的幻灯片，展示了西方国家参与并组织了恐怖袭击【由Grayzone提供。】

506. https://www.rts.ch/info/monde/13448785-au-moins-trois-morts-apres-lattentat-contre-le-pont-entre-la-crimee-et-la-russie.html#timeline-anchor-1665255710512

507. Missy Ryan, Natalia Abbakumova & Kostiantyn Khudov, "Amid Ukrainian taunts, Russia scrambles to salvage Crimean Bridge after fiery explosion," *The Washington Post*, October 8, 2022 (https://www.washingtonpost.com/world/2022/10/08/crimea-kerch-bridge-attack-explosion-russia-ukraine/)

508. Isabel van Brugen, "How Ukraine Followed the ISIS Playbook," *Newsweek*, May 31, 2023 (https://www.newsweek.com/what-ukraine-russia-war-learned-isis-surveillance-drones-strikes-videos-1803199)

509. https://thegrayzone.com/2022/10/10/ukrainian-kerch-bridge/

这些攻击，对大桥的正常运行影响轻微。当然有物质损失，双方对其损坏程度的评估，肯定有所不同。因为它存在潜在脆弱性，刻赤大桥并不是SMO的重要后勤动脉。此外，在2014年至2018年期间，这座桥并不存在，俄罗斯人还有其他手段来确保对半岛的供应。因此，这座大桥更像是一个有象征意义的纽带，它连接了克里米亚与俄罗斯本土，军事作战的意义并不大。

此外，可以看出，战区基本上是陆基的。黑海舰队没有直接卷入冲突，也绝不构成俄罗斯的"重心"。因此，无论乌克兰在对抗俄罗斯舰船方面取得了怎样的成功，但这些行为对这场冲突的总进程都不会产生影响。因此，这些行动似乎更像是乌克兰在战场上努力取得成功的替代方案。

"湿活"—暗杀

2022年3月，共和党参议员林赛·格雷厄姆[510] 和卢森堡外交大臣让·阿塞尔伯恩等西方政客呼吁谋杀普京。[511] 这表明我们的政治行为不再具有任何价值或荣誉——因为这些谋杀的呼吁不仅仅是口头上的，而且是我们的政治家和记者所熟知并广泛接受的一种策略的表达，直到他们自己直接参与其中。

因此，戈梅利的乌克兰谈判代表之一丹尼斯·基列耶夫于3月5日被乌克兰特勤局（SBU）暗杀，认为他的建议对俄罗斯过于有利，因此被认为是叛徒。[512]

同样的命运也降临在SBU基辅及其地区总局前副局长德米特里·德米扬年科身上，他于3月10日被谋杀，也是因为过于支持与俄罗斯达成协议。[513]

但从那时起，这些行动就一直持续下去。正如英国杂志《经济学人》所解释的那样，乌克兰已经启动了SBU第五局，该安全部门负责消灭俄罗斯公民，或在乌克兰和世界各地支持俄罗斯的人。[514] 今天这些行动是乌克兰对抗俄罗斯的主要手段之一。

---

510. https://thehill.com/homenews/senate/596843-graham-calls-for-somebody-in-russia-to-take-putin-out/

511. https://lequotidien.lu/politique-societe/jean-asselborn-eliminer-physiquement-vladimir-poutine/

512. https://www.timesofisrael.com/ukraine-reports-claim-negotiator-shot-for-treason-officials-say-he-died-in-intel-op/

513. https://www.youtube.com/watch?v=ZWHpVnrwfLY

514. https://www.economist.com/europe/2023/09/05/inside-ukraines-assassination-programme

2022年2月24日以来，全球已有45名俄罗斯公民被谋杀。我们知道这是乌克兰特种部队的工作。[515]　乌克兰军事情报局（GUR）局长负责人奇里洛·布达诺夫在2023年5月承认的：[516]

> 我要说的是，我们已经谋杀了俄罗斯人，并将继续在世界各 地这么做，直到乌克兰取得完全胜利。

……与欧盟国家和美国串通一气。

这段时间发生了一系列爆炸事件，它们有Darya　Dugine(2022年8月21日);North stream(2022年9月26日);刻赤大桥(2022年10月8日)和记者兼博主弗拉德伦·塔塔尔斯基(2023年4月1日)，任何西方媒体记者或政治家没有对这些恐怖行为进行过谴责。对他们来说，有"好"的恐怖主义（影响俄罗斯人的恐怖主义）和"坏"的恐怖主义（影响我们的恐怖主义）。

2023年10月，《华盛顿邮报》证实了我们已经知道的事情：乌克兰情报机构正在世界各地暗杀他们的对手。[517]　乌克兰媒体也对此也进行了报道，[518]　但瑞士或比利时的媒体却没有，对他们来说，叙事的形象必须受到保护。在法国，除了像LCI这样的新闻频道机构外，其他媒体也几乎不提这些暗杀行动。[519]　显然，很难承认正在支持有恐怖主义背景的活动。但真正的问题是，这个对整个作战进程没有任何影响的"战略"的目标到底是什么?这就是乌克兰为我们捍卫的价值观吗?

没有一家西方媒体谴责Mirotvorets网站，这是对那些被认为是叛徒的人的一种数字枷锁。这种做法在许多国家都应受到惩罚，[520]　但在乌克兰

---

515. https://www.nytimes.com/2022/10/05/us/politics/ukraine-russia-dugina-assassination.html

516. https://global.espreso.tv/budanov-says-he-does-not-consider-killing-russian-citizens-to-be-terrorism

517. Greg Miller & Isabelle Khurshudyan, "Ukrainian spies with deep ties to CIA wage shadow war against Russia," *The Washington Post*, October 23, 2023 (https://www.washingtonpost.com/world/2023/10/23/ukraine-cia-shadow-war-russia/)

518. Martin Fornusek, "SBU says 'comments after victory' following media report linking it to assassinations inside Russia", *Kyiv Independent*, October 24, 2023 (https://kyivindependent.com/sbu-says-no-comment-on-media-report-linking-it-to-assassinations-of-high-profile-russians/)

519. "La stratégie d'assassinats ciblés des renseignements ukrainiens", *LCI*, October 25, 2023 (https://youtu.be/otxFFsp5kyk)

520. https://www.mirror.co.uk/news/world-news/dark-website-lists-russian-spies-26051893

则不然。[521]　2019年10月，联合国和一些欧洲国家呼吁关闭该网站[522]，但被乌克兰议会拒绝了。[523]

在赫尔松，就在乌克兰军队于2022年10月重新夺取这个地区后不久，网上发布一份"叛徒和合作者名单"，[524]　名单包括记者、教师、公务员和其他被指控帮助俄罗斯的人。当年乌克兰民族主义者与纳粹合作的鼎盛时期的做法，也可以在这里找到。例如，公共服务记者让·菲利普·莎勒在瑞士官方频道（RTS）上公开指责那些与他意见相左的人就是"普京的代理人"。[525]

无人机攻击

自2023年初以来，乌克兰一直在使用无人机袭击莫斯科和其他一些俄罗斯城市。在别尔哥罗德（靠近边境）和莫斯科一样，这些袭击针对平民。据《纽约时报》报道：[526]

> 到目前为止，乌克兰在城市地区的目标似乎更多的是灌输恐惧，而不是造成流血或大规模破坏，但对油库的几次袭击的图像显示建筑物着火，表明破坏严重。

"灌输恐惧"确实是"恐吓"的同义词。因此，这些无人机是对达里娅·杜金和塔塔尔斯基的袭击的延续，也是对世界各地众多俄罗斯公众人物

521. https://www.refworld.org/docid/58ec89ad13.html

522. *"В ООН настаивают на закрытии сайта 'Миротворец'"* ("UN insists on closing 'Peace-maker' website"), *zn.ua*, October 16, 2019 (https://zn.ua/UKRAINE/v-oon-nastaivayut-na-zakry-tii-sayta-mirotvorec-332863_.html); Tetiana Popova, "Benjamin Moreau, deputy head of UN Human Rights Monitoring Mission to Ukraine," *Diplomat*, February 16, 2019 (http://diplomat.media/en/2019/02/16/benjamin-moreau-deputy-head-of-un-human-rights-monitoring-mis-sion-to-ukraine/); "UN demands to close down "Mirotvorets" calling for persecution of UOC," *Union of Orthodox Journalists*, October 17, 2019, (https://spzh.news/en/news/65761-v-oon-po-trebovali-zakryty-mirotvorec-prizyvavshij-k-gonenijam-na-upc)

523. *"Разумков ответил на призыв ООН закрыть сайт 'Миротворец'"* ("Razumkov responded to UN call to shut down 'Peacemaker' site"), *zn.ua*, October 17, 2019 (https://zn.ua/UKRAINE/razumkov-otvetil-na-prizyv-oon-zakryt-sayt-mirotvorec-332952_.html)

524. This is the Telegram page: https://t.me/s/Kherson_kolaborant

525. https://youtu.be/bEv4-IJsl9k?t=414

526. Christiaan Triebert, Haley Willis, Yelyzaveta Kovtun & Alexander Cardia, "Ukraine's Other Counteroffensive: Drone Attacks on Russian Soil," *The New York Times*, July 31, 2023 (https://the-grayzone.com/2023/07/28/ukraines-baby-factories-profits-war/)

的消灭。这无非是国际恐怖主义，没有一个西方国家谴责过——当它来自中东时，我们谴责它，但当我们实施时，我们容忍它。

据《新闻周刊》报道，这些针对平民的袭击有三个目标：[527]

- 为了提醒俄罗斯民众，他们处于战争状态；
- 为了表明乌克兰"适应性和独创性正在以俄罗斯人无法企及的方式增加，同时将平民伤亡的风险降至最低"。
- 为了表明俄罗斯政府无力保护自己的人民。

同样，根据伦敦查塔姆研究所的专家基尔·贾尔斯的说法：[528]

> 乌克兰已将俄罗斯民众对战争的看法和态度确定为结束战争 所需的关键因素之一。

因此，它的目的是影响俄罗斯公众舆论，使其对政府采取行动，停止对乌克兰的干预。这与伊斯兰国（EI）在法国的目标完全相同，正如2016年7月14日尼斯袭击事件后的伊斯兰国（EI）声明所证明的那样：[529]

> 最后，我们说，由法国人民决定他们是否要继续对我们发动战争，还是决定停止他们的政府对我们的侵略？…我们将继续与法国作战，直到他停止干涉穆斯林事务并停止直接或间接掠夺我们的财富。

乌克兰发现自己处于与伊斯兰国同样的战略处境—无法提供直接的行动反应，因此使用间接战略，其中包括推动平民反对俄罗斯政府特别行动的决定。[530] 事实上，这是实现西方制裁未能做到的另一种方式。正如美国杂志《新闻周刊》所指出的那样，乌克兰效仿了叙利亚伊斯兰国。[531]

---

527. https://www.newsweek.com/russia-moscow-drone-strikes-ukraine-beaver-1816990

528. Rob Picheta, "Ukrainian drone strikes are bringing the war home to Russia. What does it mean for the conflict?," *CNN*, August 5, 2023 (https://edition.cnn.com/2023/08/05/europe/russia-ukraine-drone-attacks-analysis-explainer-intl/index.html)

529. *"Nice Operation, France," Inspire Guide*, July 17, 2016.

530. Sheikh Hamd bin Hamoud Al-Tameemy, "Rulings on Lone Jihad—Targeting Civilians", section 1, part 2, *Inspire*, no. 17, Summer 2017, p. 23.

531. Isabel van Brugen, "How Ukraine Followed the ISIS Playbook," *Newsweek*, May 31, 2023 (https://www.newsweek.com/what-ukraine-russia-war-learned-isis-surveillance-drones-strikes-videos-1803199)

从表面上看，你可能会说，在基辅投下炸弹和在莫斯科投下炸弹没有区别。但基辅位于战区，而莫斯科则不是。假设乌克兰已将整个俄罗斯领土定义为战区，目前尚不清楚这么做将如何影响其自身作战行动的开展。

这就是为什么许多国家将恐怖主义行动定义为蓄意针对"非战斗人员"目标。[532]　因此，在顿巴斯地区向俄罗斯军用卡车上投掷炸弹不是恐怖主义行为，但在莫斯科袭击民用卡车是恐怖主义行为。

事实上，乌克兰领导层陷入了两难境地——他们既然拒绝恢复2022年3月与俄罗斯中断的谈判，他们就必须表现仍然保持进攻活力，尽管他们不再有能力在常规军事行动中这样做。

没有西方媒体或政府谴责这些做法。我们的官方媒体反而美化了他们。但是恐怖主义没有好坏之分。不管是什么原因，恐怖主义……就是恐怖主义，这是一种方法，我们必须反对正是方法的使用。伊斯兰恐怖主义和乌克兰恐怖主义的起因都是外国干预，他们采用方法和选定目标（驱使民众反对其当局）也相同。当恐怖主义针对我们时，我们与他们斗争；但当恐怖主义被用来针对他人时，对恐怖主义行为采取容忍，甚至鼓励的做法是不可接受的。

通过虚构伊斯兰主义阴谋论，我们那些由公共服务机构供养的记者，激发了像安德斯·布雷维克（2011年7月22日，乌托亚大屠杀的肇事者）的极右翼恐怖分子。[533]　今天，他们是乌克兰恐怖主义的辩护……这是有逻辑的。

泽连斯基发出的威胁

被认为已经获得胜利的乌克兰离赢得战争还有很长的路要走，这是一个避免西方不满的问题。2023年8月，弗拉基米尔·泽连斯基在在英国杂志《经济学人》[534]　发表的文章里，毫不掩饰他对西方援助的失望，并发出了威胁：

---

532. https://counterterrorismethics.tudelft.nl/the-problem-of-defining-terrorism-part-1/#_Toc495482520
533. Mattias Gardell, Crusader Dreams: Oslo 22/7, Islamophobia, and the Quest for a Monocultural Europe, *Terrorism and Political Violence*, 26:129-155, 2014
534. https://www.economist.com/europe/2023/09/10/donald-trump-will-never-support-putin-says-volodymyr-zelensky

减少对乌克兰的支持只会延长战争。而且这将给西方自己的后院带来风险。无法预测欧洲国家的数百万乌克兰难民会对自己的国家被抛弃作何反应。乌克兰人总体上"表现良好"，并且对收留他们的人"非常感激"。他们不会忘记这种慷慨。但是如果欧洲要把这些人推到悬崖边，那对欧洲来说就不是一个"好故事"。

许多人从这份声明中看到，乌克兰准备利用恐怖主义威胁来恐吓那些支持力度减弱的国家。很难预测这种威胁在多大程度上是真实的，但并非不可能。 那些曾系统地误导乌克兰人相信俄罗斯的威胁微不足道的记者要当心—假如一天遭到乌克兰人的报复--这是一种公平的报应。

第五章 战略分析

在法国，尽管存在高质量的军事学说文件，但军事评论员——无论是"亲乌克兰"还是"亲俄罗斯"——似乎都无法将实地观察与明确的概念联系起来。所使用的术语存在一些（不是说很大）混淆，这不可避免地导致无法理解两个主角的行为。"战略"这个词用于任何事情上。"战术"、"作战"和"战略"的概念混杂在伪分析中。这些伪分析与其说是解释，不如说是在玩弄词藻。

很长一段时间以来，法国军事管理人员一直没有遇到过超越战术层面的概念。这种现象在英语国家的军队中也可以察觉到，但程度要小得多。

战略重心

术语

在19世纪，克劳塞维茨和约米尼已经发现，为了达到一个最终胜利的目标，各种政治和军事行动之间存在着因果关系链。但他们仍然需要找到设定这一目标的标准。两位战略家家都确定了一个"点"或决定因素，这是对手的力量或效力所依赖的。约米尼将其描述为"战略决定性点"，而克劳塞维茨则使用了"重心"，[535] 将其定义为：[536]

---

535. "*[...] ein gewisser Schwerpunkt, ein Zentrum der Kraft und Bewegung bilden, von welchem das Ganze abhängt, und auf diesen Schwerpunkt des Gegners muß der gesammelte Stoß aller Kräfte gerichtet sein.*", Karl von Clausewitz, *Vom Kriege*, Achtes Buch, Dümmlers Verlag, Berlin, 1832

536. "The hub of all power and movement upon which everything depends; that characteristic, capability, or location from which enemy and friendly forces derive their freedom of action, physical strength, or the will to fight", *Glossary*, FM 100-5 (German: *Schwerpunkt*). Also: "... characteristic(s), capability(ies), or locality(ies) from which a nation, an alliance, a military force or other grouping derives its freedom of action, physical strength, or will to fight", Office of the Joint Staff, *DOD Dictionary of Military and Associated Terms*, Joint Publication 1-02 (Washington DC, 1984) p. 188.

一切力量和运动的中心，一切都取决于它；敌方和友军从

中 获得行动自由、体力或战斗意志的特征、能力或位置。

因此，它不仅仅是一个简单的"权力中心"，它是一个有形或无形的元素，主角从中汲取力量和战斗能力或实现目标。这也不是一些人所理解的战略目标。

关键因素

为了使重心能够存在并有效，克劳塞维茨和约米尼确定了"点"，这是一种通往重心的门户，破坏或控制这些点将使打击重心的目的得以实现。克劳塞维茨称他们为"神经痛点"，而约米尼称他们为"决定性点"。它们可以是军事阵地、武器系统、传输和情报设施等。

为了更好地考虑到现代战场的复杂性和各种因素的交织，这些原则必须加以完善。例如，"神经痛点"或"决定性点"已被重新定义为一组有形或无形的"关键因素"，这些因素对于执行行动或保持机动自由至关重要，这些因素对于执行行动或保持机动自由至关重要，这些因素的组合使重心得以存在。

这些关键因素可以分解为关键功能、关键资源和关键漏洞的组合。在打击恐怖主义的斗争中，他们的一般特征可以概述如下：

- 关键功能是那些对行动至关重要的职能。例如，它们包括通信、指挥、控制能力和联合能力等。
- 关键资源是那些如果或缺将危及重心存在的资源。它们可以包括民众支持、国家凝聚力、工业能力等。
- 关键漏洞是系统的潜在弱点，即它的"致命弱点"。例如，它们包括后勤网络规模过大（如1993年的索马里）、在困难的社会环境中依赖民众支持、关键基础设施保护不力或难以保护，等等。

在1990年代末，美国上校约翰·A·沃登将克劳塞维茨和约米尼开发的原则转化成一个模型，[537] 该模型通常将关键因素分为五个同心圆，以领导和方向为中心，其次是关键基础设施，通信基础设施，人口，最后是部署在战场上的部队。他根据从到达对手重心的关键因素中选择的目标目录，推导出了一套空中战略。英国人在1940年至1945年之间故意轰炸德

---

537. Col. John Warden (USAF), "Air Theory for the Twenty-First Century", *Air Power Journal*, 1995

国平民，并在1941年故意轰炸保加利亚人口，试图改变这些人口对纳粹政权的支持，从而削弱它。[538] 1991年和2003年对萨达姆·侯赛因的攻击，以及1990年代对塞尔维亚轰炸，也采取了同样的战略。

这也是伊斯兰国2015至2017年在欧洲开展恐怖活动的策略——目的是针对民众（关键漏洞，严重脆弱性）），这样他们就会要求政治权力（重心）从叙利亚撤军，就像2004年3月11日在马德里发生的事情一样。乌克兰在俄罗斯进行的恐怖袭击有着完全相同的目的——在西方的支持下！事实上，这与今天西方对伊朗、委内瑞拉和俄罗斯的制裁背后的目标相同。[539] 在这些情况下，这种策略都没有奏效。

俄罗斯和乌克兰的各自战略重心

对重心的分析，即什么让这两个主角有能力维持他们的战争努力，以及他们必须保护什么，二者显示出相当大的差异。

乌克兰取得胜利（甚至抵抗）的必要条件是国际支持，这种支持取决于西方对冲突的看法。因此，它依赖于一种取决于围绕两个轴心的叙事：

· 乌克兰比俄罗斯强大，俄罗斯只能输。

· 西方毫无保留地支持乌克兰。

俄罗斯领导人知道，西方正试图通过其"去殖民化"[540]和经济崩溃来鼓励该国的分裂，以破坏俄罗斯的稳定。[541] 因此，俄罗斯领导冲突的能力取决于其稳定性。其目的是维持国内正常的经济生活和国家凝聚力。

可以看出，乌克兰的重心很大程度上取决于外部世界，而俄罗斯的重心则取决于其国内政策。

我们还可以看到，俄罗斯和乌克兰的重心在性质上是不同的。在俄罗斯方面，我们正在处理非常实质性的因素；而在乌克兰方面，我们在和非实质性的事务打交道。俄罗斯的军事思想更倾向于第三代战争，而乌克

---

538. Contrary to what history textbooks suggest, it was only after British strikes on German cities and civilians in 1940 that Germany unleashed its Blitz on London (Richard Overy, *The Bombing War: Europe 1939-1945*, Allen Lane, September 26, 2013).

539. "*Secretary of State* Mike Pompeo's Interview with Hadi Nili of BBC Persian," Washington DC, November 7, 2018; Brendan Cole, "Mike Pompeo Says Iran Must Listen To U.S. 'If They Want Their People To Eat,'" *Newsweek*, November 9, 2018.

540. https://www.csce.gov/international-impact/events/decolonizing-russia

541. https://www.rts.ch/info/monde/13818312-lukraine-demande-des-armes-des-armes-et-encore-des-armes.html

兰的思想则倾向于第五代战争。这也证实了SMO开始时的观察结果，该表明乌克兰政治当局（在这种情况下是弗拉基米尔·泽连斯基）比俄罗斯同行更多的参与行动决策。

因此，我们的媒体已成为西方对俄罗斯战争的主要参与者。西方人和乌克兰人都认为，这种叙事会单枪匹马地在俄罗斯引发一场起义，这导致他们完全依赖这种叙事。这解释了西方对社交网络和传统媒体实施的审查制度。即使在冷战期间，《真理报》也可以在我们的报摊上看到。但今天，任何可能类似于支持俄罗斯的东西都被禁止了。

正如法国一家主要日报的记者告诉我的那样："编辑们禁止我们写真相，因为那意味着我们在支持普京。"原因很简单：叙事可以发挥战略作用。这就是为什么我们的媒体专注于传播对俄罗斯人的仇恨，而不仅仅是俄罗斯。

我们的媒体不敢提及欧盟在2023年9月决定的政策，即没收在欧洲旅行的俄罗斯公民的财产，从汽车到卫生纸（！），以使他们个人首当其冲的受到欧洲制裁的冲击。[542] 考虑到乌尔苏拉·冯德莱恩和其他欧洲领导人的家庭背景，这一决定并不令人惊讶——但这是自第二次世界大战结束以来第一次采用合法手段来惩罚某个群体，法律依据不是他们做了什么，而是他们是什么。LCI、BFM TV、RTS、RTBF、和France 5以及其他地方的记者应该思考这个例子。

研究重心

	俄罗斯	乌克兰
重心	国家稳定	促进成功感知的叙述
关键功能	维持经济和工业活动	保持军事行动和叙事之间的连贯性
关键资源	公共支持。进口消费品和控制价格	主要装备（防空，坦克，战术航空） 人口的潜力 国际军事和经济支持，包括外国投资
关键漏洞	通胀压力 战场死亡率	民众支持 防空

图42一通过俄乌各自重心的比较，显示了乌克兰的内在弱点。

---

542. Volodymyr Paziy, "Russians are hysterical over the ban on traveling to the EU with smartphones and other things: what will be confiscated at the border", *Obozrevatel*, September 11, 2023 (https://eng.obozrevatel.com/section-life/news-russians-are-hysterical-over-the-ban-on-traveling-to-the-eu-with-smartphones-and-other-things-what-will-be-confiscated-at-the-border-11-09-2023.html)

合乎逻辑的是，两国都专注于保护各自的重心，并试图影响对方的重心。这就是为什么俄罗斯人集中精力摧毁西方提供的设备（去军事化）的原因。而乌克兰人在俄罗斯领土上多次采取引人注目的行动，包括恐怖行动，而这些对实际战局没有任何影响。

俄罗斯人通过在战场的实战来对抗乌克兰的叙事。

巴赫穆特作战就是一个很好的例子，说明对手双方是如何寻求保护自己的叙事：乌克兰人拒绝让出阵地，甚至发起多次机动作战（按照扎卢日尼将军当时所建议的那样），而俄罗斯人在不使用特遣队士兵的情况下，给乌克兰军队造成巨大伤亡。俄军通过实际战果向乌克兰人表明，他们的官方叙述是靠不住的。这也是为什么SMO在俄罗斯国内民众中仍然得到很好的支持。

乌克兰冲突的进行和西方国家的行动不是基于实际的作战情况，而是基于叙述。换句话说，乌克兰与西方国家拥有相同的重心，因此不能完全控制它。因为正是这种被我们的媒体如此小心翼翼保护的叙述，才是支持乌克兰的关键。这解释了在欧洲和社交网络上存在严格执行的审查制度。正如我们将看到的，这种叙事是一把双刃剑，最终将对乌克兰造成致命伤害。对它来说，胜利与其说是由实地局势决定，不如说是取决于对叙事的掌控。因为后者在维持西方凝聚力以支持乌克兰方面起着决定性作用。从战略上讲，乌克兰的局势从2023年春末开始迅速恶化：其潜力在2022年5月至6月被摧毁。其胜利的想法（无论如何定义）都依赖于西方的支持。因此，叙事发挥了核心作用，但在西方不再拥有供应乌克兰军队的物质资源的背景下，它再也无法掩盖反攻的失败的事实。

2023年8月，NBC新闻注意到反攻的失败，并警告说西方正在"失去对其叙事的控制"。[543] 　事实上，欧洲晴雨表的一项民意调查显示，大多数欧洲公民不再支持对乌克兰的援助，[544] 因此，赞成人道主义援助的人从2022年4月的64%下降到47%。欧盟对乌克兰难民的支持率从55%下降到36%，欧盟对乌克兰的财政支持从42%下降到26%。支持继续维持对俄罗斯的经济制裁的人从55%下降到46%，而只有24%的人赞成向基辅供应武器。

---

543. Dan De Luce & Phil McCausland, "Is Ukraine's counteroffensive failing? Kyiv and its supporters worry about losing control of the narrative", *NBC News*, August 4, 2023 (https://www.nbcnews.com/news/investigations/ukraine-war-counteroffensive-russia-success-failure-rcna98054)
544. https://europa.eu/eurobarometer/surveys/detail/3092

2023年9月，当泽连斯基指望联合国大会给西方世界带来新的推动力时，他得到的反响相当冷淡。主要的传统媒体《纽约时报》——首次通过公布反攻的实际成果来挑战乌克兰的叙述，[545] 表明乌克兰已经失势；而它目标是夺回所有失去的领土。

尽管反攻失败，但为了重振西方的叙事，2023年10月1日，英国前国防部长本·华莱士在《每日电讯报》上写了一篇文章，他在文章中宣称乌克兰正在"获胜"，它所需要的只是西方再多付出一点努力，来帮助乌克兰实现其目标。[546] 这是试图复活这种叙事的努力，给越来越多持怀疑态度的西方打气。

胜利的叙述与实地现实之间的差距与日益扩大。这也是对黑海舰队、蛇岛、克里米亚或俄罗斯城市等外围目标采取大张旗鼓行动的原因。这就是泽维尔·莫罗所说的"TiK-ToK抖音"行动，这样的军事行动唯一目是制作视频来对外播放。自从反攻被公认失败以来，这样的行动已经成倍增加。例如，2023年10月4日，乌克兰特种部队乘摩托艇到了克里米亚海岸，下船上岸，迅速展开一面乌克兰国旗，拍照，然后离开。[547]

这些行动的目的是给人一种成功的感觉。它们表明乌克兰并没有放弃战斗，而是在寻求重新获得战场主动权。实际上，这些乌军士兵冒死的行动，对俄乌冲突的整体局势进程绝对不会产生任何影响。为保持胜利叙事所做的一切努力，目的竟是避免西方泄气。

俄罗斯的战略一直在保护其重心免受损害，即国家的稳定。与西方不同，当局避免将叙述作为其政治、经济和外交活动的重点。俄罗斯经济的韧性和巨大的储备使"正常流动"得以维持；总体而言，只有50%的人口密切关注冲突的发展。[548] 矛盾的是，西方在支持针对俄罗斯恐怖主义活动的同时，无情地实施制裁，这强化了俄罗斯人对西方的敌意，拉近了民众与其领导人的距离。

---

545. Josh Holder, "Who's Gaining Ground in Ukraine? This Year, No One.", *The New York Times*, September 28, 2023 (https://www.nytimes.com/interactive/2023/09/28/world/europe/russia-ukraine-war-map-front-line.html)

546. Ben Wallace, "Ukraine is winning. Now let's finish the job", *The Telegraph*, October 1, 2023 (https://www.telegraph.co.uk/news/2023/10/01/ben-wallace-ukraine-counteroffensive-succeeding/)

547. "Ukraine war latest: Kyiv says special forces conduct operation in occupied Crimea", *The Kyiv Independent*, October 4, 2023 (https://kyivindependent.com/ukraine-war-latest-kyiv-says-special-forces-conducted-operation-in-occupied-crimea/)

548. https://www.levada.ru/2023/12/08/konflikt-s-ukrainoj-otsenki-noyabrya-2023-goda/

俄罗斯官方的叙述小心翼翼地避免说谁赢谁输，而是专注于实际可衡量结果。政府面临的挑战是防止俄罗斯公民的日常生活受到冲突的影响。他们有能力找到替代市场，这尤其要归功于与中国的联系。俄罗斯方面也开展了密集的外交活动，只要涉及与乌克兰冲突无关的领域。这些成功有助于维持公众对该国领导层的信心。

在西方，从一开始就把政治，经济和外交活动集中在如何击败俄罗斯上，并为此组建一个全球联盟。这是一厢情愿的做法，所有这些努力都失败了。西方外交的重点是动员力量对抗俄罗斯，而不是致力于解决冲突实现和平。它的执念使它远离其重要中心，而俄罗斯和中国的外交在这些关键中心一直很活跃，也很成功。

战略因素的比较

关键参与者的战略（到2023年底）

	俄罗斯	乌克兰	美国
战略目标	防止在其边界附近部署核导弹。[549]	导致俄罗斯的国家崩溃和政权更迭。[550]	削弱中国的后院。[551]
期望的最终状态	乌克兰的中立（不参加北约。）[552]	恢复1991年边境内主权。[553]	政权更迭，肢解俄罗斯[554]
重心	内部稳定	乌克兰胜利的叙述	整个国际社会的凝聚力

图43-比较乌克兰冲突中主要参与者的战略组成部分，由参与者自己定义。欧盟没有出现在这份名单上，因为它没有真正定义任何目标（除了为"价值观"而战），只是在传递美国的目标。

549. https://www.mid.ru/tv/?id=1744872&lang=ru

550. Alexander Query, "Danilov: 'Ukraine's national interest is Russia's disintegration'", *The Kyiv Independent*, February 6, 2023 (https://kyivindependent.com/national/danilov-ukraines-national-interest-is-russias-disintegration)

551. Tom O'Connor, "NATO Chief Says Weakening Russia Will Help US Focus on Challenging China," *Newsweek*, September 21, 2023 (https://www.newsweek.com/nato-chief-says-weakening-russia-will-help-us-focus-challenging-china-1828914)

552. Max Seddon, Roman Olearchyk, Arash Massoudi & Neri Zilber, "Ukraine and Russia explore neutrality plan in peace talks", *Financial Times*, March 16, 2022 (https://www.ft.com/content/7b341e46-d375-4817-be67-802b7fa77ef1)

553. Pavel Polityuk, "Ukraine says it stands firm on recognition of 1991 borders", *Reuters*, March 17, 2022 (https://www.reuters.com/world/europe/ukraines-president-says-1991-borders-must-be-recognised-adviser-2022-03-17/)

554. https://www.csce.gov/international-impact/events/decolonizing-russia

缺乏系统的战略分析，导致对实地情况缺乏了解。特别是在法国，所谓的"战略"分析仍然非常直观，似乎完全基于媒体发布的最新消息。这样就无法解读他人意图，或者只能根据自己的逻辑来猜测。这实际源于种族中心主义情结，这也是法国目前与非洲国家紧张关系的根源。这种种族中心主义在法国记者中非常明显。他们拥有非常"大都市"文化，即使是那些据说去过国外的记者也如此。

我们需要区分与国家安全相关的战略目标和期望的最终状态，前者通常是长期的，后者是我们希望在行动结束时所处的状态。

重心的比较解释了为什么西方坚持的——尤其是美国——游说中国、印度和南方国家来共同支持谴责和制裁俄罗斯的决议。因为只有通过这种国际凝聚力，这些制裁才能奏效。问题在于，西方国家按照他们所认为的国家利益行事，而南方国家也有这种权利。

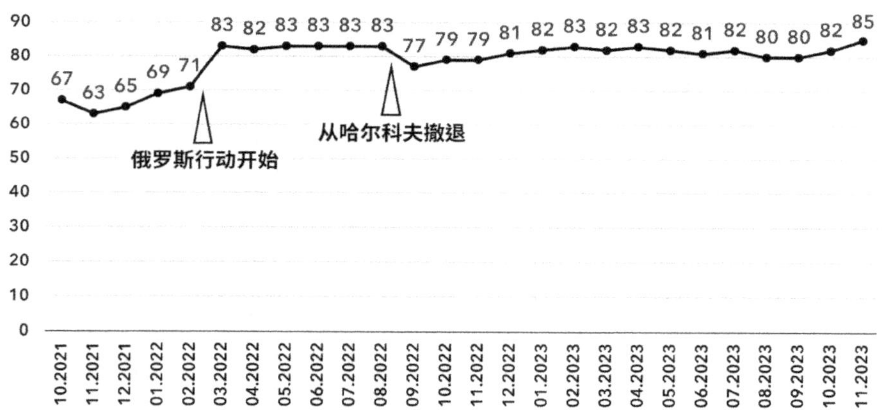

图44—自SMO开始以来，对普京政策的支持一直保持稳定。当然，人们对冲突有轻微的厌倦，但它的影响不足以暗示"政权"的更迭。【来源Source: https://www.levada.ru/2023/10/03/konflikt-s-ukrainoj-otsenki-sentyabrya2023-goda/】

对主要参与者战略各个组成部分的研究表明，只有俄罗斯人有一个现实和可实现的目标。让我们在这里回顾一下，泽连斯基2023年3月的提议既满足了俄罗斯的战略目标，也满足了其期望的最终状态。只有在西方干预之后，乌克兰总统才撤回了这一提议。

俄罗斯的战争艺术

至于乌克兰和西方的目标，是建立在事实无法支持的假设和偏见之上的。这些假设包括俄罗斯经济的脆弱性和弗拉基米尔·普京的不受欢迎。例如莫斯科有"政权"更迭的希望，但没有迹象表明权力已被削弱。

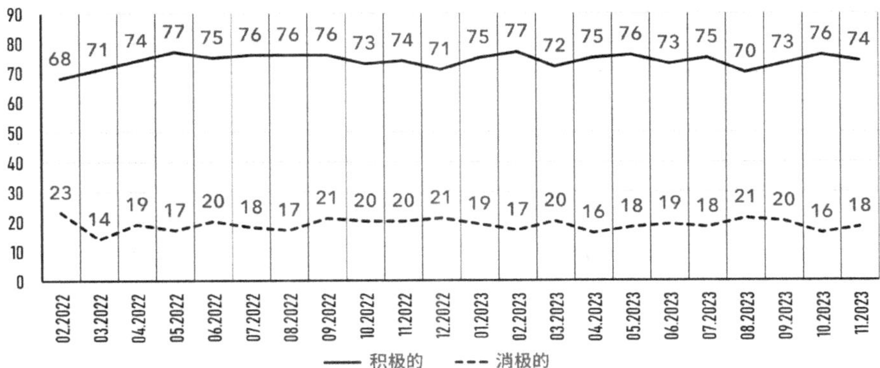

图45—对SMO的正面评价稳定在70%至75%之间，反对军事行动的比例也稳定在20%左右。【来源，Source: https://www.levada.ru/2023/10/03/konflikt-s-ukrainoj-otsenki-sentyabrya2023-goda/】

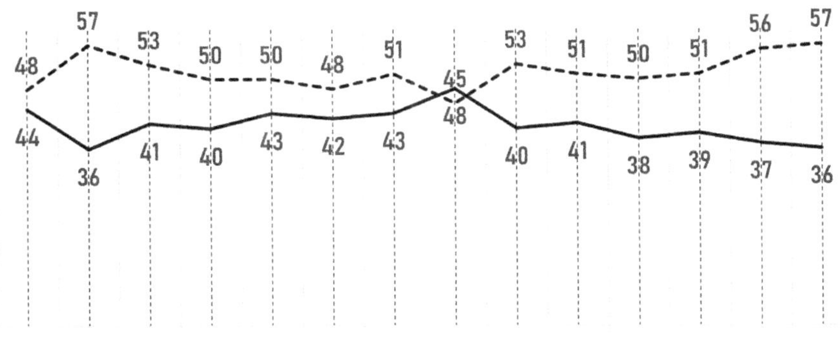

图46—与其他指标一样，对谈判进程的支持保持稳定。这里应该记住，正如谢尔盖·拉夫罗夫在2023年10月所说，这也是俄罗斯政府的立场。然而，俄罗斯的立场已经发生了变化，因为它不会以比2022年更苛刻的条款进入谈判进程。这些条款被西方拒绝。可以肯定的是，在被西方欺骗了明斯克协议之后，俄罗斯也将寻求非常认真的保证【来源：https://www.levada.ru/2023/10/03/konflikt-s-ukrainoj-otsenki-sentyabrya2023-goda】

第五章 战略分析

这就是乌克兰失败的原因之一：我们的政客和那些影响他们的人——媒体——是幕后策划者。他们没有试图帮助乌克兰（否则他们会在2022年之前这样做）；但他们正试图满足自己的偏见。

$就连乌克兰寻求的最终国家也是模棱两可的——1991年，当乌克兰宣布独立时，克里米亚已经成为一个自治的苏维埃社会主义共和国，由莫斯科而不是基辅管辖。这是乌克兰暗示愿意做出让步而又不太显眼的微妙方式吗？现阶段还很难说。

这些数字来自列瓦达民意调查机构（被视为俄罗斯的外国代理人）。之所以在这里引用它，是因为它定期提出相同的问题，从而可以比较立场随时间的演变。可以看出，民众对特别行动的支持是稳定的，甚至略有上升。这似乎与支持谈判解决的人数相矛盾，支持谈判解决的人数也在增加。事实上，这里并没有真正的矛盾，因为这也是俄罗斯政府的立场。俄罗斯政府一直宣称自己对谈判解决方案持开放态度。2022年2月，3月和8月，是西方人反对谈判进程。

换句话说，俄罗斯的重心一直保持着极其稳定的状态。

另一方面，对于乌克兰来说，它依赖西方支持的叙事正在崩溃。自2023年夏天开始，我们媒体提出的叙述与实地现实之间的差距已经清晰可见。我在这之前三本书中的观察正在被证明是正确的，乌克兰军方正在对其当局失去信心。基辅国际社会学研究所（KIIS）对乌克兰伤亡情况的调查表明，我们的政治家和乌克兰政治家正在将他们的愿望当成现实。

在2023年11月初的《时代》杂志上，泽连斯基承认：[555]

> 一些前线指挥官开始拒绝前进的命令，他接着说，即使直接来自总统办公室的命令。

当接到前进命令时，指挥官回应说：

> 用什么？"他们没有人手，也没有武器"军官说"武器在哪里？大炮在哪里？新兵在哪里？"

---

555. Simon Shuster, "'Nobody Believes in Our Victory Like I Do,' Inside Volodymyr Zelensky's Struggle to Keep Ukraine in the Fight," *TIME*, October 30, 2023 (updated November 1, 2023) (https://time.com/6329188/ukraine-volodymyr-zelensky-interview/)

衰落的叙事

2022 年 12 月　　　　**2023 年 11 月**

图47—《时代》杂志封面。一年之内，乌克兰已成为失败的代名词。在没有严格证据的支持情况下，大肆宣扬国家的胜利，只会加剧叙事与现实之间的差距。在国内，批评声浪倍增，对泽连斯基的信心一落千丈。

　　在欧盟内部，对乌克兰的支持不再是一致的。[556]　巴以冲突的出现使事情更加复杂化。运往乌克兰的美国武器被转到了以色列，[557]　这让试图访问以色列但被拒绝的弗拉基米尔·泽连斯基感到非常沮丧。[558]换句话说，叙事不再有分量，依赖叙事的支持开始枯竭。

　　对美国来说，国际凝聚力是对俄罗斯实施制裁的基石。然而，美国对中国的言论得到其北约盟国的支持，不仅放大了西半球与世界"其他地区"之间的分歧。而且欧盟外交政策负责人何塞普·博雷尔的过激言论也疏远了"全球南方"国家。结果，俄罗斯的孤立——是其政治和经济崩溃的必要条件——但从未实现。事实上，以美国人为首的西方似乎从未对这场冲突进行过战略思考。这就是让俄罗斯在这场冲突中占了上风的原因。

556. "Hungary, Slovakia criticise more aid to Ukraine as EU fights over budget", *Euractiv.com/AFP*, October 27, 2023 (https://www.euractiv.com/section/global-europe/news/hungary-slovakia-criticise-more-aid-to-ukraine-as-eu-fights-over-budget/)

557. Barak Ravid, "U.S. to send Israel artillery shells initially destined for Ukraine", *Axios*, October 19, 2023 (https://www.axios.com/2023/10/19/us-israel-artillery-shells-ukraine-weapons-gaza)

558. https://kyivindependent.com/media-israel-refuses-zelenskys-visit-says-time-not-right/

因此，乌克兰和美国人都无法保持重心。对此的解释是，俄罗斯有一个能够完全控制的重心，因为它在很大程度上取决于其国内政治。与西方不同，俄罗斯一直寻求维护其公民的福祉。这就解释了为什么俄罗斯人每天都不会感受到乌克兰冲突的影响。这也解释了乌克兰企图利用恐怖主义来攻击俄罗斯的内部稳定。然而，这些行动不太可能产生深远的影响，因为它们不是可以放大的普遍不满气氛的一部分。

乌克兰和美国的重心都是外部依赖的，并不完全处于政治控制之下，这关键的脆弱性解释了为什么俄罗斯比对手具有战略优势。但这也意味着西方严重误判了局势。

从西方的角度来看，俄罗斯的战略地位不如SMO之前，因此俄罗斯已经失败了。但只有当我们将欧洲视为世界的中心时，这才成立。实际上，虽然欧洲外交的重点是削弱俄罗斯，但俄罗斯却专注于创造一个新的、可替代环境。俄罗斯成功的关键在于其整体作战方法。

对"胜利"的各自不同定义

俄罗斯在克劳塞维茨思想的框架内下运作，即利用作战上的成功来达到战略目的。因此，作战战略（作战艺术）在定义什么是胜利方面起着至关重要的作用。

正如我们在巴赫穆特作战中看到的那样，俄罗斯人已经完美适应了西方给乌克兰的战略，即乌克兰优先考虑每一平方米的防御。因此，乌克兰人就这样正中了俄罗斯官方宣布的消耗战略的下怀。相反，在哈尔科夫和赫尔松，俄罗斯人更愿意放弃土地以换取他们士兵的生命。在消耗战的背景下，像乌克兰那样，牺牲潜力以换取领土，是最糟糕的策略。

这就是为什么乌克兰军队司令扎卢日尼将军试图反对泽连斯基，并提议从巴赫穆特撤军的原因。但在乌克兰，指导军事决策的是西方的叙事。泽连斯基更愿意走我们媒体向他指示的道路，以保持西方舆论的支持。2023年11月，查卢日尼将军不得不公开承认"寸土必争"的策略是错误的，因为延长战争只会有利于俄罗斯。[559]

---

559. "'It was my mistake': Ukrainian Commander-in-Chief on counteroffensive and 'gunpowder' for victory", *RBC-Ukraine,* November 2, 2023 (https://newsukraine.rbc.ua/news/it-was-my-mistake-commander-in-chief-on-counteroffensive-1698929719.html)

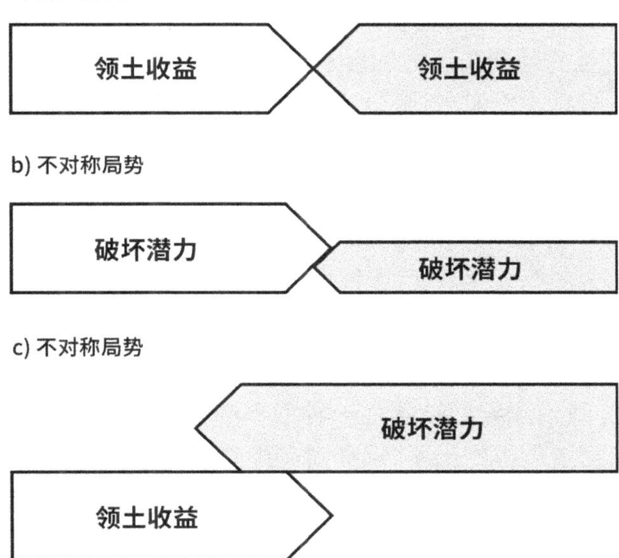

图48-西方对俄罗斯在乌克兰战略的解读是对称的,在这种情况下,俄罗斯人和乌克兰人都以夺取乌克兰领土为目的:一方夺取它,另一个是捍卫并收回它(a)。不对称的情况是两个对手都在追求相似的目标,但有不同的潜力(b)。当追求一个目标有利于实现对手的目标时,或者当所使用的策略有利于对手的目标时,我们就处于不对称的境地。这就是西方和我们的媒体将乌克兰推入的困境。通过坚守固定阵地,乌克兰人正在促进弗拉基米尔·普京(去军事化)和苏罗维金将军(摧毁潜力)的既定目标的实现(c)。

乌克兰冲突本质上是不对称的。西方想把它变成一场对称的冲突,宣称乌克兰的能力足以推翻俄罗斯。这从一开始就显然是一厢情愿的想法,其目的只是为不遵守《明斯克协议》辩护。俄罗斯战略家已将其转变为一场不对称冲突。

乌克兰在这场冲突中的问题在于,它与胜利的概念没有理性的关系。相比之下,意识到自己在数量上处于劣势的巴勒斯坦人,已经换了一种思维方式,使简单的抵抗行为具有胜利感。这就是这场冲突的不对称性本质,以色列在75年的时间里从未设法理解过它。它被简化为通过战术优势而不是战略技巧处理冲突。在乌克兰,情况也是如此。乌克兰执着与一种与收复领土有关的胜利概念,将自己困在一种只会导致失败的逻辑中。

2023年11月20日，国家安全与国防委员会秘书奥列克西·丹尼洛夫描绘了一幅乌克兰2024年前景的黯淡画面。[560] 他的讲话表明，乌克兰既没有摆脱冲突的计划，也没有将胜利感与冲突的出现联系起来的方法：他被迫将乌克兰的胜利与西方的胜利联系起来。然而在西方，乌克兰冲突的结束越来越被视为军事、政治、人力和经济的崩溃。

在不对称的情况下，每个主角都可以自由地定义自己的胜利标准，并从自己控制的一系列标准中进行选择。这就是为什么埃及（1973年）、真主党（2006年）、伊斯兰国（2017年）和1948年以来的巴勒斯坦抵抗运动，以及2023年的哈马斯，尽管损失惨重，但还是取得了胜利。对于西方人来说，这似乎有悖常理，但这就是原因所在，西方人无法真正赢得他们的战争。

在乌克兰，政治领导层被困在一种叙事中，这种叙事排除了在不丢面子的情况下摆脱危机的出路。现在对乌克兰不利的不对称局面源于一种与现实混淆的叙述，并导致了一种与俄罗斯行动性质不相适应的回应。

---

560. https://www.rnbo.gov.ua/ua/Diialnist/6714.html

第六章. 一场技术战争

俄罗斯国防工业

2023年6月，军事"专家"亚历山大·沃特拉弗斯在瑞士媒体的一篇报告中宣称，"俄罗斯的国防工业是苏联的影子"，并"判定俄罗斯军队处于守势"。[561]　它将在国外购买设备，例如从意大利公司依维柯购买轻型多用途轮式装甲车（LMV），[562]　或从法国购买MISTRAL护卫舰，[563]　看作是俄罗斯工业衰落的标志。

实际上，俄罗斯所做的正是西方国家所做的事情，都在试图购买更便宜的"现成"设备。这是因为俄罗斯正在开发高度复杂的武器系统，如高超音速武器，装甲车的ARMATA平台，机器人系统和使用人工智能的控制网络。因此，俄罗斯保留了对国内生产敏感的高科技设备的投资，对相对简单的系统，则更倾向从国外直接购买。伊朗的Shahid-136无人机（在俄罗斯称为GERAN-2）出现在俄罗斯就属于这种情况。顺便说一句，这些采购中有很大一部分是来自北约国家。这表明俄罗斯无意卷入与欧洲人的冲突。

同样，美国商务部长吉娜·雷蒙多在2022年5月的一次国会听证会上表示，俄罗斯人正在从洗衣机和冰箱中收集微处理器，以获得其武器所需的微处理器。[564]　这就是助长欧洲愚蠢行为的全部原因。欧盟委员会主席

---

561. https://www.lemanbleu.ch/fr/Emissions/189661-Geneve-a-Chaud.html

562. https://defence-blog.com/italian-made-iveco-lmvs-tactical-vehicles-spotted-during-military-parade-rehearsals-in-russia/

563. https://sldinfo.com/2023/02/the-french-mistral-the-case-of-the-russian-sale-and-its-aftermath/

564. Jeanne Whalen, "Sanctions forcing Russia to use appliance parts in military gear, U.S. says," *The Washington Post*, May 11, 2022 (https://www.washingtonpost.com/technology/2022/05/11/russia-sanctions-effect-military/)

乌尔苏拉·冯·德莱恩[565]和德国外交部长安娜莱娜·贝尔伯克[566]　一遍又一遍地引用了这一信息。为什么我们的女性政治家坚持要证明弗朗索瓦丝·吉鲁的预言是正确的："当任命一个不称职的女性担任重要职位的那一天，女性将真正与男性平等"。

据法国电视频道TF1报道，俄罗斯不生产半导体。正如你对阴谋媒体不抱期望的那样，这又是一个谎言。事实上，俄罗斯25%的半导体需求是自己生产的，包括军用需求，主要使用100-150纳米微处理器，和中纳米处理器（30-65纳米）。它可以指望中国提供用于军事装备的低-极低纳米微处理器（20-60纳米）。用于平板电脑和手机中的低-极低纳米微处理器（4-12纳米）通常不用于武器，因为它们难以"硬化"。似乎是为了反驳我们的缪斯女神，乌克兰人自己宣称，俄罗斯人不缺微处理器。[567]

这么说，俄罗斯有多种手段来规避西方的制裁，他们已经决定实施一项旨在到2030年创造生产7纳米微处理器的计划。[568]

因此，尽管西方媒体散布谣言，但没有证据表明俄罗斯不得不从外部参与者那里购买武器系统，以弥补其国防工业不足。这有几个原因。首先是俄罗斯国防工业非常好，它具有创新性，在国际市场上极具竞争力。与西方国家不同，俄罗斯军火工业与乌克兰一样，继续出口军事装备。今天，其武器出口已大大减少，因为其大部分生产已转用于国内需要。

俄罗斯的武器工业体系有大约800家公司，提供50万个工作岗位。在共产主义时代，该行业是按照计划经济的原则运作的，而今天它是按照市场经济的原则运作的。事实上。俄罗斯武器工业的架构与上世纪60年代至80年代的欧洲非常相似。这些公司几乎都是国有的，与西方军工联合体不同，西方军工联合体的利益可能与国家利益不同，在俄罗斯，它们的利益是一致的。

---

565. https://www.youtube.com/shorts/eMGN-l3VHAE?feature=share
566. https://twitter.com/mazzenilsson/status/1695478885196935255
567. Chris Livesay & Erin Lyall, "Russia is bombarding Ukraine with drones guided by U.S.-made technology, and the chips are still flowing," *CBS News*, January 4, 2023 (https://www.cbsnews.com/news/ukraine-war-russia-iranian-drones-us-made-technology-chips/)
568. Simon Lüthje, "Russia wants to manufacture its own chips using the 7 nm process", *Basic-Tutorial*, October 24, 2023 (https://basic-tutorials.com/news/russia-wants-to-manufacture-its-own-chips-using-the-7-nm-process/)

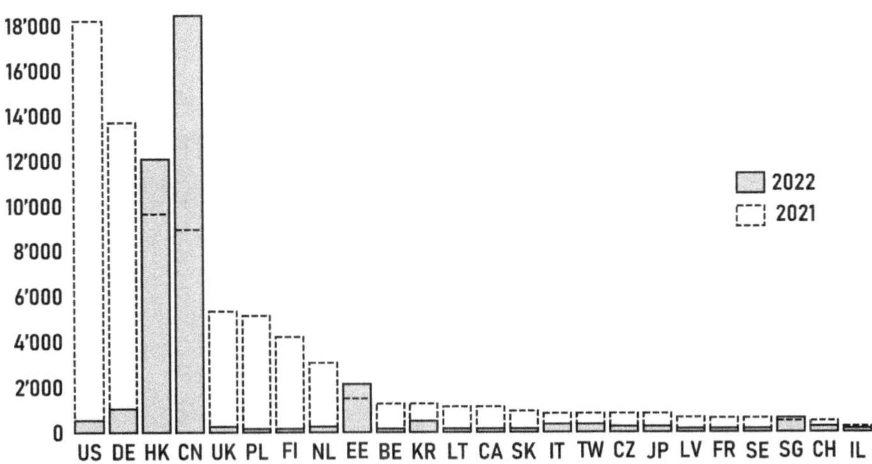

图49-根据乌克兰研究员埃琳娜·里巴科娃的工作，俄罗斯从每个国家和地区采购微处理器的交易数量。[569]可以看出，中国和香港在很大程度上取代了美国。我们注意到，爱沙尼亚从不放过任何机会表达对俄罗斯人的仇恨。它似乎在说一套，做一套。总理卡娅·卡拉斯的丈夫也是如此，他似乎既不正直，也不聪明。【来源，埃琳娜·里巴科娃】。

　　冷战结束后，西方，尤其是欧洲的军火工业让位于民用生产，以收获"和平红利"。许多人，尤其是法国人，对这种情况感到不安，认为这是一个战略错误。但事实并非如此。欧洲的局势以及与俄罗斯的良好关系（至少在2014之前）意味着没有军事威胁是现实，并且客观上没有理由保持庞大的生产能力。这大概就是美国自冷战结束以来竭尽全力维持持续不断威胁的根本原因。即使在今天，也只有新纳粹分子坚持俄罗斯对欧洲构成威胁的叙述，为我们对乌克兰的政策辩护。

---

569. https://twitter.com/elinaribakova/status/1608260362004205569

电子战

电子对抗

电子战（EW）是一个被我们的"专家"系统性忽视而且，并且几乎总是与网络战混淆的领域。尽管这两个学科可能相交，但它们在技术上是不同的。简单的说，电子战是所谓的以太中的波之战，而网络战是软件之战。

随着社会日益计算机化，电子战活动的范围呈指数级增长，特别是在像乌克兰这样幅员辽阔的国家，那里的军事通信使用高度计算机化的卫星系统，类似于民用部门使用的GSM网络。

在俄罗斯被指定为"无线电电子战斗"（REB），这是一个它擅长的领域，可能比西方有更大的领先优势。正如英国广播公司BBC所承认的那样，这也是一个悄然取得成功的领域：[570]

> 俄罗斯不仅在数量和武器上都超过了乌克兰军队，而且
> 而且在电子战方面也拥有丰富的经验。俄罗斯封锁并干
> 扰了乌克兰的军事通信系统。

2023年5月25日，英国国防部报告称，据Geollect报道，自2023年5月14日以来，俄罗斯人入侵了船舶自动识别系统（AIS），制造出船舶在黑海65公里长的"Z"字形航线传输自动识别信号的假象，让商船看起来像是在移动，[571] 在开源跟踪软件上可以看到。[572]

在2022年2月开始干预时，俄罗斯能够使所有乌克兰的军事传输失效。

星链终端的破坏迫使指挥所通过铱星卫星电话网络通过语音交换发射数据。这减慢了炮兵的反应时间，使他们更容易受到反炮兵火力的攻击。

通用电气的主要努力之一是打击无人机。在《经济学人》中，一位乌克兰官员说：[573]

570. https://www.bbc.com/news/world-europe-62090791

571. https://www.tradewindsnews.com/technology/ship-ais-data-spoofed-to-draw-pro-war-russian-z-symbol-in-black-sea/2-1-1456329

572. https://twitter.com/DefenceHQ/status/1661607073803640833

573. "Ukraine is betting on drones to strike deep into Russia," *The Economist*, March 20, 2023 (https://www.economist.com/europe/2023/03/20/ukraine-is-betting-on-drones-to-strike-deep-into-russia)

俄罗斯人非常非常擅长他们所做的事情（……）当涉及到电磁战时，他们会施展黑魔法。它们可以干扰频率，欺骗GPS系统，将无人机送到错误的高度，使其从天空中掉下来。

系统1L269 KRASUKHA-2克拉苏哈

图50—KRASUKHA-2是一种设计用于干扰远距离预警系统的电子战装备，如北约使用的E-3哨兵预警机，预警范围可达250公里。它还可以干扰雷达制导导弹系统。这就是为什么它也被用来保护伊斯坎德尔型导弹发射场的原因。它向攻击导弹发送错误数据，使其偏离航向。

系统1RL257 KRASUKHA-4

图51- KRASUKHA-4主要用来干扰美国J-STARS型机载雷达系统，这种雷达有跟踪敌方地面移动目标的能力。这套干扰系统在克里米亚成功偏移了由美国控制系统引导的乌克兰攻击。

2023年8月，尽管美国的E-8 J-Stars和RQ-4"全球鹰"从乌克兰边境和黑海持续监视该地区，但乌克兰军队在库皮扬斯克地区被打了个措手不及[574]。这次袭击的准备工作没有被发现的原因是，由于电子战使西方雷达失明，俄罗斯人能够使自己"隐形"。正式部署在克里米亚的克拉苏哈KRASUKHA系列系统，使俄罗斯人能够像在"电子屏幕"后面一样行动。

反卫星战

从SMO开始，乌克兰的控制指挥机构就受到俄罗斯袭击的严重破坏。乌克兰不得不依靠，由美国、英国和波兰政府资助的约2万个终端星链网络。星链系统的服务由埃隆·马斯克的SpaceX公司提供，它通过卫星网络进行数据传输，并迅速成为传输操作数据的工具，包括对无人机的操控和对目标坐标的标定。因此，它已成为俄罗斯电子战的优先目标之一。在乌克兰运营该网络系统每年的成本约为4亿美元。

因此，星链迅速成为俄罗斯电子战的优先目标之一。最初，SpaceX成功地阻止了对其卫星的干扰，[575] 但到2022年10月，大规模的Starlink故障对乌克兰的作战信息传输产生了"灾难性"后果。[576] 根据乌克兰军队总司令瓦列里·扎卢日尼将军的说法，俄罗斯人每月摧毁五百个星链终端。[577] 这迫使指挥所通过铱星卫星电话网络用语音交换射击数据，势必减慢了炮兵的反应时间，使他们更容易受到反炮兵火力的攻击。

将民用卫星网络用于军事目的可能导致俄罗斯将卫星视为合法打击目标。[578]

574. Dan Sabbagh, "'I couldn't take it any more': holdouts quit Kupiansk after renewed Russian shelling", *The Guardian*, August 29, 2023 (https://www.theguardian.com/world/2023/aug/29/holdouts-quit-kupiansk-after-renewed-russian-shelling-ukraine)

575. Michael Kan, "Pentagon Impressed by Starlink's Fast Signal-Jamming Workaround in Ukraine," *PC Magazine*, April 21, 2022 (https://www.pcmag.com/news/pentagon-impressed-by-starlinks-fast-signal-jamming-workaround-in-ukraine)

576. Elizabeth Howell, "Elon Musk says Russia is ramping up cyberattacks on SpaceX's Starlink systems in Ukraine," *Space*, October 14, 2022 (https://www.space.com/starlink-russian-cyberattacks-ramp-up-efforts-elon-musk)

577. Xander Landen, "Starlink Outages Put 'Dent' in Ukrainian Counteroffensive Against Putin," *Newsweek*, October 8, 2022 (https://www.newsweek.com/starlink-outages-put-dent-ukrainian-counteroffensive-against-putin-1750116)

578. "Russia Says U.S. Satellites Assisting Ukraine Are 'Legitimate' Targets," *The Moscow Tmes*, October 27, 2022 (https://www.themoscowtimes.com/2022/10/27/russia-says-us-satellites-assisting-ukraine-are-legitimate-targets-a79208)

反无人机系统

俄罗斯人开发了一系列工具来消除乌克兰无人机的威胁。其中最明显的是防空。西方防空系统（反无人机系统）的问题在于，他们依靠有限数量的系统来应对所有空中威胁。乌克兰使用的爱国者导弹就是这种情况，当用来对付损毁效果有限的廉价无人机时，这种导弹会变得极其昂贵。俄罗斯人有不同的理念，他们采用多层次、多系统，相互重叠的防御策略。

俄罗斯反无人机计划的关键是铠甲-SM系统，这是1990年代初创建的系统的最新版本。它是一种点防御系统，针对难以预测飞行轨迹的小型无人机进行了优化。PANTSIR SM系统分布在战术层面，有助于BTG的空中掩护。它可以检查尺寸为15厘米x15厘米大小的目标，并配备短程导弹（<7km）来击落小型无人机。其雷达系统的明感度使其成为对抗战术导弹的有效武器系统，例如TOCHKA-U(SS-21)或HIMARS。

铠甲系统

图52- 铠甲-SM是最有效的战术防空系统之一。

第二种反无人机工具是米-28NM战斗直升机。它针对无人机战争进行了优化。它的NO25E雷达使其成为一种"迷你预警机"，能够监测空域并探测非常小的物体。它还能够在夜间狩猎无人机。然而，它的弱点是其导弹的灵敏度低，无法锁定热信号不足的小型无人机，它被集成到RUK控制系统中，能够快速响应地面部队的需求。

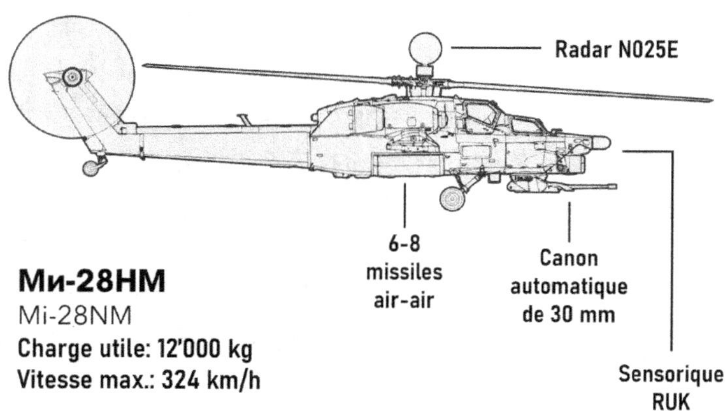

图53—米-28NM专为对抗无人机而设计，尤其是在夜间。

俄罗斯对抗无人机和空中导弹袭击（弹道导弹，海马斯或巡航导弹）的武器库中，最重要的元素是一套电子措施。俄罗斯人创造了一套系统，形成了从战略到战术层面的多层次防御。

这些系统以多种方式运行。最常见的是GPS信号干扰。据美国《福布斯》杂志报道，俄罗斯能够用其电磁系统击落90%的乌克兰无人机。[579]

重要的是要明白，这些"分层"系统意味着拦截的密度会随着无人机靠近攻击目标而增加，就像蜘蛛网一样。这就解释了为什么中型乌克兰无人机能够穿透俄罗斯领空，而且只在接近目标的地方被拦截。

俄罗斯人大规模引入了战术干扰系统，称为"堑壕干扰"系统，例如提供自动无人机压制的STRIJ，该系统让无人机接近，然后自动打开干扰信号并控制无人机。

无人机的问题在于它们通常太小，无法被防空系统发现和有效打击。答案是电子战，它可以使无人机失效。根据英国皇家联合军种研究所的数据，俄罗斯人每月击落约1万架乌克兰无人机.[580]乌克兰人自己承认，到

579. David Axe, "Russia's Electronic-Warfare Troops Knocked Out 90 Percent of Ukraine's Drones," *Forbes*, December 24, 2022 (https://www.forbes.com/sites/davidaxe/2022/12/24/russia-electronic-warfare-troops-knocked-out-90-percent-of-ukraines-drones/?sh=2b8c98a9575c)
580. https://static.rusi.org/403-SR-Russian-Tactics-web-final.pdf

2023年3月，乌克兰人每天损失10-15架无人机，并提供了八亿欧元的贷款，[581] 用于购买无人机。[582]

STRIJ反无人机系统

图54—俄罗斯人开发了一整套电子系统，可以在无人机成为威胁之前将其消灭。STRIJ就是这样一种系统设计用来保护战术单位。

　　俄罗斯人似乎能够实时解密用于引导小型无人机的摩托罗拉256位加密系统.[583] 当一架大疆无人机由于干扰或其他原因失去与操作员的无线电联系时，它会尝试返回它能够通信的最后一个已知位置。如果无法重新建立通信，则激活"故障安全返航"功能，无人机自动返回起点。如果GPS导航系统受到干扰（就像前线大部分地区经常发生的情况一样），并且无人机无法返回起飞点，那么无论它在哪里，它都会软着陆。[584]

581. https://youtu.be/qQ2kCDBYY6I

582. https://t.me/dsszzi_official/5621

583. Jack Watling & Nick Reynolds, "Meatgrinder: Russian Tactics in the Second Year of Its Invasion of Ukraine", *Royal United Services Institute for Defence and Security Studies* (*RUSI*), May 19, 2023 (https://static.rusi.org/403-SR-Russian-Tactics-web-final.pdf)

584. David Hambling, "New Report: Ukraine Drone Losses Are '10,000 Per Month'", *Forbes*, May 22, 2023 (https://www.forbes.com/sites/davidhambling/2023/05/22/ukraine-drones-losses-are-10000-per-month/?sh=799a1320384a)

俄罗斯人也有办法干扰GPS信号，从而破坏无人机和制导导弹的使用。根据《福布斯》杂志报道，俄罗斯能够用其电磁系统击落90%乌克兰无人机。[585]

神奇武器

在第二次世界大战结束时，随着德军在各条战线上撤退，希特勒和他的私人幕僚们仍然相信，通过使用新武器可以扭转局势。德国处于新技术和武器开发的最前沿，人们认为这些技术和武器"可以改变游戏规则"。喷气式飞机、导弹、新型装甲车——这些后来被称为Wunderwaffen（神奇武器）。但是，在轰炸之下，德国工业已无法保证正常生产，人力资源也在减少。神奇武器并没有阻止第三帝国的崩溃。八十年后，乌克兰正在经历与这些策划者相同的经历。

从2022年3月开始，随着俄罗斯联军在乌克兰的推进，西方坚信俄罗斯正在输掉这场战争。俄罗斯军队部署的新武器，特别是高超音速导弹，被激进的西方宣传媒体称为"Wunderwaffen"，以便将它们描述为俄罗斯面对不可避免的失败的最后手段。[586]

事实上，到2022年5月至6月，乌克兰实际上已经"去军事化"，弗拉基米尔·普京的既定目标已经实现。乌克兰将一个有前途的和平计划换取了西方的援助，"不管需要多久"。最初主要关注的是武器的数量。这就是为什么一些武器，例如标枪导弹，实际上是Wunderwaffen，其有效性将因俄罗斯的反制措施而迅速降低。

就俄罗斯人而言，他们正在寻求更好地利用其各种武器系统的优势，包括那些似乎已经过时的武器系统，正如我们看到的那样。面对俄罗斯技术人员的适应性，标枪，海马斯，爱国者或风暴之影等奇迹武器正在失去效力。他们正在寻找可以迅速带到战场上的装备。

585. David Axe, "Russia's Electronic-Warfare Troops Knocked Out 90 Percent of Ukraine's Drones," *Forbes*, December 24, 2022 (https://www.forbes.com/sites/davidaxe/2022/12/24/russia-electronic-warfare-troops-knocked-out-90-percent-of-ukraines-drones/?sh=2b8c98a9575c)
586. Volker Pabst, "Moskau zeigt auf seine 'Wunderwaffen'", *Neue Zürcher Zeitung*, March 20, 2022 (https://www.nzz.ch/international/russlands-wunderwaffe-erster-kampfeinsatz-von-hyper-schall-rakete-ld.1675519)

<h2 style="text-align:center">“神奇武器”，名副其实？</h2>

图55—“圣标枪”，在俄罗斯行动的最初几个小时内，它真成为乌克兰的偶像。它表明，从SMO开始，乌克兰人就依赖西方武器，这往往与乌克兰胜利的反复论调相矛盾。这也证明了西方援助的“奇迹般”性质，被视为对付预测失败的唯一手段。(诚实的评论员！)。

高超音速武器

俄罗斯人拥有完整系列的导弹，乌克兰防空系统导弹很难对它们进行拦截，其中包括9M723，伊斯坎德尔-M和KH-22　Bourya导弹。根据乌克兰空军发言人尤里·伊格纳特的说法，这是乌克兰希望拥有F-16战斗机来对抗KH 22的原因之一。[587]

为回应乌克兰袭击克里米亚，俄罗斯的高超音速导弹以报复的方式进入了乌克兰冲突。它们在乌克兰战区的作战意义，不如它们预示着俄罗斯与西方之间战略力量平衡的变化。KH-47M2 KINJAL导弹自2017年12月开始进行测试，于2022年3月18日首次投入战斗，以打击乌克兰后勤基地。这可能既是战斗条件下的第一次测试，也是向西方发出的信号。

并非这些导弹的所有技术特性都是对外公开的，然而，它们似乎对西方防空系统构成了重大挑战。例如美国的MIM-104爱国者，挪威的

---

587. Joseph P Chacko, "Here is a list of Russian missiles that are too powerful for Ukrainian air defences to shoot down", *Frontier India*, March 7, 2023 (https://frontierindia.com/here-is-a-list-of-russian-missiles-that-are-too-powerful-for-ukrainian-air-defences-to-shoot-down/)

NASAMS或德国的IRIS-TSLM. 2023年5月8日，RTS宣布乌克兰于5月4日首次成功击落一枚高超音速导弹。[588] 然而就在三天前，乌克兰空军发言人告诉乌克兰媒体，[589] 乌克兰并没有击落这种导弹。[590]

KINJAL主要部署在米格-31K和米格-31I飞机上，也可以在Su-34平台上发射。这种多样化的好处是，它可以腾出更多米格-31去拦截巡航导弹，它的雷达可以有效地探测巡航导弹。

KINJAL Kh-47M2高超音速导弹

图56—KINJAL高超音速导弹主要由米格-31K飞机悬挂发射。

当我们的媒体不断告诉我们俄罗斯没有技术发展能力时，我们可以看到它已经成功的开发了全系列高超音速导弹（速度在1万至3万公里/小时之间）。例如，俄罗斯已开始在其舰艇上部署锆石高超音速导弹。[591]

---

588. https://www.rts.ch/info/monde/13999930-le-chef-de-wagner-dit-avoir-eu-la-promesse-de-moscou-de-recevoir-les-munitions-demandees.html#timeline-anchor-1683373528352

589. "Ukraine's Air Force denies ballistic missile shot down over Kyiv on May 4," *The Kyiv Independent*, May 5, 2023 (https://kyivindependent.com/ukraines-air-force-denies-ballistic-missile-shot-down-over-kyiv-on-may-4/)

590. Olena Bohdanyok, "Повітряні Сили спростували збиття над Києвом гіперзвукової ракети 'Кинжал' вночі 4 травня Ексклюзивно," *suspilne media*, May 5, 2023 (https://suspilne.media/466841-ci-bula-zbita-nad-kievom-giperzvukova-raketa-vnoci-4-travna-so-pro-ce-vidomo/)

591. Brad Lendon & Anna Chernova, "Putin deploys Russian warship with Zircon hypersonic missile, TASS says," *CNN*, January 5, 2023 (https://edition.cnn.com/2023/01/05/europe/russia-warship-hypersonic-missile-deployed-intl-hnk-ml/index.html)

由于难以拦截，这些导弹对美国航空母舰构成了相当大的威胁；也就是说，威胁到美国的兵力投射能力。西方似乎还没有理解这些新武器的地缘战略意义，西方仍然被困在自己的叙述中。但普京多年来一直在谈论他们的新技术武器，谈论的这些武器确实比西方领先数年。[592] 美国还没有成功开发出类似的系统。

装甲车辆

力量的平衡

在SMO开始时，双方的坦克数量大致相同。乌克兰拥有大约800辆T-64坦克和大约100辆T72坦克。根据五角大楼的数据，俄罗斯大约有80辆BTG，[593] 800-1000辆主战坦克，因此，力量大致保持平衡。

自2022年2月24日以来，如果我们的媒体和杰出的军事"专家"是可信的，那么俄罗斯人除了坦克之外什么也没损失。另一方面，据说乌克兰缴获了数百辆坦克，[594] 加上2022至2023年从西方收到的坦克，总共应该有2700辆主战坦克。然而，我们在2023年反攻期间看到的是--乌克兰人严重缺乏主战坦克，他们不得不依赖西方的援助。

俄罗斯坦克与西方坦克的比较

西方的叙述强调了帮助乌克兰的努力，以及所提供装备的卓越质量，而俄罗斯人似乎正在用古董作战。事态的发展似乎在否定我们的专家和造谣者。是俄罗斯人比乌克兰人更善于变废为宝，还是我们的专家在撒谎？是后者。我们的电视"专家"似乎已经变成了小贩（事实上，更多的是"骗子"而不是小贩），大肆宣扬西方坦克的先进性，完全碾压俄罗斯坦克，他们说俄罗斯坦克设计平庸且落武，坦克兵训练不足，士气低落，机组人员

---

592. Nick Mordowanec, "Putin Brags New Weapons Are 'Decades' Ahead of Rest of the World's," *Newsweek*, August 15, 2022 (https://www.newsweek.com/vladimir-putin-brags-russian-new-weapons-decades-ahead-other-countries-1733754)

593. "Senior Defense Official Holds a Background Briefing, April 18, 2022," *defense.gov*, April 18, 2022 (https://www.defense.gov/News/Transcripts/Transcript/Article/3002867/senior-defense-official-holds-a-background-briefing-april-18-2022/)

594. "Attack On Europe: Documenting Russian Equipment Losses During The 2022 Russian Invasion Of Ukraine," *Oryx*, February 24, 2022 (https://www.oryxspioenkop.com/2022/02/attack-on-europe-documenting-equipment.html)

不能有效操控这些坦克。至于现代坦克，根据"专家"亚历山大·沃特拉弗斯的说法，俄罗斯只有"样品摆着"，俄罗斯人没有能力生产新的坦克。[595]

我们早已习惯人们谈论俄罗斯设备的质量不如西方的种种说法。但这并不完全正确。俄罗斯人和苏联人一样，在实现武装力量现代化方面与西方有着不同的理念。

西方的武器系统非常昂贵，并努力采用最新甚至新兴技术。结果是我们的装备技术先进，但能交付到战场实战的速度相对较慢。

相反，俄罗斯人（以及以前的苏联人）更喜欢部署经过验证的成熟技术。他们比西方更热衷于密切合作开发使用通用组件的"家族"系列设备。换句话说，俄罗斯武器代际差距比西方短，而且他们的装备更便宜。与冷战期间一样，其主要装备的代数高于西方。因此，他们系统的平均技术水平高于西方，成本更低。这就解释了为什么西方在向乌克兰交付数量有限的最新生产的装备后，不得不去翻找1960年代的旧库存。在俄罗斯方面，被毁坏的设备可以很容易地被上一代的设备所取代，而且升级成本低廉。

过时和无法使用的坦克

粗略的分析也表明，我们交付给乌克兰的坦克远不及俄罗斯人所拥有的水平。实际上，西方并没有给乌克兰他们最好的装备，而是给了他们垃圾。在2023年4月在德国拉姆施泰因基地举行的一次会议上，扎卢日尼将军的一名助手对他的美国同行说：[596]

> 很抱歉，我们收到的一些车辆不适合作战……布拉德利战车和的豹式坦克的履带已损坏或丢失。德国黄鼠狼战车缺少无线电，这些战车只不过是带有履带的铁箱。

供应给乌克兰的武器与其说是作战选择，不如说是政治选择。法国在拉姆施泰因会议之前的2023年1月决定交付AMX-10RCs轮式装甲侦察

---

595. https://www.club-44.ch/mediatheque/
596. Alona Mazurenko, "US and the West insisted on Ukraine's targeted counteroffensive to cut off Russia from Crimea", *Ukrainska Pravda*, December 4, 2023 (https://www.pravda.com.ua/eng/news/2023/12/4/7431593/)

车的就是这种情况。[597]　　这装备本身并不坏，但它是为不同的用途、时期和地形而设计的。7月，乌克兰军方官员宣布它不适合当前的反攻。[598] AMX-10RCs只是一种侦察车，但乌克兰军队并不需要侦察车。侦察功能可以由更简单、更不易受到攻击的车辆，甚至无人机来执行。11月，法国派出的第一批车辆被摧毁。[599] 然而，乌克兰显然很期待收到新系列的武器。

事实上，在11月，当全世界的注意力都集中在以色列和巴勒斯坦时候，乌克兰感到—可能是有道理的—被遗忘了。因此，乌克兰人喜欢夸耀他们收到的装备，尽管这不会带来胜利，而只会延长冲突。

2023年9月，德国外交部长安娜莱娜·贝尔伯克向CNN[600]承认，柏林提供的武器"已经过时，无法使用"。[601]几天前，乌克兰以无法使用为由，干脆拒绝了德国提供的10辆豹1A5坦克，而7月供应的10辆同类型的坦克也遇到了同样的问题。[602]　乌克兰媒体报道说，丹麦提供的1A5坦克也有同样的缺陷。[603]

美国《福布斯》杂志甚至报道说，为了训练乌克兰豹式坦克乘员，丹麦甚至不得不从博物馆里拿出坦克！[604]　问题在于，我们的说法是，我们正

597. "France's sending AMX-10RC light tanks to Ukraine is an important decision before next Ramstein meeting", *The New Voice of Ukraine*, January 5, 2023 (https://english.nv.ua/nation/france-s-sending-amx-10rc-light-tanks-to-ukraine-is-an-important-decision-before-next-ramstein-meet-50295680.html)

598. "Ukrainian commander warns French tanks are inadequate for counteroffensive", *Euronews / AFP*, July 2, 2023 (https://www.euronews.com/2023/07/02/ukrainian-commander-warns-french-tanks-are-inadequate-for-counteroffensive)

599. David Axe, "Ukrainian Marines Almost Wasted Their First Batch Of French AMX-10RC Scout Vehicles. Now They're Getting A Second Batch", *Forbes*, November 1, 2023 (https://www.forbes.com/sites/davidaxe/2023/11/01/ukrainian-marines-almost-wasted-their-first-batch-of-french-amx-10rc-scout-vehicles-now-theyre-getting-a-second-batch/?sh=77d5525048da)

600. https://edition.cnn.com/videos/tv/2023/09/25/amanpour-annalena-baerbock-ukraine-unga.cnn

601. Dinara Khalilova, "German foreign minister acknowledges some of Berlin's weapons are outdated, inoperational", *The Kyiv Independent*, September 26, 2023 (https://kyivindependent.com/german-foreign-minister-acknowledges-issues-with-weapons-delivered-to-ukraine/)

602. Martin Fornusek, "Ukraine refused 10 Leopard 1 tanks from Germany due to poor condition", *The Kyiv Independent*, September 19, 2023 (https://kyivindependent.com/media-ukraine-refused-10-leopard-1-tanks-from-germany-due-to-poor-condition/)

603. Dinara Khalilova, "Danish Leopard 1 tanks donated to Ukraine have defects", *The Kyiv Independent*, September 22, 2022 (https://kyivindependent.com/media-danish-leopard-1-tanks-donated-to-ukraine-have-defects/)

604. David Axe, "To Train Ukrainian Troops, the Danish Military Had To Borrow Leopard 1 Tanks From Three Museums," *Forbes*, September 8, 2023 (https://www.forbes.com/sites/davidaxe/2023/09/08/to-train-ukrainian-troops-the-danish-military-had-to-borrow-leopard-1-tanks-from-three-museums/)

在尽最大努力向乌克兰提供现代武器, 使其能够取得胜利。但我们知道,
包括我们杰出的军事"专家", 这不是真的。

豹-1A是1950年代设计的坦克, 配备一门105毫米加农炮。在冷战期
间, 这辆坦克在武器装、防护和机动性方面都适应了当时的标准。自20
世纪90年代以来, 120毫米口径已成为标配, 并具有相应的保护。有了这
些坦克, 乌克兰将落后一代。

俄罗斯坦克与供应给乌克兰的坦克的年龄比较 (2023)

俄罗斯		乌克兰	
类型	役龄 (年)	类型	役龄 (年)
T-72B/BA	27	M-55S	14
T-72B3	8	M1A1 ABRAMS	38
T-72B3 obr. 2016	3	LEOPARD 1A5	36
T-80BV/U	20	LEOPARD 2A4	38
T-80BVM	4	LEOPARD 2A6	22
T-90A	20	Strv 122A	25
T-90M	3	LEOPARD 2PL	35
平均役龄	13,4	平均役龄	29,7

图-57一些所谓的军事"专家"传播的一个都市传说是, 俄罗斯人没有现代装备。事实上, 俄罗斯的
设备总体上是现代和高性能的。

西方装备抵达时受到后勤方面的严重限制。有些系统在西方已经过
时, 有些备件根本就不再生产, 例如豹-2A4坦克。对于其它的, 例如德国"
猎豹"防空坦克, 弹药很难获得。

然而, 乌克兰的后勤和工业基础是围绕苏联和俄罗斯武器系统组织起
来的。在几个月的时间里, 从西方不同渠道涌入乌克兰的数千不同类型
的车辆, 使这个工业基地无法适应, 特别是在俄罗斯的打击下。西方人非
但没有简化乌克兰人的生活, 反而使它复杂化, 甚至使其更加脆弱。[605]

通过更换模块 (例如发动机缸体或变速箱) 可以相对容易地进行战斗
后勤。但更复杂的维修只能由北约国家的专业人员进行。这意味着在乌

---

605. David Axe, "Ukraine's 2024 Problem: How To Repair Thousands Of Western-Made Combat Vehicles," *Forbes*, September 5, 2023 (https://www.forbes.com/sites/davidaxe/2023/09/05/ukraines-2024-problem-how-to-repair-thousands-of-western-made-combat-vehicles/)

俄罗斯的战争艺术

克兰领土之外建立维修中心，将"维修"国家带入乌克兰的作战后勤供应链（从而作为共同交战国）。

至于斯瑞克轮式装甲车，泄露的乌克兰文件显示，由于频繁故障，76%装甲车无法使用！

俄罗斯坦克在设计理念上更差？

首先，应该记住，没有绝对的武器，主战坦克领域的完美是虚幻的。坦克的设计是为了满足难以从一个国家复制到另一个国家的特定需求。这就是为什么对于同一类型的主战坦克，每个国家在使用时都会根据自己的特定条件进行调整。

一个例子是机组人员的数量，一些"专家"似乎认为这是一个新问题。事实上，这是一场已经持续了60多年的辩论。大多数西方坦克有四名乘员（坦克指挥官、装填手、炮手、驾驶员），而俄罗斯坦克有三名乘员（坦克指挥官、炮手、驾驶员）。四人机组有一定的优势，特别当其中一名机组人员出现问题时。然而，三人乘员允许将更多的电子设备和武器装入相同的体积中，或者就像俄罗斯的设计那样——减少坦克的轮廓，从而降低其脆弱性。

1970年代早期，德-美MBT-70/KPZ-70项目（M1艾布拉姆斯和豹2就是从中衍生出来的），拥有自己的三名机组人员（全部位于炮塔中）。未来的西方坦克项目，如波兰的PL-01，M1-艾布拉姆斯X或德国的KF-51，以及新的俄罗斯T-14阿玛塔主战坦克，都是为3人乘员设计的。尽管存在这些缺点，但这似乎是未来的解决方案。

实际上我们看到了与冷战时期相同的现象。西方坦克通常技术更先进，但以非常缓慢的速度出现在战场上。相反，俄罗斯坦克在技术上通常采用更简单的解决方案，但到达战场的速度更快。更重要的是，他们使用标准化平台，即使在发生战争的情况下也可以轻松持续升级，就像在乌克兰看到的那样。

西方坦克专为不同的作战环境而设计

西方坦克是为在中欧作战而设计的，那里地形不规则，需要坦克足够高才能开火，同时受益于地形的自然保护。俄罗斯坦克，专为平坦的地形而设计，提供较低的轮廓，这在中欧将是一个劣势，因为它需要坦克露出更多车身去开火。因此没有普遍完美的解决方案，只有或多或少能够很好地适应操作环境的解决方案。

为不同环境设计的坦克

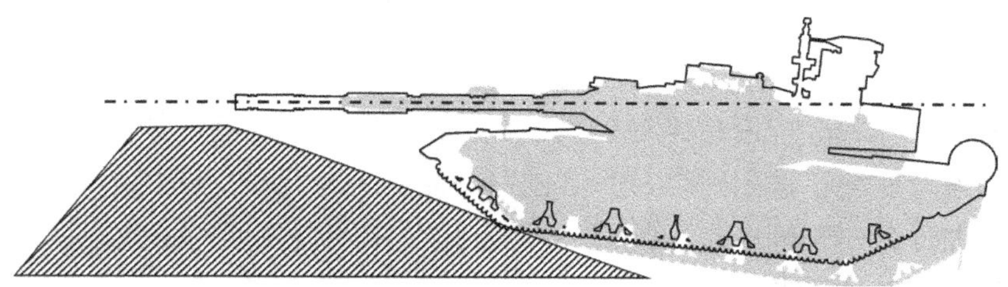

图58—俄罗斯T90坦克（灰色）和德国豹2A6坦克（黑色）的轮廓比较。西方坦克通常设计用于在中欧作战，其地形略带丘陵。因此它们更高，以便为连续射击提供更大的炮管移动空间。俄罗斯坦克设计用于在俄罗斯领土上作战，这要平坦得多，因此通常较低。在乌克兰，意味着更容易获得西方坦克目标，因此比俄罗斯坦克更容易受到攻击。

在这场冲突中基本过时的车辆，例如美国的M113运兵车，法国的VAB或美国的M2/3布拉德利，其发展如此混乱，以至于被拍成电影喜剧（五角大楼战争年代[606]），重新出现在前线附近。

在地面上，正如《福布斯》杂志所指出的那样，乌克兰正在失去其装备。[607] 法国提供的AMX-10RC本质上是20世纪70年代设计的侦察车，不适合乌克兰战争。[608] M2/3布拉德利步兵战车，包括M2A2 ODSSA版本，被誉为无敌，像苍蝇一样掉落，[609] 这还没有提到M113，几乎被任何步兵武器摧毁。

事实上，西方人把它们的旧设备交给乌克兰人，从而彻底摆脱了它们。一个例子是 专为伊拉克战争设计的MRAP MaxxPRO，机身非常高，很容易在很远的距离内成为反坦克导弹的目标，而且不适合泥泞的地形，它们中的许多被困在泥里，很容易成为俄罗斯人的目标。[610]

606. https://en.wikipedia.org/wiki/The_Pentagon_Wars
607. https://www.forbes.com/sites/davidaxe/2023/06/13/as-losses-pile-up-ukraine-needs-a-lot-more-tanks-and-fighting-vehicles/
608. https://www.forbes.com/sites/davidaxe/2023/06/14/the-ukrainian-marine-corps-amx-10rc-recon-vehicles-didnt-last-long-in-a-frontal-assault-on-russian-defenses/?sh=41f2c254103f
609. https://youtu.be/vP6NdM5hEPk
610. Jack Watling & Nick Reynolds, "Stormbreak: Fighting Through Russian Defences in Ukraine's 2023 Offensive, *RUSI*, September 2023 (https://ik.imagekit.io/po8th4g4eqj/prod/Stormbreak-Special-Report-web-final_0.pdf)

　　乌克兰人似乎更喜欢成对使用他们的坦克来支持步兵排，而不是坦克决斗。[611]

专为不同用途而设计的车辆

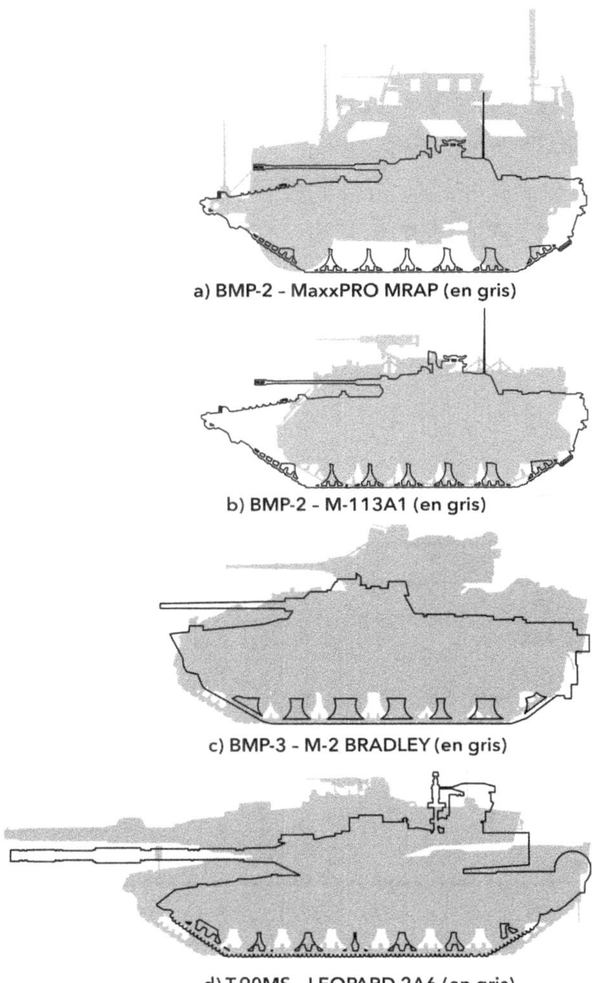

图59—俄罗斯装甲车的外形通常比西方装甲车更紧凑。这是因为它们为在俄罗斯的大平原上作战而设计的，而北约车辆是为更崎岖的欧洲战区而设计的。更重要的是，像MaxxPro这样的车辆是为反叛乱环境而设计的，这种环境需要装甲车辆高出地面更多才方便观察和攻击。

---

611. Michael Kofman & Rob Lee, "Perseverance and Adaptation: Ukraine's Counteroffensive at Three Months", *War On The Rocks*, September 4, 2023 (https://warontherocks.com/2023/09/perseverance-and-adaptation-ukraines-counteroffensive-at-three-months/)

西方提供的坦克通常来自20世纪90年代初被封存的装备，这些装备已经老化，它们在运往乌克兰之前必须进行彻底检修。

2023年10月，据报道豹-2"像苍蝇一样掉落"。事实上，即使是过时的设备，只要在经验丰富的机组人员手中，也会很好发挥效能。[612]　但这不是关键，事实上，围绕西方坦克交付的宣传，已经成了俄罗斯军队的优先打击目标，因为摧毁这些装备具有强烈的象征意义。在这一点上，西方的叙述再次损害了乌克兰军队的效力。

据《乌克兰真理报》报道，为监视区（或覆盖区）的战斗分队设立了奖金，摧毁的第一辆艾布拉姆斯或豹式坦克将领取500万卢布的奖金，随后击毁这俩种类型的坦克的将获得了50万卢布的奖金。[613]这些奖金使豹式坦克和挑战者坦克成为优先目标。这就是为什么乌克兰指挥官不愿意使用它们的原因。德国杂志《明镜周刊》甚至报道说，豹-2乘员故意为他们的坦克制造问题，以避免进入战斗，[614]　甚至在他们投入战斗之前就放弃了它们。

向乌克兰交付豹2坦克状态（2023年8月）

供应商国家	类型	数量
德国	LEOPARD 2A6	18
加拿大	LEOPARD 2A4	8
西班牙	LEOPARD 2A4	10
挪威	LEOPARD 2A4	8
波兰	LEOPARD 2PL	30
葡萄牙	LEOPARD 2A6	3
瑞典	Strv 122A	10
总计		87

图60—在谈论乌克兰收到的豹式坦克时，我们的媒体避免提及与集成系统相关的问题，这些系统看起来相似，但具有不同的作战能力和后勤要求。然而，这是乌克兰人在投入部队时遇到的困难的一部分。

---

612. Clément Poursain, "Les chars Leopard 2 ukrainiens tombent comme des mouches, et c'est encore à cause des drones", *korii.fr*, October 31, 2023 (https://korii.slate.fr/et-caetera/chars-leopard-2-ukraine-tombent-comme-mouches-drones-fpv-kamikazes-pertes-vehicules-blindes-guerre-russie)

613. https://www.pravda.com.ua/eng/news/2023/01/30/7387083/

614. https://www.spiegel.de/international/world/on-the-front-in-ukraine-going-into-battle-in-a-leopard-2-tank-a-9baffb53-1e5b-4a18-8ec5-173d067721af

当我们将西方提供的车辆的轮廓与俄罗斯军队使用的车辆进行比较时，我们会发现它们并不适合在平坦地形上发生的常规冲突中使用。它们太大了，很快就能被发现，并且难以逃脱俄罗斯坦克的致命攻击，俄罗斯坦克显然设法从7370米的距离摧毁了乌克兰坦克。[615]

仔细研究西方制造商提供的坦克类型，可以得出许多结论。首先，可以看出提供的机器不是最新一代的。例如豹2A6和豹2A4之间存在显著差异。A6版本配备了一个系统，使其能够集成到战场管理系统（BMS）中，而A4版本则没有。此外，他们的弹药显然对俄罗斯的T-90无效。[616]

交付给乌克兰的西方主要坦克比较

M1A1 ABRAMS

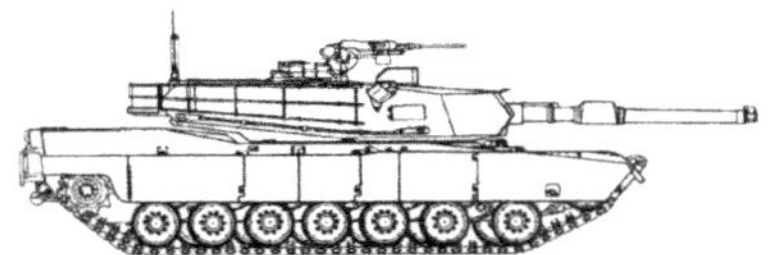

Année de mise en service: **1980**
Armement principal: **Rheinmetall 120 mm (âme lisse)**
Masse en ordre de combat : **57 t**
Puissance spécifique: **20.05 kW/t**
Autonomie (terrain): **150–200 km**

LEOPARD 2A4

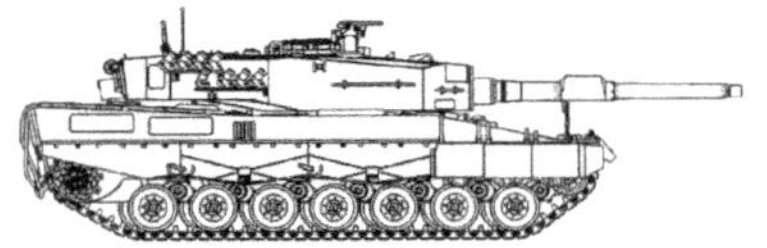

Année de mise en service: **1985**
Armement principal: **Rheinmetall 120 mm (âme lisse)**
Masse en ordre de combat : **62 t**
Puissance spécifique: **17,7 kW/t**
Autonomie (terrain): **220 km**

LEOPARD 2A6

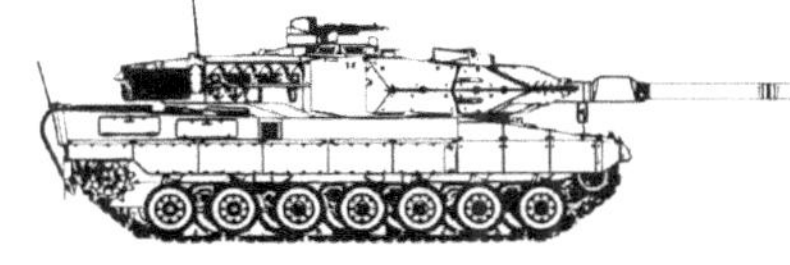

Année de mise en service: **2001**
Armement principal: **Rheinmetall 120 mm (âme lisse)**
Masse en ordre de combat : **62 t**
Puissance spécifique: **17,7 kW/t**
Autonomie (terrain): **550 km (route)**

图61—供应给乌克兰的主战坦克，它们都是优秀的机器，但它们的多样性使它们不适合乌克兰目前的需求。此外，尽管坦克可能看起来非常相似，但主要区别在于电子，光电和火控系统。这些要素对于在战场上"发挥作用"至关重要。

---

615. https://www.bitchute.com/video/MLqVGHxfxnED/

616. Thorsten Jungholt, "Bundeswehr-Kampfpanzern fehlt wirksame Munition," *Die Welt am Sonntag*, April 26, 2015 (https://www.welt.de/politik/deutschland/article140083741/Bundeswehr-Kampfpanzern-fehlt-wirksame-Munition.html)

对西方武器神话的挑战

豹-2坦克已被俄罗斯人缴获，他们肯定要对它探个究竟。[617]为了避免重蹈覆辙，英国人对他们的挑战者-2s的使用附加了许多苛刻的条件，[618]以至于乌克兰人几乎不能使用它们。

英国人担心他们的挑战者2坦克的乔巴姆复合装甲可能会引起俄罗斯人的兴趣。经过长时间的讨论，政府同意交付其中的14辆，条件是乌克兰人尽其所能阻止俄罗斯人俘获它们。因此，他们对乌克兰人施加了使用限制。例如，挑战-2不能用于前线可能被俄罗斯人突破的区域。[619]正如一位英国官员所描述的：[620]

> 第一步是与任务规划人员一起训练和合作，以确保挑战者不会在他们认为有可能崩溃的情况下使用。
>
> 第二步是确保在战术层面上，乌克兰人接受过在敌人火力下恢复坦克的训练。他们当然不缺乏勇气。
>
> 正在考虑其他极端选择，包括使用私人军事承包商来恢复受损的坦克。

这就是为什么乌克兰收到了专为战斗牵引而设计的美国M-88装甲救援车。[621]不仅要考虑乌克兰还没有准备好如何运送受损这种坦克，而且还要考虑每件装备需要自己的物流链，需要防止这些武器落入俄罗斯手中。

---

617. https://www.thedrive.com/the-war-zone/russian-capture-of-ukrainian-leopard-tank-bradleys-seen-in-video

618. Inder Singh Bisht, "UK Planning to Avoid Challenger Tank from Falling into Russian Hands," *The Defense Post*, January 30, 2023 (https://www.thedefensepost.com/2023/01/30/uk-challenger-tank-russian/)

619. Inder Singh Bisht, "UK Planning to Avoid Challenger Tank from Falling into Russian Hands," *The Defense Post*, January 30, 2023 (https://www.thedefensepost.com/2023/01/30/uk-challenger-tank-russian/)

620. Jerome Starkey, "SHOCK & ROLL Army hammering out emergency plan to keep Putin's hands off top secret British armour if tanks are damaged in Ukraine", *The Sun*, January 27, 2023 (https://www.thesun.co.uk/news/21191872/army-emergency-secret-british-armour-tanks-war-ukraine/)

621. Christopher Woody & Jake Epstein, "Ukraine is getting a new heavy-duty armored vehicle to haul its damaged tanks off the battlefield, US officials say," *Business Insider*, January 25, 2023 (https://www.businessinsider.com/ukraine-getting-m88-armored-recovery-vehicles-along-with-abrams-tanks-2023-1?r=US&IR=T)

从第一次交战开始，挑战者号被俄罗斯反坦克导弹击中，燃烧的图像不仅传遍了世界各地，而且粉碎了它们坚不可摧的的声誉。但正如他们已经对他们刚刚收到的豹2A4坦克所做的那样，乌克兰人开始加强挑战者的装甲。[622]

这就是为什么M1艾布拉姆斯于2023年9月25日正式抵达乌克兰战区可能会被更谨慎地使用的原因。[623]　因此，军事情报局局长基里洛·布达诺夫指出，这些坦克正在争分夺秒地到达，如果没有更大的火力支持，它们将只不过是战场上的靶子。[624]

乌克兰成了武器试验场

西方设备抵达乌克兰TVD，使俄罗斯能够测试和改进自己的设备。个典型的例子是T-14"阿玛塔"主战坦克，其中的一些样品在乌克兰战场上短暂出现过。我们的"专家"将这种坦克数量少解释为俄罗斯无法生产和部署这种新型坦克，其原型已经在2015年和2016年5月的阅兵式上展示过。

实际上，T-14是一种全新的坦克设计，仍在开发中。在乌克兰部署它只是为了进行评估，我们的伪专家都忘了，在西方，传统设计的主战坦克通常需要10-15年的时间才能开发出来。LECLERC坦克(从1977年到1992年)和豹-2(1967至1979年)就经历过这样的漫长开发过程。

传统上，俄罗斯坦克专为在平坦地形上作战而设计的(而不是中欧的丘陵地形)，它们非常紧凑，因此表面积更小。然而阿玛塔的轮廓和体积更接近其西方同行，而不是像其"家族"早期的装备。

阿玛塔的特殊之处在于它把乘员和弹药放在坦克防护最好的部位，而传统坦克却把乘员和弹药放在防护最脆弱的部位:炮塔。这将意味着所有炮塔功能都可以从坦克主体远程控制。如果炮塔无法使用，乘员的生存机会肯定会比传统坦克高得多。

<hr>

622. Alia Shoaib, "Ukraine appears to be modifying the UK Challenger 2 battle tanks to protect a 'notorious' weak spot, report sa," *Business Insider*, September 30, 2023 (https://www.businessinsider.com/ukraine-modifying-challenger-2-tanks-to-address-weakness-report-2023-9?r=US&IR=T)

623. https://www.reuters.com/world/europe/abrams-tanks-arrive-ukraine-zelenskiy-2023-09-25/

624. Howard Altman, "Exclusive Interview With Ukraine's Spy Boss From His D.C. Hotel Room," *The Drive*, September 22, 2023 (https://www.thedrive.com/the-war-zone/exclusive-interview-with-ukraines-spy-boss-from-his-dc-hotel-room)

阿玛塔系统

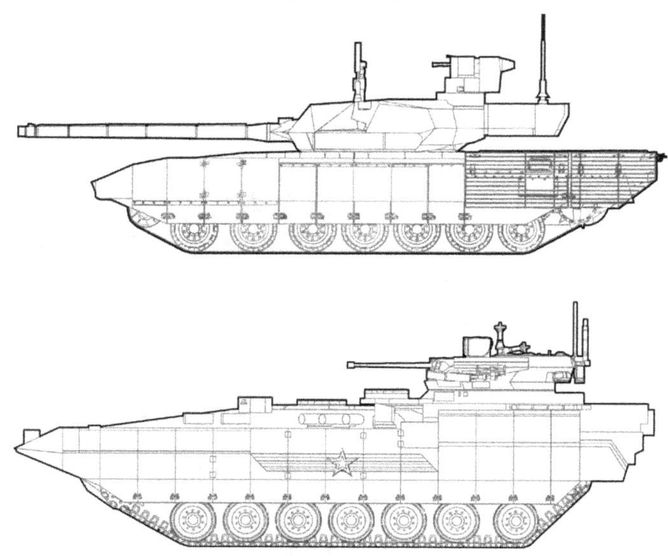

图62-阿玛塔系统是一个作战车辆家族，其中T-14(上)是主战坦克版本，T15(下)是步兵战车。

T-14阿玛塔与其同行的比较

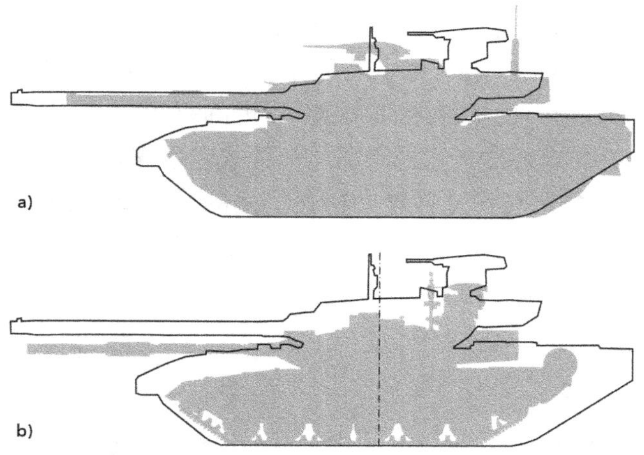

图63—T-14阿玛塔与M1艾布拉姆斯(a)和T-90(b)的比较。对于类似的体积,T-14的重量比美国坦克轻近13吨。另一方面,对于同等质量,它比T-90大得多。这意味着较低的地面压力,因此在困难地形中具有更大的机动性.

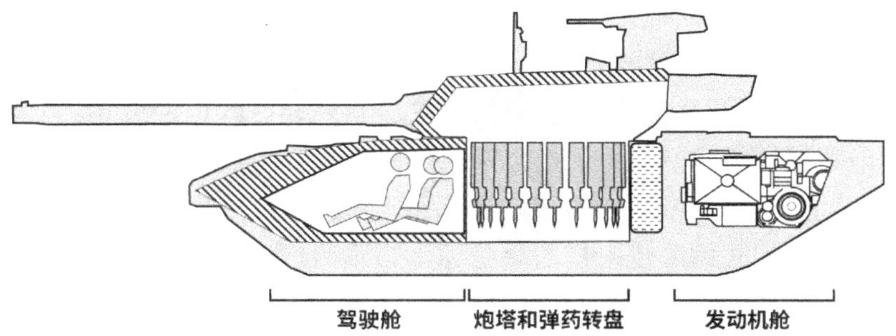

图64——T-14的总体概念是围绕机组人员的生存设计的.

美国M1艾布拉姆斯坦克和俄罗斯T-14 阿玛塔的数量

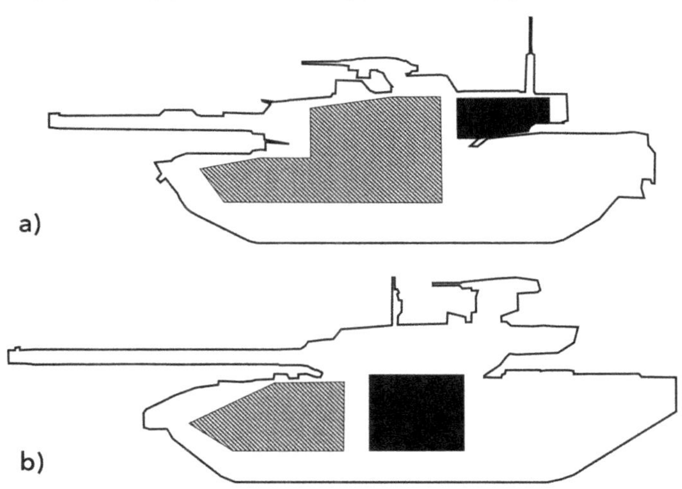

图65-美国M1艾布拉姆斯坦克和俄罗斯T-14 阿玛塔坦克的比较。从相似的轮廓(a)可以看出,内部布局完全不同。对于像M1或豹2 (b) 等传统坦克,乘员 (舱口) 基本上位于炮塔中,而对于T-14阿玛塔 (c)来说,乘员则完全被保护在坦克主体中。同样,弹药舱(黑色)位于传统坦克的炮塔中,而阿玛塔的弹药仓位于坦克中间,处于最不易受攻击的的位置。在现代西方坦克("艾布拉姆斯"或"豹"2)中,设计特殊的隔板将弹药舱与驾驶舱隔离以保护乘员。

开发新概念

苏联BMP-1步兵战车专为保卫苏联领土的机械化作战而设计。出于这个原因,它们配备了73毫米加农炮和反坦克导弹。在阿富汗,情况就不同

第六章·一场技术战争

了，步兵必须在高地作战。因此，BMP-1配备了一门30毫米速射炮，其仰角高于BMP-1。至于反坦克导弹，它变成了"可选的"。

在车臣战争期间，俄罗斯军队不得不对受到建筑物严密保护的对手进行干预。这需要更大的火力，当时只有主战坦克装备大口径火炮。但坦克在城市巷战环境中非常脆弱，损失巨大。因此，俄罗斯人开始设计一款用于混合地形的步兵支援战车，安装有可抵御正面直接攻击的聚合装甲，并装备强大的武器系统来打击高空和远距离目标。

这就产生了BMPT概念，其原型机在TVD叙利亚进行了测试。该战车基于T-72坦克的底盘，并配备了一个带有遥控武器的炮塔。整个乘员都安置在车身内部，炮塔只包含武器和火控系统。

终结者-BMPT-2

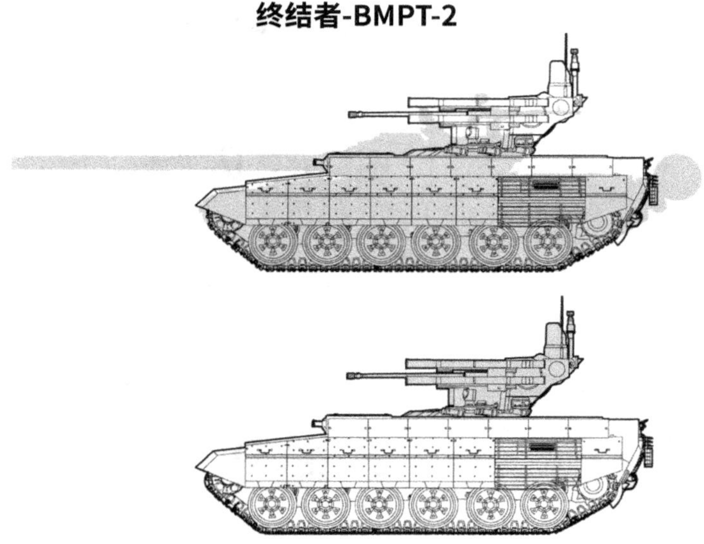

图66-上图：T-72（灰色）和BMPT终结者的轮廓比较。可以看出，BMPT更高，因为它的武器具有高度，使其能够打击位于建筑物顶部的目标，就像在乌克兰看到的那样。下图：乘员被保护在车体内部，炮塔仅包含武器和火控系统。

战场上，坦克的主要威胁来自遥控无人机，或使用人工智能模块检测和选择自己目标的无人机。针对这种威胁的保护，可以采取多种形式。最简单的是放置在炮塔上的金属丝网"遮阳伞"，它会提前引爆炸药（类似于第二次世界大战期间德国人在坦克上使用的"围裙"）。更复杂的是，俄罗斯人开发了3VD35弹药，它可以分散一种气溶胶，使光电、热和电磁系统失明。

老式坦克的翻新再用

2023年2月至3月，T-54/55和T-62坦克通过铁路运往乌克兰前线的视频在社交网络上流传。在法国LCI频道，"记者"让·考特雷默得出结论，俄罗斯不再能够生产坦克。[625]瑞士军事"专家"亚历山大·沃特拉福斯嘲笑这些坦克，他将其描述为"收藏家的物品"，并断言现代坦克只有一"样品"存在，因为俄军再也买不起它们了。[626]　在NZZ，苏黎世瑞士联邦理工学院的军事"专家"马库斯·基普计算了俄罗斯军队坦克的消耗率，并得出结论，它到2023年10月之前耗尽，[627]这将导致俄罗斯的失败。[628]

正是因为有这样的专家，我们才会输掉战争。首先，我们的伪"专家"与《经济学人》相矛盾。《经济学人》一个月前声称俄罗斯人正在生产20辆新坦克，并每月升级90辆[629]，达到522辆，这与《华尔街日报》的估计相符。[630]

由于欧洲对俄罗斯的某些部件实行禁运，我们的"专家"因此得出的结论，俄罗斯坦克产量将急剧下滑。2018年，法国泰雷兹公司生产的SOSNA-U热成像仪被禁止出口到俄罗斯，一度曾影响俄罗斯坦克生产进度。但据《福布斯》杂志报道，俄罗斯已经决定在一种名为PNM-T.[631]的新型步枪瞄准镜基础上自行生产该部件[632]

此外，我们的"专家"显然没有注意到，自2022年8月以来，乌克兰人的主战坦克已经用完了，并开始将T-55的现代化版本重新投入战场，该版本在斯洛文尼亚生产，名称为M-55S。[633]

625. https://youtu.be/7bh1ZX0H0E4?t=460

626. https://www.club-44.ch/mediatheque/

627. Thomas Zaugg & Benedict Neff, "Deswegen sage ich: Russland wird den Krieg im Oktober verloren haben", *NZZ*, March 27, 2023 (https://www.nzz.ch/feuilleton/marcus-keupp-deswegen-sage-ich-russland-wird-den-krieg-im-oktober-verloren-haben-ld.1731488?reduced=true&mktcval=Twitter&mktcid=smsh)

628. "War in Ukraine: 'Putin's army will be defeated by October at the latest'", *La Libre*, April 4, 2023 (https://www.lalibre.be/international/europe/guerre-ukraine-russie/2023/04/04/guerre-en-ukraine-larmee-de-poutine-sera-vaincue-au-plus-tard-en-octobre-B252W43RBBGDPB5YSCBUNFDY7Y/)

629. https://www.economist.com/the-economist-explains/2023/02/27/how-quickly-can-russia-rebuild-its-tank-fleet

630. Daniel Michaels & Matthew Luxmoore, "Russian Military's Next Front Line: Replacing Battlefield Equipment Destroyed in Ukraine," *The Wall Street Journal*, April 25, 2022 (https://www.wsj.com/articles/russian-militarys-next-front-line-replacing-battlefield-equipment-destroyed-in-ukraine-11650879002)

631. David Axe, "A Shortage Of Optics Was Holding Back Russian Tank Production. That Shortage May Have Ended", *Forbes*, August 7, 2023 (https://www.forbes.com/sites/davidaxe/2023/08/07/a-shortage-of-optics-was-holding-back-russian-tank-production-that-shortage-may-have-ended/)

632. https://crib-blog.blogspot.com/2021/04/a-new-sight-for-modernized-t-90.html?m=1

633. Oleg Danylov, "The M-55S tank: a deep modernization of the Soviet T-55 for the Armed Forces", *Mezha*, September 20, 2022 (https://mezha.media/en/2022/09/20/the-m-55s-tank-a-deep-modernization-of-the-soviet-t-55-for-the-armed-forces/)

对于俄罗斯人来说，问题就不同了——正如我们所看到的，他们并不缺乏坦克，而且他们的生产能力完好无损。翻新的T-54/55/62坦克抵达乌克兰TVD与遭受的损失无关，而是与乌克兰战斗的性质有关。

传统上，主战坦克是用来对抗其他主战坦克的。这是一场决斗，在1500到3000米的距离内进行。你需要能够在第一次打击时就消灭对手的坦克。将意味着很有可能在一次射击中被击中并被摧毁。这就是为什么坦克拥有复杂的火控系统和近乎笔直的弹道轨迹的原因，这使它们具有很高的命中率。这些是直径2-3厘米，长80-100厘米的实心钨箭，以1600至1800米/秒的初速度发射，并由鳍稳定。这些非爆炸性穿甲弹被命名为尾翼稳定脱壳穿甲弹/APFSDS,[634] 它在撞击时提供的能量足够穿透最厚的的装甲。

问题是俄罗斯人发现乌克兰没有真正的坦克决斗，原因有两个：

- 乌克兰人不再有任何主战坦克。
- 乌克兰人成对使用他们的坦克来支持步兵突击。

其次，他们指出，由于大多数战斗都是步兵战斗，装甲的作用，与其说是对抗对方坦克，不如说是支援步兵突击。用滑膛炮向远距离坚固步兵阵地发射尾翼稳定脱壳穿甲弹/APFSDS,远不及发射高爆弹(HE)有效。

俄罗斯军队在乌克兰使用旧的T-/54/55/62坦克

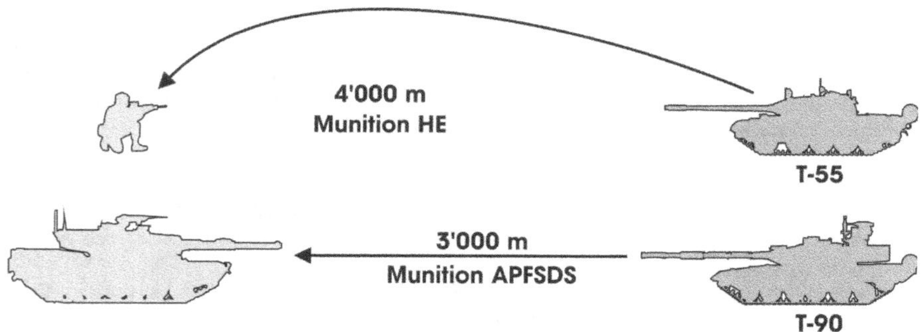

图67-虽然T54/55坦克在坦克对决中已经过时，但可以用作"突击炮"用爆炸弹（HE））为步兵提供火力支援。可以保留更现代的坦克(T72、T80和T90)用于对抗乌克兰主战坦克

---

634. APFSDS: *Armour Piercing Fin-Stabilized, Discarding Sabot*

因此，有必要找到一种能够实现第二次世界大战"突击炮"功能的机动火炮。因此，正如伦敦皇家联合军种研究所(RUSI)所指出的那样，俄罗斯人并没有使用T-54/55/62坦克对抗乌克兰坦克，而是用高爆弹(HE)支援步兵作战，从最远可达4000米的位置[635]攻击防守坚固的乌克兰阵地。因此，这些"收藏品"坦克在城市郊区以低成本为步兵提供了相当大的火力支持，可以向建筑群中的乌克兰阵地开火。

火炮

俄罗斯的火炮

俄罗斯一直保持着强大的炮兵系统，早在第二次世界大战期间，著名的喀秋莎，即今天龙卷风-S的祖先，在德国军队中获得了可怕的声誉。

在阿富汗，俄罗斯人开始了解将火炮集成到高度响应的控制系统中的好处。火力是战场上移动最快的元素。但它需要在尽可能短的时间内收到目标指定和发射命令。这就是为什么俄罗斯人热衷于将他们的火炮网络化的原因。这是ROK/RUK系统的一部分，在叙利亚战场进行过了测试。

俄罗斯人仍然承认其驱动系统的弱点，特别是缺乏卫星监视系统和战略无人机，这将提供更好的战区能见度。俄罗斯人在检测到乌克兰射击和触发反炮兵射击之间需要两分钟，[636]，然而，在最佳条件下，训练有素的机组人员需要2-3分钟才能移动M-777榴弹炮。[637] 从理论上讲，这意味着乌克兰火炮在每个射击位置仅能发射1发炮弹，而且每次都可能在它移动之前被摧毁。据乌克兰总参谋部称，除了反炮火外，M-777还特别容易受到俄罗斯柳叶刀1号和3号无人机的攻击。据报道，这些无人机摧毁或损坏了大约200门火炮，其中包括许多M777。

635. Jack Watling & Nick Reynolds, "Meatgrinder: Russian Tactics in the Second Year of Its Invasion of Ukraine", *Royal United Services Institute for Defence and Security Studies* (RUSI), May 19, 2023 (https://static.rusi.org/403-SR-Russian-Tactics-web-final.pdf)
636. https://eng.mil.ru/en/special_operation/news/more.htm?id=12449739@egNews
637. http://www.military-today.com/artillery/m777.htm

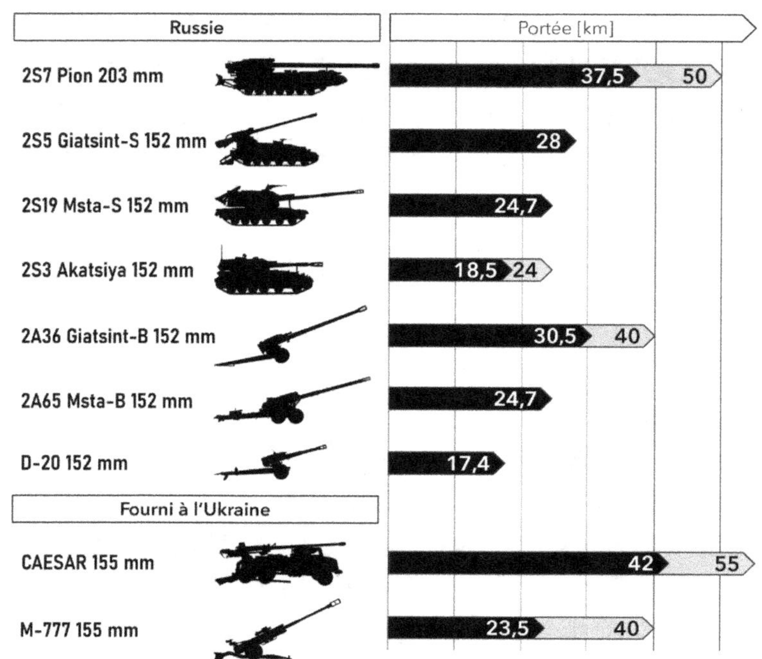

图68—大口径火炮(152-203毫米)的射程比较。黑色为常规弹药的射程；灰色是火箭辅助推进（RAP）弹药的射程。RAP弹的可用性显然对俄罗斯有利。

相比之下，俄罗斯人仍然拥有大约750辆2S19 MSTA-B。

也就是说，即使俄罗斯人成功的调整了他们的反炮兵和防空系统来对抗海马斯导弹，他们还没有能力跟踪所有的乌克兰自行火炮。这些自行火炮采用一种"打了就跑"的策略，在俄罗斯人对火炮进行压制前完成发射。

俄罗斯炮兵享有10:1的火炮优势，这很好地解释了与乌克兰的伤亡差异。根据RUSI的数据，,[638]　俄罗斯在2022年发射了约1200万枚炮弹，每月生产250万枚炮弹，运输这些弹药是一个沉重的后勤负担。这无疑解释了向精确火炮的转变，越来越多地使用激光制导炮弹，例如152毫米

638. Dr Jack Watling & Nick Reynolds, "Meatgrinder: Russian Tactics in the Second Year of Its Invasion of Ukraine", *Royal United Services Institute*, May 19, 2023 (https://rusi.org/explore-our-research/publications/special-resources/meatgrinder-russian-tactics-second-year-its-invasion-ukraine)

俄罗斯的战争艺术

KRASNOPOL-M和KRASNOPOL-M2,到2024年其产量将增加25倍。制导火炮弹药。[639]

制导火炮弹药

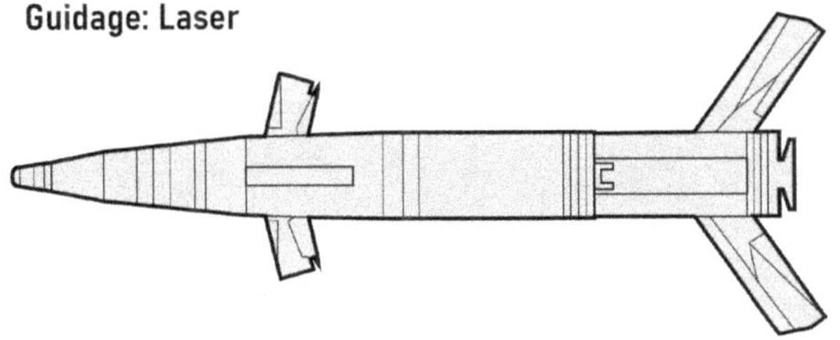

图69—俄罗斯152毫米克拉斯诺波尔M制导弹药。

这种趋势也可以从无人机和火炮的日益融合观察到。RUSI指出,俄罗斯人正在"积极改进"他们的设备。无人机的复杂性,密度和多样性正在"令人担忧"的增加。[640]显然这与乌苏拉·冯·德莱恩"从洗衣机中回收微处理器"的说法相去甚远!

火炮向精确打击方向的演变与控制系统的发展相伴而生,这是非常合乎逻辑的。ROK/RUK的广泛使用,以及用于目标探测的无人机,已经创造了利用精确火炮弹药的能力。俄罗斯人已经意识到,仅仅拥有精确武器是不够的,还需要将它们集成到控制系统中,使它们能够快速做出反应,并将正确的目标分配给正确的火炮。这意味着网络化的控制系统。西方人倾向于将乌克兰的弱点投射到俄罗斯身上,因为绝对没有证据表明

---

639. Inder Singh Bisht, "Russia to Ramp Up Upgraded Artillery Shell Production 25-Fold," *The Defense Post*, August 24, 2023 (https://www.thedefensepost.com/2023/08/24/russia-increased-artillery-shell-production/?expand_article=1)

640. Jack Watling & Nick Reynolds, "Stormbreak: Fighting Through Russian Defences in Ukraine's 2023 Offensive, *RUSI*, September 2023, p. 22 (https://ik.imagekit.io/po8th4g4eqj/prod/Stormbreak-Special-Report-web-final_0.pdf)

俄罗斯人缺乏弹药。詹姆斯敦基金会的一项研究表明，到2021年，他们的炮弹年产量是美国人的4倍。[641]

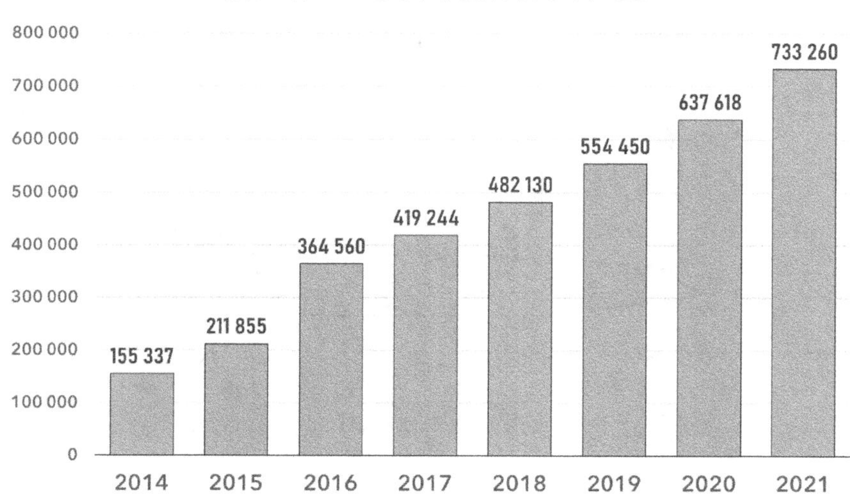

图70—据强烈反对俄罗斯的美国机构詹姆斯敦基金会估计，俄罗斯在2014年至2021年间生产的152毫米弹药。这些数字试图证明俄罗斯没有生产弹药的手段，然而，它同时也设法表明俄罗斯的弹药生产能力仍然是美国的4倍多。

乌克兰的火炮

乌克兰火炮优势的神话

到2022年6月初，乌克兰已经失去了大部分军事潜力。苏联时代留下的152毫米火炮，要么被摧毁，要么弹药耗尽。因此它只能寄希望于西方的供应，不得不依靠北约国家提供的155毫米火炮。

为了维持反攻成功的希望，我们的媒体试图证明乌克兰的火炮比俄罗斯的火炮更好。毫无疑问，像法国凯撒或美国M-142 海马斯这样的设备都很好，但是，根据它们的火炮的性能来比较两位主角的能力就有点简单了。[642]

---

641. Hlib Parfonov, "Russia Struggles to Maintain Munition Stocks (Part Two)", *The Jamestown Foundation, Eurasia Daily Monitor*, Volume 19, No. 186 (https://jamestown.org/program/russia-struggles-to-maintain-munition-stocks-part-two/)
642. https://youtu.be/sgY0k4eZJXI

正如我们所看到的，俄罗斯的火炮非常强大。虽然将凯撒等火炮与俄罗斯使用的火炮进行比较，似乎使乌克兰在射程方面具有优势，但这种装备的绝对数量不容忽视。与西方提供的那几十件火炮相比，俄罗斯可以摆出几百件同等射程的装备。更重要的是，武器在最大射程的极限下发射是相当罕见的。

从技术角度来看，西方系统的弱点源于乌克兰的环境——炮兵交火强度非常高，后勤链条很长，人员不熟悉它们的使用。在抵达乌克兰几周后，凯撒被证明无法应对俄罗斯人高强度打击。

问题不在于武器的质量，而在于使用武器的背景。西方提供的武器不是为这种类型的战争而设计的。自上个世纪90年代以来，"伟大的"的西方军队已经装备精良，可以在几乎没有重型装备的情况下对对手发动殖民式战争。因此，乌克兰陷入了两种不同的炮兵概念之间：基于大规模火力的传统俄罗斯概念，和基于狙击炮兵的更具战术性的西方概念。这个想法是减少摧毁目标所需的射击次数，从而减少后勤负担。

与俄罗斯同行相比，西方系统被设计为更谨慎的使用，也更加脆弱，使它们极难维护。因为没有足够的后勤保障，这些系统必须运回邻国波兰，在靠近边境的车间进行大修。在西班牙报纸《国家报》上，一名乌克兰士兵指出，由于炮管的磨损，美国提供的155毫米M-109LM榴弹炮的精度从7米下降到70米[643]。相比之下，俄罗斯人可以直接在战场上更换磨损的炮管。这样做要简单得多，并且可以防止把武器使用到故障点。据乌克兰军事网站Military报道，[644] 早在2022年，法国就计划在乌克兰边境附近部署一个车间进行维修。至于美国的M777榴弹炮，根据乌克兰陆军后勤负责人弗拉基米尔·卡尔彭科准将的说法，他们经常出现故障，30%在投入使用后必须系统地撤回进行维修。[645]

乌克兰人从欧洲各地获得了大量火炮系统。但最受关注的是澳大利亚、加拿大和美国提供的190门M-777 155毫米榴弹炮，以及49门Caesar

643. Cristian Segura, "En el asedio al frente ucranio de Avdiivka: 'Los rusos están más preparados para la guerra y para morir'", *El Pais*, November 13, 2023 (https://elpais.com/internacional/2023-11-13/en-el-asedio-al-frente-ucranio-de-avdiivka-los-rusos-estan-mas-preparados-para-la-guerra-y-para-morir.html)

644. https://mil.in.ua/en/news/the-ministry-of-defense-wants-to-create-a-service-center-for-caesar-self-propelled-howitzers/

645. Stew Magnuson, "Ukraine to U.S. Defense Industry: We Need Long-Range, Precision Weapons," *National Defense Magazine*, June 5, 2022 (https://www.nationaldefensemagazine.org/articles/2022/6/15/ukraine-to-us-defense-industry-we-need-long-range-precision-weapons)

系统（30个来自法国的6X6版本和来自丹麦的19个8x8版本）。它们被描述为"游戏规则改变者"，受到我们的媒体的赞扬。但这也给乌克兰带来了问题。除了处理苏联血统的"传统"105和155毫米弹药外，乌克兰现在还必须处理西方提供的不同规格的122和152毫米弹药。

不可否认，西方设备是好的。但它的多样性使得很难集成到一个紧凑、连贯的控制系统中。EXCLIBIUR 155毫米精确弹药[646]只有通过集成控制系统才能发挥其全部效力。更重要的是，只有加装增程辅助弹药，[647]它们才能达到最佳射程，而乌克兰人只收到了少量这种弹药。在俄罗斯方面，这些弹药似乎随处可见。因此，武器系统性能可以带来的优势被可用的系统数量少所抵消。此外，正如美国杂志《福布斯》所揭示的那样，他们的制导系统可能会被POLYE-21等系统干扰。[648]

与官方的说法相反，西方尽管他们尽了最大努力，并没有让乌克兰在火炮方面占据优势。

弹药问题

但到2022年底，乌克兰的弹药即将耗尽，西方正在努力供应弹药。

在阿富汗，美国每天发射约300发炮弹。[649]从逻辑上讲，他们的生产能力适应了这种消费。2022年底，美国陆军部长克里斯斯丁·沃姆斯表示，美国每天可生产500发炮弹，即每月约生产1.4万发155毫米炮弹。[650]

据《纽约时报》报道，乌克兰军队每天发射2000至4000发炮弹。[651] 《基辅邮报》甚至将这一数字定为每天6000至7000发炮弹。[652] 而根据2023

646. "Ukraine to receive new precision-guided 155-mm artillery rounds from USA," *Ukrainian Military Center*, July 9, 2022 (https://mil.in.ua/en/news/ukraine-to-receive-new-precision-guided-155-mm-artillery-rounds-from-usa/)

647. RAP: Rocket Assisted Projectile.

648. https://www.forbes.com/sites/vikrammittal/2023/11/19/new-technologies-could-help-resolve-ukraines-artillery-challenges/?sh=89747f638d68

649. Steven Erlanger & Lara Jakes, "U.S. and NATO Scramble to Arm Ukraine and Refill Their Own Arsenals," *The New York Times*, November 26, 2022 (updated November 29, 2022) (https://www.nytimes.com/2022/11/26/world/europe/nato-weapons-shortage-ukraine.html)

650. "Ukraine's artillery shell expenditure outstrips US production", *The New Voice of Ukraine*, December 24, 2022 (https://english.nv.ua/nation/ukraine-s-artillery-shell-expenditure-outstrips-us-production-war-news-50293094.html)

651. John Ismay & Thomas Gibbons-Neff, "Artillery Is Breaking in Ukraine. It's Becoming a Problem for the Pentagon", *The New York Times*, November 25, 2022 (https://www.nytimes.com/2022/11/25/us/ukraine-artillery-breakdown.html)

652. https://www.kyivpost.com/post/51

年4月泄露的机密文件，乌克兰人平均每天发射3500枚155毫米炮弹。[653]换句话说，乌克兰人在2到7天内的发射量相当于美国每月产量。乌克兰人承认他们对炮弹的消耗超过了美国的生产能力。[654]

实际上，西方正在四处寻找弹药，防止乌克兰出现崩溃。2023年3月20日，欧盟决定在12个月[655]内为100万枚炮弹提供资金，并为此筹集了20亿欧元，其中一笔将用于补偿那些动用储备帮助乌克兰的国家，剩下的十亿美元将用于资助炮弹的生产。问题在于，这种生产能力在欧盟并不真正存在，我们将不得不求助于外部来源：土耳其。[656] 可以预见的是，这将会立即引起法国、希腊、和塞浦路斯的愤怒，法国希望把这笔钱留在欧盟内，而希腊和塞浦路斯拒绝为土耳其的国防工业提供资金[657]。最后，在十月，《彭博社》和《乌克兰真理报》报道说，欧盟只能实现其目标的30%。[658]

西方155毫米火炮弹药的生产能力无法跟上俄罗斯的步伐。今天，西方每月的总产能相当于俄罗斯一天的产量。美国炸药的产量已不能满足炮弹生产的需要。所以我们必须从日本购买它们。[659]西方已经走头无路了。

我们的媒体将它们描述为"神奇武器"，但实际上，这些武器并没有达到预期的效果，因为它们没有按照设备设计构思而有效使用。[660] 尽管西方国家提供了大量援助，但这些武器无法集成到战场管理系统中，因此使用效率低下。

653. Russia/Ukraine Joint Staff J3/4/5 Daily Update (D+369) (February 28, 2023) (SECRET/NO FORN)

654. Oleksandr Syrskyi, "Ukraine's artillery shell expenditure outstrips US production", *The New Voice of Ukraine*, December 23, 2022 (https://english.nv.ua/nation/ukraine-s-artillery-shell-expenditure-outstrips-us-production-war-news-50293094.html)

655. "Боррель уточнив деталі 'історичного рішення' ЄС про закупівлю боєприпасів Україні", Європейська правда, March 20, 2023 (https://www.eurointegration.com.ua/news/2023/03/20/7158323/)

656. "EU cannot agree on how to spend €1 billion on ammunition for Ukraine", *Ukraïnska Pravda*, April 5, 2023 (https://www.pravda.com.ua/eng/news/2023/04/5/7396641/)

657. "Cyprus worried EU's Ukraine ammunition grant could end up in Turkish arms industry", *In-Cyprus*, April 7, 2023 (https://in-cyprus.philenews.com/news/local/cyprus-worried-eus-ukraine-ammunition-grant-could-end-up-in-turkish-arms-industry/)

658. "EU falls behind schedule to provide Ukraine with shells", *Ukrainska Pravda*, October 26, 2023 (https://www.pravda.com.ua/eng/news/2023/10/26/7425770/)

659. https://euromaidanpress.com/2023/06/02/japan-will-supply-tnt-explosives-to-the-us-to-increase-the-155mm-artillery-shells-production/

660. Alex Hollings & Sandboxx News, "Ukraine's troops have been highly effective with the M777 howitzer, but US troops can turn it into a 'giant sniper rifle'", *Business Insider*, September 18, 2022 (https://www.businessinsider.com/us-targeting-system-makes-m777-howitzer-highly-accurate-2022-9)

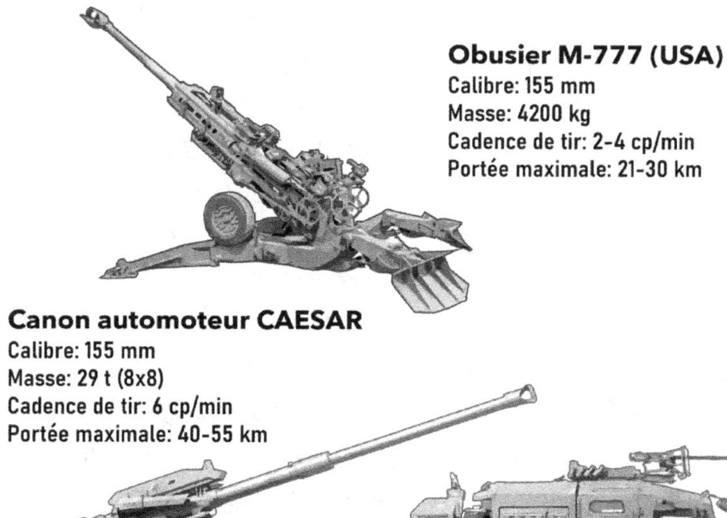

图71—西方向乌克兰提供了一系列火炮，其中大部分来自东欧国家的旧库存。最引人注目的是美国的M-777和法国的凯撒。它们的主要特点是可以快速部署，并且足够准确，不需要集体射击。这里所示的射程可以通过使用制导弹药来扩大。

多管火箭发射系统

2022年春季，乌克兰火炮潜力遭到巨大破坏，西方被迫提供多个多管火箭发射系统。它们的性能与俄罗斯同类产品没有根本区别。

M-142海马斯的有效性主要来自227毫米的GMLRS火箭，这些火箭弹具有非弹道特点，使其难以拦截。美国人只向乌克兰提供了射程为70公里的M-31火箭。[661]作为"神奇武器"，它们并没有从根本上改变局势。俄罗斯人很快学会了分散他们的弹药库。更重要的是，乌克兰人似乎向俄

---

661. Howard Altman, "Are There Enough Guided Rockets For HIMARS To Keep Up With Ukraine War Demand?", *The War Zone*, July 27, 2022 (https://www.thedrive.com/the-war-zone/are-there-enough-guided-rockets-for-himars-to-keep-up-with-ukraine-war-demand)

罗斯人出售了一套系统，使他们能够调整其防空系统的软件，以有效应对这些火箭。正如乌克兰军事页面网站在2023年7月指出的那样：[662]

> 俄罗斯人在战场上似乎拥有相当好的情报水平（ISR）。他们不需要部署作战预备队来击退乌克兰的袭击。还有证据表明，俄罗斯的有效反制措施降低了海马斯的有效性。

M-142海马斯(如M270 MLRS)也可以使用推进器发射GBU-39GLSDB飞行炸弹.[663] 俄罗斯S300和S400防空系统的雷达可以探测到八十公里范围内的海马斯火箭弹，以及三十至四十公里的GLSDB，因为它的尺寸较小。另一方面，GLSDB的速度比海马斯火箭弹低三倍，因此更容易拦截。2023年3月28日在俄罗斯境内发射的第一枚GPU-39炸弹被防空系统拦截。

GBU-39地面发射小直径炸弹（GLSDB）

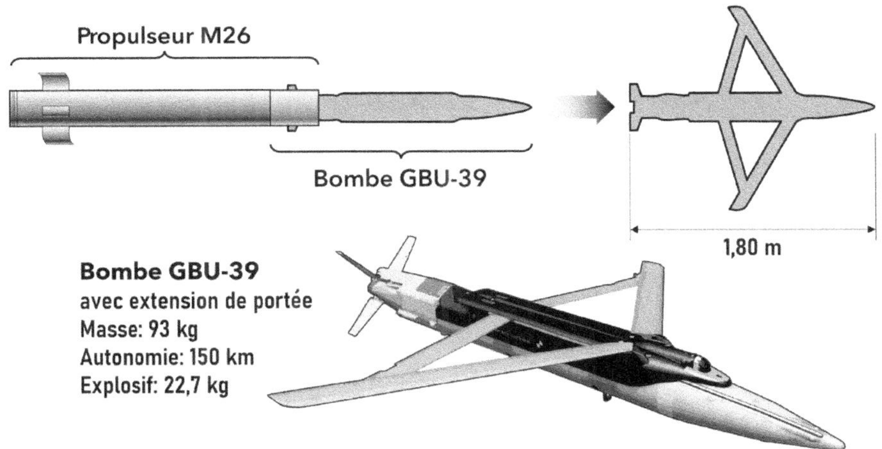

图72—波音和萨博的GLSDB仍在开发中。然而，据俄罗斯当局称，它已经于2023年3月部署在乌克兰战区。M26助推器将炸弹推32公里，然后分离并滑行到150公里的总距离。

---

662. https://www.ukrmilitary.com/2023/07/analysis-of-ukraines-counteroffensive-from-the-front.html

663. David Axe, "Ukraine's New Rocket-Boosted Glide-Bombs Can Turn Around and Hit Targets on The Backs of Hills, 90 Miles Away," *Forbes*, February 3, 2023 (https://www.forbes.com/sites/davidaxe/2023/02/03/ukraines-new-rocket-boosted-glide-bombs-can-turn-around-and-hit-targets-on-the-backs-of-hills-90-miles-away/)

　　2023年4月"泄露"的美国机密文件表明，截至二月底，乌克兰人每天仅发射17枚导弹。由于乌克兰当时收到了38iia系统，我们可以得出结论[664]，大部分M-142或大部分弹药已被摧毁。这将证实俄罗斯总参谋部的说法。

　　M-142和M-270可能比俄罗斯的同类系统更复杂。与上个世纪90年代后期以来生产的其他西方武器一样，它们是为特地作战而设计的。它们是模块化的，可以适应不同的操作要求。但它们的生产成本非常高且工艺复杂。如今，洛克西德-马丁公司每年生产1万枚GMLRS导弹。随着投资的增加，到2024年将达到1.4000枚，但要等到2026年产量才会翻番[665]。事实上，美国根本没有增加产量和满足乌克兰及其其他客户需求的材料和人员能力。

多管火箭发射器

图73-美国的M142海马斯和俄罗斯的9K515。虽然我们的媒体一直在赞扬美国的系统，但龙卷风-S是俄罗斯最新的多管火箭发射器，具有优越的特性。它可以发射300毫米火箭弹，标称射程为120公里，但已经过200公里射程测试。

---

664. "U.S. Security Cooperation with Ukraine—Fact Sheet," *Bureau of Political-Military Affairs, State Department*, April 19, 2023 (https://www.state.gov/u-s-security-cooperation-with-ukraine/)
665. Sam Skove, "Why It's Hard to Double GMLRS Production," *Defense One*, March 30, 2023 (https://www.defenseone.com/business/2023/03/why-its-hard-double-gmlrs-production/384646/)

俄罗斯同类系统数量更多，但更简单，因此生产成本更低。因此，俄罗斯可以很容易地增加产量，并在战场部署更密集的系统。

俄罗斯相当于M-142海马斯的是9K515龙卷风-S与其前身BM-21、BM24和BM-27一样，它可以连续发射弹药。而且，它的火箭系统也可以进行独立编程，借助格洛纳斯（GLONASS）卫星导航系统可以打击单独目标。只需几分钟即可完成发射数据的设置，火箭通过遥控发射，以避免机组人员暴露在反炮火火力下。龙卷风-S导弹每7分钟改变一次位置，以降低这种风险。

反炮兵系统

乌克兰的冲突有时似乎已经变成了一场炮战。俄罗斯人已经发展出特别有效的反炮兵火力能力，并且几乎能够在西方设备到达战区后立即摧毁它。

反炮兵系统

图74-俄罗斯人使用各种各样的反炮兵系统。目的是探测敌人火力的位置，以便尽快做出反应。有源系统（例如ZOOPPARK-1—火炮雷达）（a）和无源系统，使用热和声学信号的组合来检测火炮发射点（如PENICLIN系统）（b）之间是有区别的，前者可探测射弹并通过计算其轨迹来跟踪弹丸。前者容易被发现，而后者则不被敌人发现。

俄罗斯人从确定乌克兰火炮发射位置，到把发射坐标传输给反炮兵单元开始火力压制，需要2分钟时间。[666]　在乌克兰方面，在最佳条件下，训练有素的炮兵组转移一门美国155毫米M777榴弹炮需要2到3分钟。[667]从理论上讲，这不仅意味着乌克兰的火炮在每个射击位置只能发射一炮，而且每次都可以在它移动之前被摧毁

这种立即发射反炮兵火力的能力极大地限制了乌克兰火炮的能力。随着俄罗斯军队的逐步推进，乌克兰火炮再也无法打击顿涅茨克市。西方本可以通过谈判实现的目标，俄罗斯人已通过武力实现了。

集束弹药

2023年7月7日，泽连斯基的顾问米哈伊洛·波多利亚克在推特上写到：[668]

> ……武器的数量很重要，所以，武器，更多的武器，而且总
> 是武器，包括集束弹药。

集束弹药实际上是由炮弹或火箭投射的容器，它们在目标上方打开，发射数十个小型爆炸装置。这些子弹药可以是杀伤人员弹药、反坦克弹药或两者兼而有之。它们可以在目标上方或与目标接触时爆炸，充当小型手榴弹或能够刺穿装甲车顶部装甲的或聚能装药。它们也可以是杀伤人员地雷，例如臭名昭著的苏联PFM-1。

PFM1地雷仅含有37克炸药，足以严重伤害一人。俄罗斯和乌克兰都有。与俄罗斯不同，乌克兰是《禁止杀伤人员武器渥太华公约》的缔约国。2022年7月27日，乌克兰在讲俄语的顿涅茨克人口稠密区投放了数千枚这样地雷的。[669] 但是没有一个西方国家或媒体表示反对。

这种类型的弹药早在1970年代后期就已开发出来。作为突击破坏者(ASSAULT　BREAKER)项目的一部分，目的是发展技术来阻击进入北约纵深的苏联战役机动集群(OMG)。

---

666. https://eng.mil.ru/en/special_operation/news/more.htm?id=12449739@egNews
667. http://www.military-today.com/artillery/m777.htm
668. https://twitter.com/Podolyak_M/status/1677253680880336897
669. David Hambling, "Who Dropped Thousands Of Antipersonnel 'Butterfly' Mines On Donetsk? (UPDATE: UK Blames Russia)," *Forbes,* August 4, 2022 (https://www.forbes.com/sites/davidhambling/2022/08/04/who-dropped-thousands-of-antipersonnel-butterfly-mines-on-donetsk/)

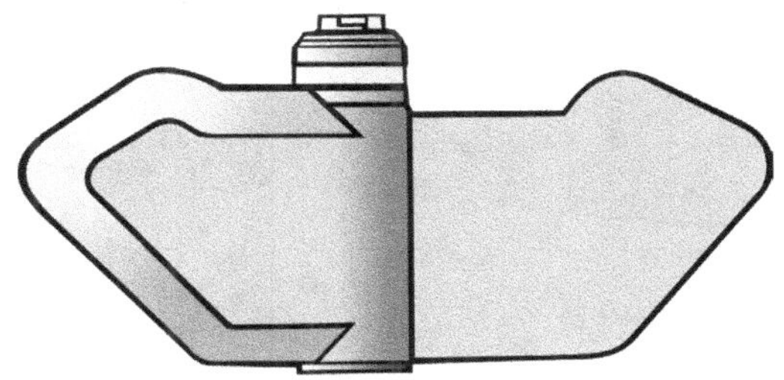

图75-PFM-1地雷是美国Blu-43"龙牙"地雷的苏联复制品，在越南战争期间在老挝广泛使用。苏联军队在阿富汗使用，这是我在反苏战争期间，为艾哈迈德·沙阿·马苏德编写了一本扫雷手册，也是我致力于对打击杀伤人员地雷的的来源。

在炮兵射击需要花费大量时间进行微调的时候，子弹药射弹可以非常迅速地部署大量爆炸装置来对付移动的对手。从比例上讲，这相当于第一次世界大战中对步兵的机枪。

这些武器的问题在于，子弹药的生产成本低廉，留下了大量随时可能爆炸的哑弹。根据RTS的数据，哑弹率高达2%，[670] 但在以色列，这一比例实际上高达40%。[671] 这就是为什么它们被认为对平民构成威胁，以及为什么有111个国家签署了集束弹药公约CCM。[672]俄罗斯乌克兰和美国都不是CCM的缔约国。

也就是说，这些武器设计的目的是让防御者能够对抗攻击者，而不是攻击者攻击防御者。这意味着这些武器是你不想快速占领的区域使用。这就是为什么乌克兰在2014年和2022年在顿涅茨克、[673]哈尔科夫、[674]和伊久姆[675] 地区使用它们，然后把这一切都归咎于俄罗斯（没有提供证据）。

---

670. https://www.rts.ch/play/tv/redirect/detail/14160304

671. http://www.haaretz.com/news/idf-commander-we-fired-more-than-a-million-cluster-bombs-in-lebanon-1.197099

672. https://www.clusterconvention.org/

673. Andrew Roth, "Ukraine Used Cluster Bombs, Evidence Indicates," *The New York Times*, October 20, 2014 (https://www.nytimes.com/2014/10/21/world/ukraine-used-cluster-bombs-report-charges.html)

674. Thomas Gibbons-Neff & John Ismay, "To Push Back Russians, Ukrainians Hit a Village With Cluster Munitions," *The New York Times*, April 20, 2022 (https://www.nytimes.com/2022/04/18/world/europe/ukraine-forces-cluster-munitions.html)

675. https://theintercept.com/2023/07/05/ukraine-cluster-bombs-biden/

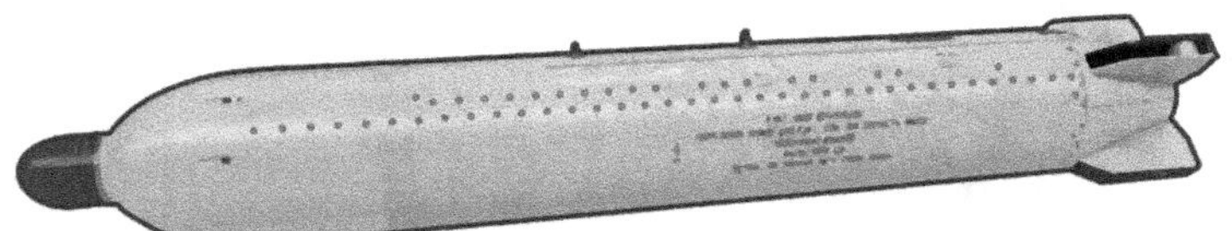

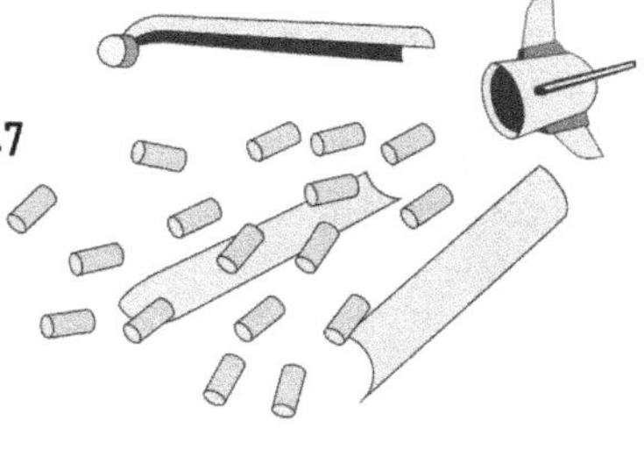

图76-MK 20 RockeyII集束炸弹是乌克兰要求美国提供的类型之一。

俄罗斯在SMO开始时不使用这种武器有两个原因，首先，SMO为了它寻求保护的人口的利益而采取的。其次，它处于攻击者的位置，这将使自己的部队处于危险之中。

但这些情况在2023年发生了变化——美国为乌克兰的反攻提供了集束弹药，而俄罗斯人是防御者.[676] 借口是这些弹药可以很好地将俄罗斯人从战壕中赶出来或清除地雷。事实上，这一决定是由于美国人已经没有任何选择，因为他们已经用完了弹药。[677] 但它的影响是俄罗斯也开始使用相同类型的弹药来瓦解乌克兰反攻，而且变得理直气壮。

这就是为什么美国人在7月13日明确表示：[678]

> 乌克兰政府已向我们提供书面保证，将负责任地使用这些武器，特别是不会在平民居住的城市地区使用它们。

676. Eric Schmitt, "Ukraine starts using American-made cluster munitions in its counteroffensive, U.S. officials say," *The New York Times*, July 20, 2023 (https://www.nytimes.com/2023/07/20/world/europe/ukraine-cluster-munitions.html)
677. Mark F. Cancian, "Cluster Munitions: What Are They, and Why Is the United States Sending Them to Ukraine?", *Center for Strategic and International Studies*, July 10, 2023 (https://www.csis.org/analysis/cluster-munitions-what-are-they-and-why-united-states-sending-them-ukraine)
678. "Cluster munitions can disperse several hundred small explosive charges", *Euronews / AFP*, July 8, 2023 (https://fr.euronews.com/2023/07/08/armes-a-sous-munitions-en-ukraine-quel-danger-pour-les-civils)

但是，像往常一样，乌克兰政府并没有信守诺言：这些新弹药的首次使用之一是在平民区，它杀死了一名记者[679]。

因此，美国人的这种交付不仅真的是"争分夺秒"，而且还使俄罗斯投入此类武器打击乌克兰的反攻合法化。人们有时会产生这样的印象：西方正在竭尽全力确保乌克兰人失败。

远程武器

2023年夏天，随着反攻停滞不前，乌克兰开始攻击俄罗斯领土或黑海的远程目标，并要求提供远程导弹。在此之前，西方一直拒绝提供可以到达俄罗斯领土的武器，克里米亚不被认为是俄罗斯领土。英国提供了风暴阴影巡航导弹。法国紧随其后供应了类似于英国风暴阴影的SCALP导弹，尽管一些消息来源声称射程稍长。

美国导弹发射器可以发射几枚"小型"制导多管火箭系统（GMLRS）导弹或更大的陆军战术导弹系统（ATACRS）。ATACRS导弹的射程为300公里，炸药量为200公斤，这让乌克兰具备了打击俄罗斯本土的目标能力，破坏力也显著提升。然而，美国人最初不愿意向乌克兰提供ATACRS导弹，担心事态升级。[680] 事实上，根据《华尔街日报》[681]和《国会山报》的报道，[682] 交付给乌克兰的海马斯甚至被秘密改装，无法发射能够到达俄罗斯领土的远程导弹。

679. "War reporter's death prompts Russian outrage over Ukraine's alleged use of cluster bombs," *Reuters*, July 22, 2023 (https://www.reuters.com/world/russian-journalist-killed-three-wounded-near-ukraine-frontline-2023-07-22/)

680. John Ismay, "The Missile Ukraine Wants Is One the U.S. Says It Doesn't Need," *The New York Times*, October 6, 2023 (https://www.nytimes.com/2022/10/06/us/ukraine-war-missile.html)

681. Michael R. Gordon & Gordon Lubold, "U.S. Altered Himars Rocket Launchers to Keep Ukraine From Firing Missiles Into Russia," *The Wall Street Journal*, December 5, 2022 (https://www.wsj.com/articles/u-s-altered-himars-rocket-launchers-to-keep-ukraine-from-firing-missiles-into-russia-11670214338)

682. Brad Dress, "US secretly modified HIMARS for Ukraine to prevent Kyiv from shooting long-range missiles into Russia," *The Hill*, December 5, 2022 (https://thehill.com/policy/defense/3762042-us-secretly-modified-himars-for-ukraine-to-prevent-kyiv-from-shooting-long-range-missiles-into-russia/)

远程导弹

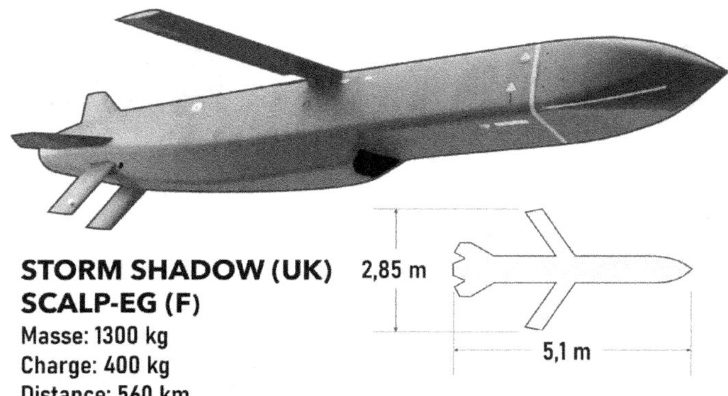

图77—英国的风暴阴影导弹及其法国版的SCALP-EG由德国 MBDA公司生产.它们的射程能够覆盖部分俄罗斯领土。这表明欧洲人不是在寻求解决冲突, 而是在延长冲突。他们有能力这样做, 因为他们没有付出血的代价。

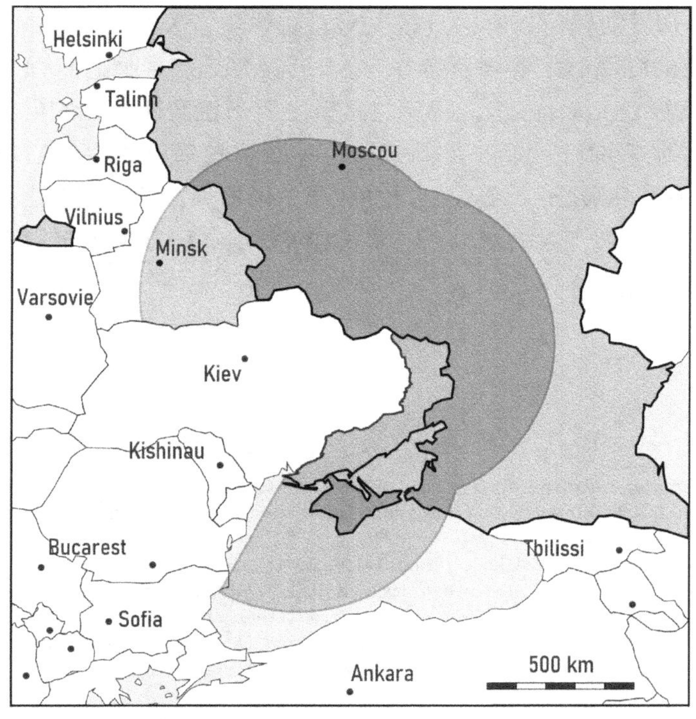

图78-法国向乌克兰提供的SCALP-EG巡航导弹的射程。美国不想提供远程导弹以防止战争蔓延到俄罗斯领土。法国人没有这样的顾忌。这正是非洲人不再希望他们出现在他们的领土上的原因。

俄罗斯的战争艺术

2023年9月22日，乌克兰用巡航导弹袭击了塞瓦斯托波尔的黑海舰队总部，乌克兰人发射了第一波诱饵弹。

制导炸弹

自2022年12月以来，美国一直在向乌克兰提供JDAM-ER制导炸弹，其射程为八十公里，并使用GPS信号引导其瞄准目标。但2023年4月"泄露"的秘密文件表明它们出现故障，并且容易受到俄罗斯的干扰。[683] 此外，这些炸弹以相对慢的速度盘旋，容易受到俄罗斯PANSIR-SM防空系统的攻击，这些系统可以击中非常小的目标，例如无人机或海马斯导弹。

就俄罗斯人而言，他们已经开发了许多与交付给乌克兰的系统相当的系统。其中包括GROM，相当于JDAM-ER。

俄罗斯滑翔机炸弹GROM

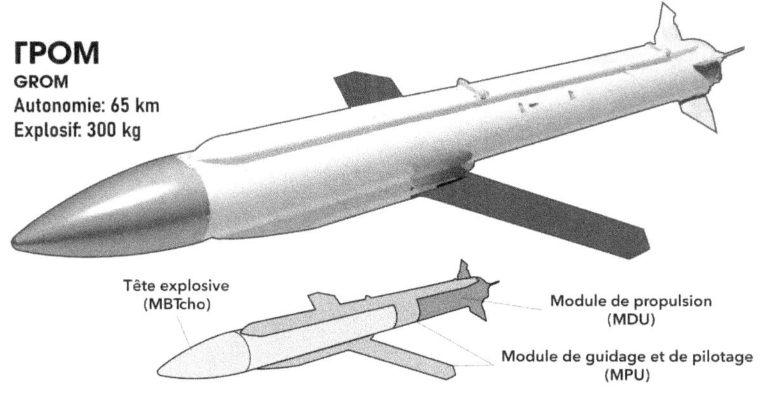

图79- CROM炸弹相当于美国的JDAM-ER炸弹。它是一种重力炸弹，有可伸缩的机翼和制导机构。

俄罗斯人发现，在打击地面目标时，航空炸弹比导弹更有效（而且可能成本更低）。为此，他们开发了一整套"智能"滑翔炸弹，滑翔炸弹可以自主瞄准目标。

---

683. Ellie Cook, "Russian Glider Bombs Spark New Air Defence Woes for Ukraine," *Newsweek*, April 13, 2023 (https://www.newsweek.com/russia-glider-bombs-ukraine-air-defense-jdams-1794155)

这解释了自2023年3月以来,俄罗斯在顿巴斯的炮火明显减少的原因。俄罗斯空军可以更自由地使用FAB-500[684] 炸弹,尤其是其UPAB-500B和UPAB-1500B滑翔炸弹。UPAB-1500B于2019年首次推出,可以在四十公里的距离内交战,超出乌克兰战术防空系统的射程。这些炸弹在马里乌波尔战斗后进行了改进,以打击受保护的目标,在阿夫迪夫卡和巴赫穆特使用,并广泛用于打击乌克兰在扎波罗热地区的乌克兰反攻。

UPAB-500的和UPAB-1500B制导炸弹

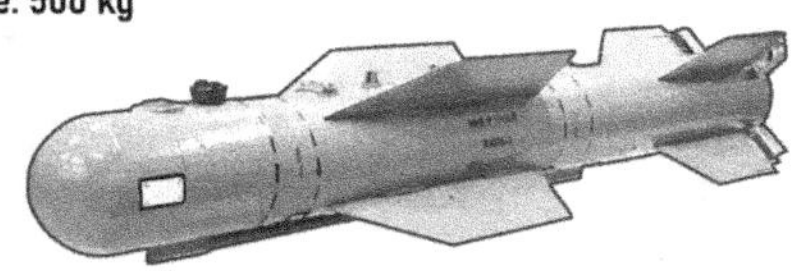

图80-UPAB-500的和UPAB-1500B制导炸弹专为对抗受到重装保护的步兵而设计,可从乌克兰防空防御系统射程之外投放,自主且精确地瞄准目标。

防空武器

俄罗斯武装部队的目的是保卫其国土。这就解释了为什么在过去的三十年里,当西方国家一直在寻找解决海外战争的办法时,俄罗斯人却一直将精力集中在国防的需要上。他们的防空系统就是如此。虽然仍不完善,但它是世界上最先进的防空系统之一,

---

684. Andrew Stanton, "Ukraine Issues Warning About New Modified Russian FAB-500 Aerial Bombs," *Newsweek,* April 8, 2023 (https://www.newsweek.com/ukraine-issues-warning-about-new-modified-russian-fab-500-aerial-bombs-1793298)

一个问题是无人机的扩散，这些无人机充当微型巡航导弹在低空飞行，只有在飞行末段才会被雷达探测到。这解释了乌克兰在2023年9月对塞瓦斯托波尔的袭击取得成功的原因。

A-50U中流砥柱预警机（MAINSTAY）驻扎在明斯克附近的马丘利什奇军用机场，是俄罗斯空战系统的重要组成部分。显然，俄罗斯人没有足够的预警机来监视整个领空，尤其是在克里米亚周围。已经对新版本的A-50U进行过优化，它可以探测到"新型飞机"，这里显然是指无人机。

A50中流砥柱

图81- A-50中流砥柱预警机。这相当于北约国家在罗马尼亚和波兰使用的预警机。它可以同时探测和处理大约150个目标，最大可探测空中650公里和地面300公里的目标。

无人机和作战机器人

在战斗中使用无人机并不是什么新鲜事。第一个原型"空中鱼雷"可以追溯到1918年（Kettering　Bug），例如，使用小型娱乐无人机观察或投掷手榴弹在叙利亚已广泛出现。在战场上使用无人机，也不是什么新鲜事。从SMO开始，乌克兰就使用了土耳其生产的BAYRAKTAR无人机，这似乎是一种"神奇武器"，但它并没有逃脱俄罗斯强大的防空防御，很快就被我们的媒体遗忘了。

无人机的新颖性在于它们的使用分布在所有交战级别，从低级战术到战略。现在所有这些级别都具备侦察和/或空袭能力，这大大增加了战场上的不安全感。头顶上这种持续不断的威胁让前线士兵筋疲力尽，乌克兰士兵道出了无人机引起焦虑的本质。

从俄罗斯进攻一开始，无人机就在战场上出现了。乌克兰人很快就看到了他们提高战术侦察能力的潜力。无人机在使用过程中演化得极快。受伊斯兰国在叙利亚开发的技术的启发，自制的小型商用无人机可携带小型炸药或手榴弹，提供最低战术级别的打击能力。它们体积小且相对便宜，可以成群结队地活动。这是这场冲突的技术启示之一。乌克兰军队在冲突开始时广泛使用，但由于供应困难（部分原因是美国对中国此类设备实施制裁），最主要原因是俄罗斯干扰系统的快速展开，乌克兰不得不减少无人机的活动。

乌克兰战区的主要无人机

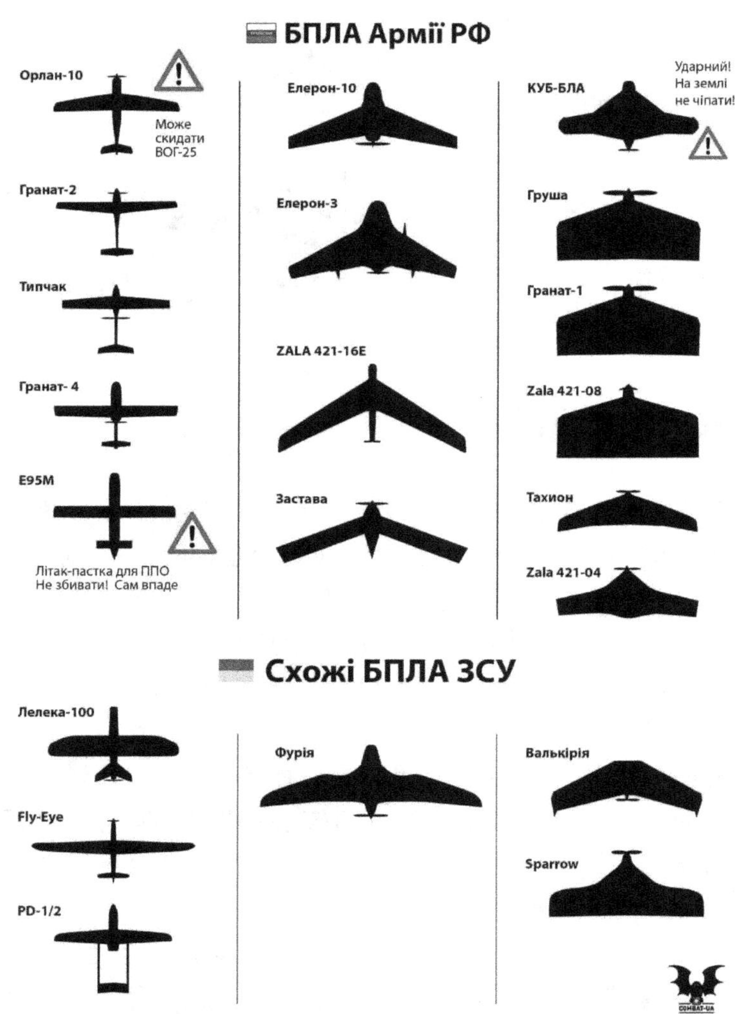

图82-无人机在战区的扩散，有必要为乌克兰军人佩发身份识别卡。
【来源：https://en.defence-ua.com/weapon_and_tech/how_to_distinguish_between_russian_and_ukrainian_uavs_in_the_sky_photo_comparison-3180.html, June 2022】

乌克兰使用的

空中无人机

在乌克兰的冲突中，无人驾驶飞机被无节制地用于各种可能的目的。新颖性不在于无人机的使用，甚至不在于它们所伴生的创造力，而在于它们的数量之多。乌克兰人使用三种类型无人机：

- TB-2BAYRAKTAR和西方提供的性能相似作战无人机。它们可以执行侦查、监视和攻击任务。TB-2在阿塞拜疆对只有基本防空防御系统的亚美尼亚非常有效，但在乌克兰，很快就被俄罗斯的防空防御系统淘汰出局了。

- 为远程打击而设计或改装的无人机。这些是苏联时代的Tu-141。STRIZH战役无人机，专为空中侦察而设计，它被乌克兰改装成简易巡航导弹。其中一架飞机于2022年3月在克罗地亚坠毁，其他飞机已用于对俄罗斯本土的袭击。经现代化改造，这些无人机成了GPS制导的Bober，它成功袭击莫斯科而名声大噪。

- 商用无人机，在乌克兰改装用于侦察或战斗任务。他们使用FPV眼镜（第一人称视角）进行引导，这使他们能够在攻击之前观察周围环境，或指挥炮火射击。其中包括轻量级的大疆MAVIC-3无人机，经过改装可携带手榴弹或小型炸药。这不是什么新鲜事，伊斯兰国在2015年至2016年在叙利亚以近乎工业规模的方式做过这样的事情。

无人机被广泛用于高级战术和作战层面，以监视战场和协调地面行动。但英国的RUSI发现，领导层的快速变化，意味着作战指挥官并不总是相信下属指挥官的报告，而是希望自己能在视觉上对行动进行控制。这导致使用烟雾弹要来掩护步兵向俄罗斯防线移动的次数减少。指挥官们更喜欢自己对战场的看法，而不是烟雾掩护来隐藏他们部队的行动。烟雾弹药的使用仅占火力任务的3%。[685]

虽然乌克兰人的灵活性和独创性值得赞扬，但这些系统的军事效能仍然高度不确定。例如，为了探测乌克兰的大疆MAVIC-3无人机，俄罗斯人

---

685. Jack Watling & Nick Reynolds, "Stormbreak: Fighting Through Russian Defences in Ukraine's 2023 Offensive", *RUSI*, September 2023, p. 22 (https://ik.imagekit.io/po8th4g4eqj/prod/Stormbreak-Special-Report-web-final_0.pdf)

使用了DJI AeroScope平台，该平台可以实时检测到无人机和控制单元之间的实时通信，从而摧毁它们。[686]

乌克兰BOBER无人机

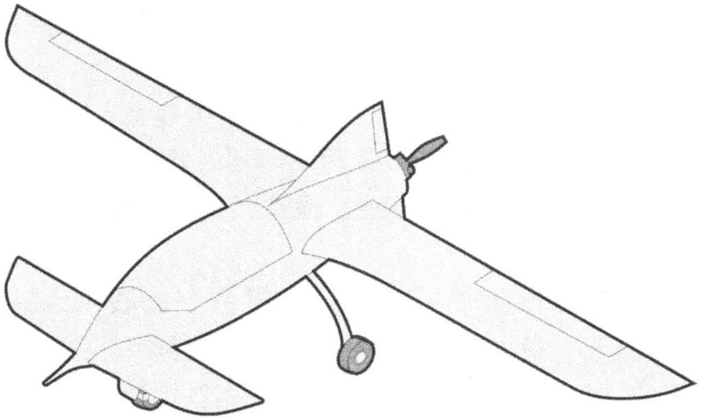

图83- BOBER无人机是本地开发的。它的设计非常简单，可以携带炸药。这种类型的无人机在2023年7月至8月对莫斯科进行袭击。

海军无人机

一项半新的发展是使用海军无人机对抗黑海的俄罗斯船只和设施。事实上，虽然技术解决方案是新的，但概念却不是，即使在第二次世界大战期间，意大利著名的Xa Flottiglia MAS部队的Incursori也使用载人鱼雷攻击英国船只。这个想法被其他人采纳，最近的例子是泰米尔伊拉姆猛虎解放组织（猛虎组织）的海黑虎部队。

这些船被错误的称为"自杀船"，它们安装有爆炸装置，但船员并没有牺牲自己：他们在撞击前跳下了船。与乌克兰设备的主要区别。今天乌克兰GPS设备已经取代了导航员。

乌克兰人已经开发了一系列这样的水下无人机，其中一些因其对俄罗斯袭击而闻名，尤其是2023年7月对刻赤大桥的袭击。这次袭击是由一艘自主航行的SEA BABY型无人艇执行的，它携带了860公斤炸药撞向刻赤大桥一个桥墩。2023年8月24日，乌克兰总统弗拉基米尔·泽连斯基正式宣布成立乌克兰海军第345无人驾驶海军系统独立旅。[687] 正如其领导

---

686. https://www.bbc.com/news/world-europe-62090791
687. https://novynarnia.com/2023/08/24/385-brygada/

人瓦西里·马柳克所指出的那样，这是一个由乌克兰安全局（SUB）主导的项目，[688] 它的任务是秘密开展无人机开发并在地下工厂进行生产。[689]

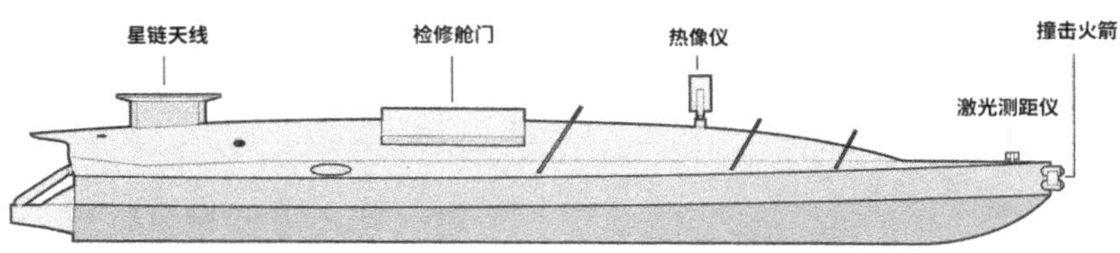

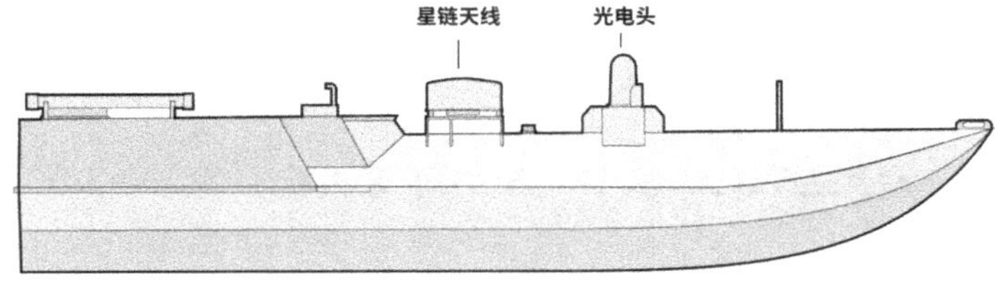

图84-乌克兰海军无人艇。上图：2022年9月北溪事件发生后，Mykolo-3用于袭击克里米亚塞瓦斯托波尔港和监视黑海TURKSTREAM天然气管道的俄罗斯船只。下图，2023年7月17日，SEA BABY在袭击中攻击刻赤大桥.

水下无人艇，似乎是乌克兰军火库中的一种新武器。TOLOKA 1K-150在2023年4月推出，是乌克兰年轻工程师提出的发展方案之一.[690]这是一种制导鱼雷，其性能尚不清楚。然而，我们很可能会问，这些不能对冲突进程产生决定性影响的武器有什么用？

---

688. https://youtu.be/UoHACsoQBxM

689. https://ssu.gov.ua/novyny/morski-drony-unikalna-rozrobka-sbu-vasyl-maliuk-rozkryv-detali-rezonansnykh-spetsoperatsii-sluzhby-bezpeky-ukrainy

690. "Ukraine's 'Toloka' Underwater Maritime Drone Is a New 'Headache' for russians in the Black Sea," *Defense Express*, April 27, 2023 (https://en.defence-ua.com/weapon_and_tech/ukraines_toloka_underwater_maritime_drone_is_a_new_headache_for_russians_in_the_black_sea-6531.html)

图-85乌克兰MYKOLA-3无人艇、泰米尔猛虎IDAYAN自杀艇和二战意大利Incursori MAIALES的尺寸比较。

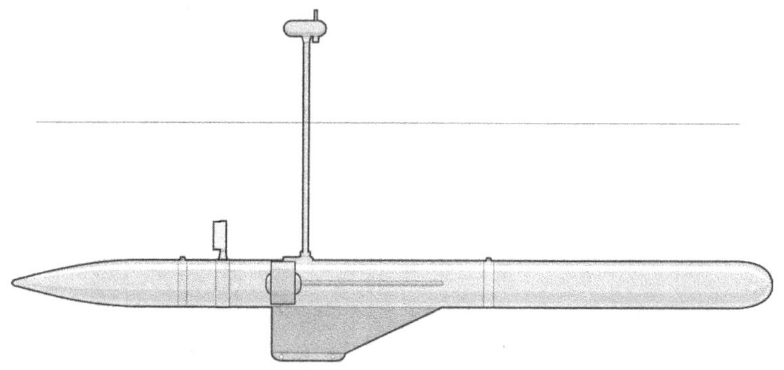

图86-TOLOKA 1K-150水下无人机, 由乌克兰BRAVE集团设计, 长1.5米。由于其安装在桅杆上的摄像头, 它可以在海面下运行, 并且可以覆盖长达1200公里的距离。

俄罗斯人使用的

空中无人机

一个特别重要的发展是系统的使用"小型"廉价的无人机。这些无人机可以大规模部署使敌人的防御系统饱和, 并起到微型巡航导弹的作用。这些被称为"自杀式无人机"。俄罗斯人正在使用俩款性能突出的无人机, 一款是伊朗制造的GERAN-2, 另一款是俄罗斯制造的柳叶刀-3。

GERAN-2起源于伊朗，在伊朗以沙赫德-136（SHAHEED-136）的名称生产。从伊朗进口无人机，这自然助长了西方对俄罗斯"破烂工业"的叙述，[691] 并为西方对伊朗实施新的制裁提供了借口。[692] 实际上，GERAN-2是获得伊朗授权在俄罗斯本土生产的，经过升级改造，加强了它的导航系统能力，获得俄罗斯的格拉纳斯（GLONASS）卫星系统支持。它的最新版本源自SHAHEED-131，由涡轮喷气发动机提供动力，飞行更安静。[693] 因此，它对抗电子干扰能力更强，采用玻璃纤维外壳，因而难以被雷达探测到。它是一种"迷你巡航导弹"，可以大量使用攻击保护薄弱的目标，最远可达2500公里。

GERAN-2主要由商业部件制成，非常经济，摧毁它需要非常昂贵的手段，使其成为卓越的消耗武器。它的生产成本估计约为两万美元，而乌克兰人必须使用苏联产的S-300导弹来对付它们，其单位成本估计为13万美元，或用美国NASMA导弹来拦截，导弹单价五十万美元。一名乌克兰飞行员甚至损失了一架米格-29用来击落一架GERAN-2无人机。[694]

柳叶刀-3是2018年出现的一系列无人机中的最新版本，最早于2020年在叙利亚进行了测试。它的前身柳叶刀-1的质量为五公斤，炸药为一公斤，足以对付步兵，但不足以对付装甲车等"硬"目标。

它的十字型机翼使其具有高度的机动性，可用于执行侦察、监视或打击任务。它可以监视一个区域，搜索，发现和选择目标，并自主摧毁它。它的"大脑"使用英伟达的JETSON　TX2这样的民用商业部件，[695]这是一种用于游戏机的图形处理单元（GPU），是一款运行速度非常快的人工智能

---

691. https://youtu.be/R9n3s3CyZ9o

692. "Switzerland sanctions supply of Iranian drones to Russia," *Swiss Government*, November 2, 2022　(https://www.admin.ch/gov/fr/accueil/documentation/communiques.msg-id-91102.html); Daphne Psaledakis & Arshad Mohammed, "New U.S. sanctions target supply of Iranian drones to Russia," *Reuters*, January 6, 2023 (https://www.reuters.com/business/aerospace-defense/us-targets-supply-iranian-drones-russia-new-sanctions-2023-01-06/)

693. Maksim Panasovskyi, "The Shahed-136 kamikaze drone got a turbojet engine instead of the piston-powered MD550 and now it won't buzz like a scooter," *gadget.com*, September 27, 2023 (https://gagadget.com/en/uav/323974-the-shahed-136-kamikaze-drone-got-a-turbojet-engine-instead-of-the-piston-powered-md550-and-now-it-wont-buzz-like-a-s/)

694. Girish Linganna, "Historic! A kamikaze drone downs a fighter aircraft, Ukrainian MiG-29 crashes trying to shoot an Iranian Shahed-136 drone", *Frontier India*, October 13, 2022 (https://frontierindia.com/historic-a-kamikaze-drone-downs-a-fighter-aircraft-ukrainian-mig-29-crashes-trying-to-shoot-an-iranian-shahed-136-drone/)

695. David Hambling, "Russia's Smartest Weapon May Have An American Brain," *Forbes*, March 28, 2023　(https://www.forbes.com/sites/davidhambling/2023/03/28/does-russias-smartest-weapon-have-an-american-brain/)

设备，也是市场上最节能的设备之一。它在市场上很容易买到且价格适中。借助机载人工智能，它可以执行预编程或自主任务。

GERAN-26无人机

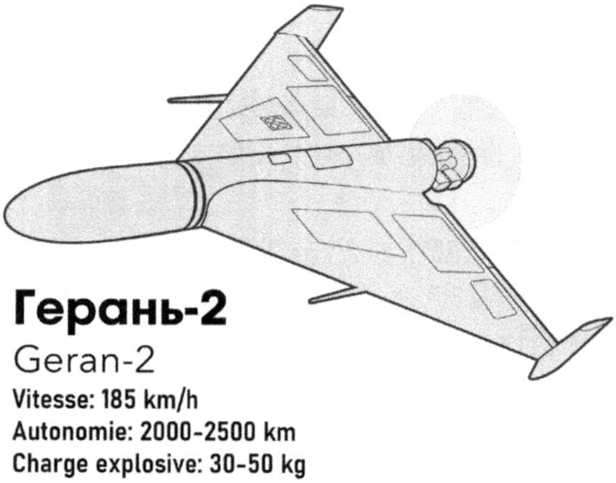

图87—GERAN-26（天竺葵）无人机是伊朗生产的SHAHEED-136的俄罗斯版本。其制导系统已经过修改，使其不受电子对抗的影响。

这是一种多功能的智能武器，对移动目标特别有效。其模块化弹头和多制导系统，使其能够用于各种配置——作为由FPV眼镜（第一人称视角）引导的无人机，用于激光目标标记和战斗损害评估（BDA）的图像传输。它使用加密传输模块，并可抵抗电子干扰。在2023年10月，美国《福布斯》杂志报道称，俄罗斯FPV无人机越来越多的配备热像仪，使其更具破坏性。[696]

皇家联合研究所（RUSI）注意到了俄罗斯这款有趣的武器，它吸引人的地方在与它多功能性、飞行速度和升级潜力。它的作战效果如此之好，以至于制造商ZALA声称他们获得生产量增加了50倍。

在其"自杀式"配置中，它可以与其他无人机联网以进行目标探测。因此，它已成为ROK/RIUK的重要组成部分。显然，根据乌克兰总参谋部的说

---

696. David Hambling, "Russia Adds Thermal Imaging To FPV Kamikaze Drones," *Forbes*, October 11, 2023 (https://www.forbes.com/sites/davidhambling/2023/10/11/russia-adds-thermal-imaging-to-fpv-kamikaze-drones/)

法，俄罗斯的"柳叶刀-1"和"柳叶刀-3"无人机已经摧毁或损坏了大约200门火炮，主要是M777。安静、小巧且难以被发现，它们在夜间特别有效。

自2023年11月以来，俄罗斯军队一直在接收SCALPEL，它具有与柳叶刀-3型大致相同的特性和性能，带有十字形机翼，但生产成本较低。[697]

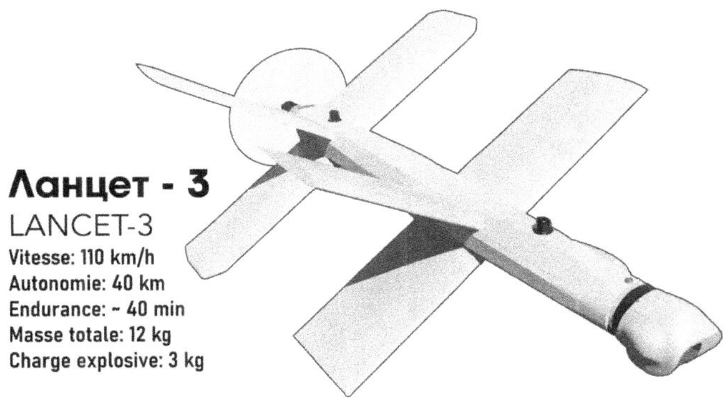

图88—在乌克兰作战中最有效的无人机之一-。由卡拉什尼科夫冲锋枪生产的"柳叶刀"是一种低成本的自杀式无人机，它可以提供信息，然后猛烈撞击目标并用5-6公斤的炸药摧毁它。

KUB-BLA是由俄罗斯ZALA公司开发的攻击无人机[698]，它于2019年首次推出，并在TVD叙利亚进行了测试。由于其小尺寸（1.210米X0.95米X0.165米），并由小型电动机提供动力，使其非常安静，因此非常隐蔽。它配备了软件，使其能够与其它类似设备成群结队出动。

它使用人工智能视觉识别（AIVI）技术进行实时目标识别和分类。它于2022年8月投入使用。

也就是说，我们正在目睹小型商用FPV无人机在战术层面上应用的兴起。 它们轻巧、廉价、易于使用和高度灵活，其解决方案与"柳叶刀-3"一样有效，但效率更高。

---

697. https://bulgarianmilitary.com/amp/2023/11/18/russian-army-received-15-scalpel-uavs-this-is-the-new-lancet/

698. BLA: Беспилотный Летательный Аппарат or "Unmanned flying machine".

KUB-BLA自杀式无人机

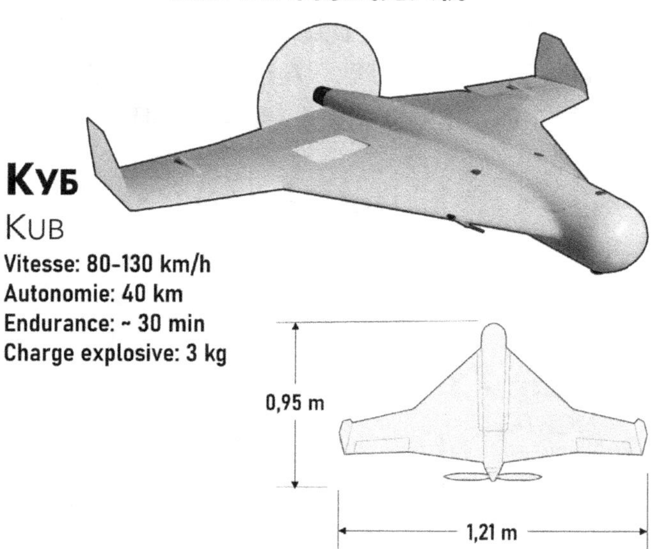

图89—KUB-BLA自杀式无人机用于侦察快速综合体（RUK）。

猎户座无人机。

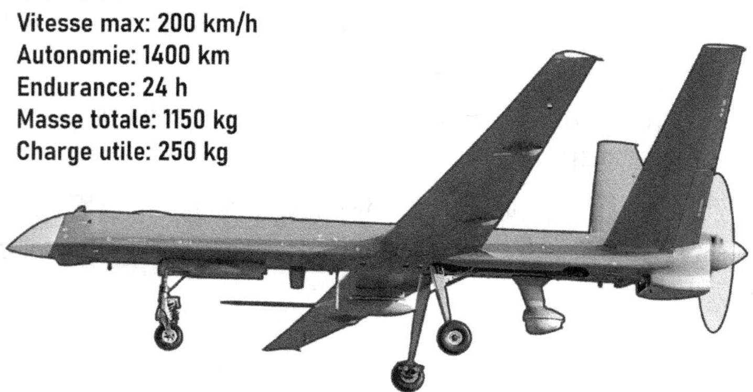

图90-猎户座无人机是俄罗斯最新的作战无人机之一，它于2019年在叙利亚进行了测试，自2022年3月以来一直部署在乌克兰TVD上。

在作战方面，俄罗斯人推出了猎户座无人机，可与美国的MQ-1PREDATOR或MQ-9REAPER相媲美。续航时间为24小时，航程为1400公里，可执行空中监视和侦察任务。它可以在联合侦察和打击任务中发射50公斤重力炸弹（KAB-50和FAB-50）或制导炸弹（UPAB- 50）。至少自2022年3月以来，它已部署在乌克兰TVD上。然而其7500米的极限高度使其容易受到乌克兰S300防空导弹的攻击。

俄罗斯无人机的最新发展是"透明"无人机的出现。它们由非金属材料制成，对雷达波不可见，因此可以在很大程度上逃避探测系统。[699]

作战机器人

将战场机器人化的想法可以追溯到很久以前。俄罗斯人有几个项目，其中一些正在运作，例如Platform-M和Nerekhat系统，它们用于某些俄罗斯基地的监视任务。这些系统与URAN-9[700] 等作战系统一起在叙利亚进行了测试.

URAN-9机器人战车

图91- URAN-9机器人战车是一种能够进行自主反坦克行动的作战系统。这种系统的使用开始成为根据乌克兰经验建立军事条令文集文件的一部分。

---

699. Boyko Nikolov, "Russia unveils foamplast FPV UAV with max-radio transparency," *Bulgarian Military*, October 15, 2023 (https://bulgarianmilitary.com/amp/2023/10/15/russia-unveils-foamplast-fpv-uav-with-max-radio-transparency/)
700. https://youtu.be/d0qG64xao6s

后者在ZAPAD-2021演习期间进行了测试，并在顿巴斯实施，但更多的是为了验证软件解决方案和这些武器在ROK/RUK框架内的联网，而不是用于作战任务。

这些交战的结果尚不清楚，但显然能够在战场上自主行动的战车的想法仍然是一个遥远的前景。

Platform-M和Nerekhat机器是比URAN更简单的系统，能够在更简单的环境中执行编程操作。

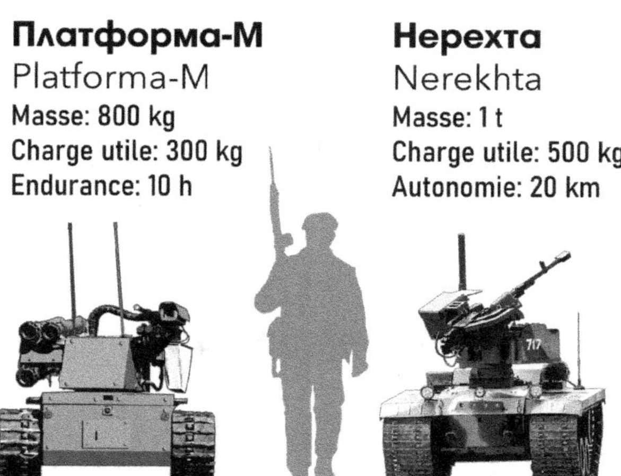

图92-Platform-M和Nerekha是能够携带反坦克系统的武器。

第七章. 信息战

网络战

网络战通常被认为是21世纪的战争,早在2021年,我们的"专家"就预测俄罗斯将对乌克兰发动网络战,这将打击甚至摧毁乌克兰经济,以至于没有必要进行军事干预。。但是,位于苏黎世的瑞士联邦理工学院安全研究中心(CSS)的一项研究将我们带回了现实。题为"告别网络战:乌克兰的现实检查",它表明网络战在乌克兰冲突中只发挥了很小作用。[701]

> 我们结论是,那些认为网络战是现实的专家继续低估网络攻击(也称为网络效应行动)的实际局限性,因此高估了它们的战略意义—尽管已有充分的经验证据表明,网络攻击在执行强制性和破坏性行动方面不是很有效。

CSS得出结论:

> 总体而言,没有证据表明俄罗斯资助这些网络攻击,实际上与这场冲突有关的所有网络活动(包括已经出现的各种黑客行动主义"军队"的行动)对冲突的进程产生了可衡量的影响,提供了可观察到的战术优势——例如破坏军事装备或在战斗中破坏敌人的通信——或产生了战略优势。

---

701. . Lennart Maschmeyer & Myriam Dunn Cavelty, "Goodbye Cyberwar: Ukraine as Reality Check", *ETH Zurich—Center for Security Studies,* May 2023 (https://css.ethz.ch/content/dam/ethz/special-interest/gess/cis/center-for-securities-studies/pdfs/PP10-3_2022-EN.pdf)

网络空间战争的真正问题在于，我们无法确定攻击的来源。所谓的网络安全公司实际上无法做到这一点。他们对我们媒体的看法几乎完全来自第三方来源。显然，这些形式通常是问题的一部分。

2016年12月CrowdStrike声称黑客实体FANCY　BEAR(据称与俄罗斯军事情报部门有关)已经渗透到乌克兰炮兵火控网，植入恶意软件，造成重大损失。[702]这些信息并不多，但一些主流媒体，如"瑞士广播电视台"[703]或"解放报"，[704]更多的是出于对俄罗斯的恐惧，而不是出于对诚实报道的关注，还是报道了这些信息。事实证明这些信息是完全错误的。[705]

自2000年代初以来，我们所说的"网络战争"更像是"巨魔"之间的战争，而不是好莱坞喜欢预测的那样，是破坏国家稳定的一种手段。我们的媒体喜欢放大网络事件，并利用其肇事者难以识别的事实，将其归咎于俄罗斯。更重要的是，虽然确信某些攻击肯定来自俄罗斯，但这并不意味着政府参与其中。

例如，当爱沙尼亚在2007年4月27日遭到袭击时，我们的媒体立即指责俄罗斯，[706]声称即使政府没有直接参与，如果没有克里姆林宫的批准，这一行动也不可能发生。一些人甚至提出了北约第5条的幽灵[707]。"瑞士广播电视台"毫无保留地谴责了俄罗斯政府的行为。[708]　然而，在引发攻击的3700个IP地址中，2900个是俄罗斯的，200个是乌克兰的，130个是拉脱维亚的，95个是德国的。[709]　根据芬兰IT安全公司F-Secure的专家Mikko Hyppönen的说法：

---

702. "Use of FANCY BEAR android malware in tracking of Ukrainian field artillery units," *CrowdStrike*, December 22, 2016.

703. "Russian Democratic Party hackers targeted Ukrainian military," *rts.ch*, December 22, 2016.

704. Amaelle Guiton, "Les Russes donnent des sueurs froides sur le front numérique", *liberation.fr*, December 30, 2016

705. The old report was published on December 22, 2016, and the corrected report on March 23, 2017 (Oleksiy Kuzmenko & Pete Cobus, "Cyber Firm Rewrites Part of Disputed Russian Hacking Report," *Voice of America [VOA]*, March 24, 2017).

706. Sylviane Pasquier, "Estonie: la main de Moscou", *L'Express*, May 16, 2007; Kertu Ruus, "Cyber War I: Estonia Attacked from Russia", *European Affairs*, volume IX, Nr 1-2, Winter/Spring, 2008; Benoît Vitkine, "L'Estonie, première cybervictime de Moscou", *Le Monde*, March 14, 2017

707. James A. Lewis, "The 'Korean' Cyber Attacks and Their Implications for Cyber Conflict", *Center for Strategic and International Studies*, October 2009

708. "Russian-Estonian cyberwar triggered", *rts.ch*, August 6, 2007 (updated January 31, 2013)

709. Santeri Taskinen, Mari Nikkarinen and Shankar Lal, "The Estonian Cyberwar," April 21, 2017 (https://mycourses.aalto.fi/pluginfile.php/457047/mod_folder/content/0/Kyber%20Crystal.pdf?forcedownload=1)

在实践中，只有一个IP地址指向俄罗斯政府计算机。当然
也有可能是从那里发动攻击，但涉及的可以是任何人，从
政府部门的看门人到最高层。[710]

因此，我们不知道。没有证据表明俄罗斯官方参与其中，[711]所有的信息
都指向这是一次民间社会的行动。此外，欧盟委员会和北约[712] 都没有证
实俄罗斯的参与。最终，只有一名嫌疑人被确定：这是一名来自"Nachi"
青年运动的年轻俄罗斯活动家——来自与"寡头，反犹太主义者，纳粹和
自由主义者"作斗争的个俄罗斯爱国组织——他独自行动。很明显，我们
的记者看谁都是嫌疑人。

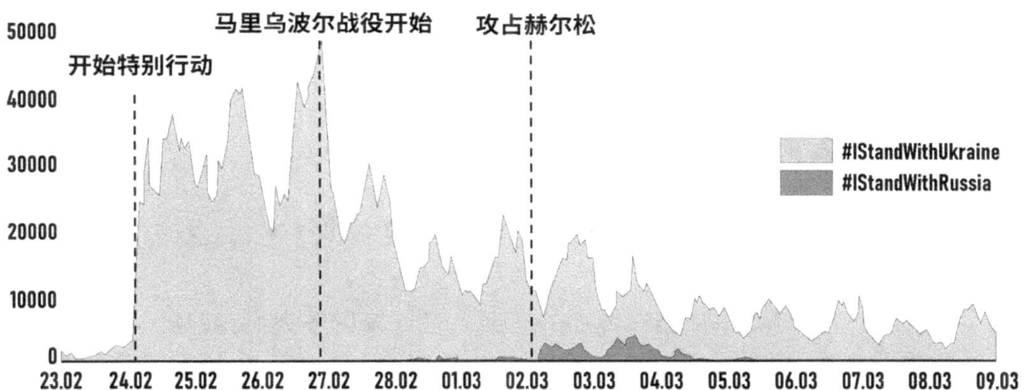

图93-资料来源：Bridge Smart、Joshua Watt、Sara Benedetti、Lewis Michel和Matthew
Roughan""#IStand WithPutin与#IStandWithUkraine：机器人和人类在讨论俄罗斯/乌克兰战争
中的互动"。阿德莱德大学，2022年8月15日，(https://arxiv.org/abs/2208.07038)

阿德莱德大学(澳大利亚)2022年初对乌克兰网络活动进行的一项研
究表明，乌克兰人显然为加强军事行动做好了准备。早在2月24日，乌克
兰机器人的网络活动就立即处于非常高的水平。几天后，俄罗斯的网络

---

710. Nate Anderson, "Massive DDoS attacks target Estonia; Russia accused", *arstechnica.com*,
May 14, 2007
711. Sean Michael Kerner, "Estonia Under Russian Cyber Attack?", *internetnews.com*, May 18, 2007
712. Les cyberattaques—repères chronologiques (https://www.nato.int/docu/review/2013/Cy-
ber/timeline/FR/index.htm) (accessed October 1, 2019)

活动才开始[713]，这表明乌克兰网络在2月24日之前就已经做好了网络攻击的准备，并准备在当天非常迅速地释放它们。

正如我们在TV5模型中看到的那样，关于他们所谓的"混合战争"，我们的媒体和我们的专家给那些似是而非的事件添枝加叶，然后把全部责任推给俄罗斯人。从技术上讲，他们正在从事阴谋论，即从通常是真实的元素中创造叙事，这些元素由任意逻辑连接起来，用于假定的恶意目的。

根据CSS的说法，绝大多数已知与俄罗斯的有关的网络事件（通常没有任何证据），仅产生有限和局部的影响，对冲突的影响很小或没有影响。可以肯定的是，这些归因于网络战的事件中，有很大一部分实际上是安装软件管理的问题（正如我们在美国看到的那样，电力供应公司将其管理问题隐藏在所谓的俄罗斯攻击背后）。

在这里，关于这些俄罗斯袭击的官方叙述，通过人为地放大，希望达到影响宣传目的，有助于最大限度地减少俄罗斯在这一领域的能力。

宣传和虚假信息

宣传和虚假信息是我们媒体不加区分地使用的两个术语。然而，它们代表着不同的活动。

宣传的字面意思是"值得传播的东西"。它通常侧重我们自己的优点（如商业广告）或对手的弱点。但是信息本身（通常）不是假的。这是苏联在冷战期间的主导战略。同样的理念今天也适用。

虚假信息是通过虚假信息故意误导对手。我们的媒体为造假而造假，把编造虚假信息本身当成终极目标，而俄罗斯人将其视为达到目的的手段，作为既定战略的一部分。

一般来说，在冲突中，防御者强调宣传以突出其防御能力，以达到威慑的目的。另一方面，攻击者强调虚假信息以掩盖他的意图。然而在这场冲突中，情况恰恰相反。

---

713. Bridget Smart, Joshua Watt, Sara Benedetti, Lewis Mitchell & Matthew Roughan, "#IStandWithPutin versus #IStandWithUkraine: The interaction of bots and humans in discussion of the Russia/Ukraine war," *The University of Adelaide*, August 15, 2022 (updated August 20, 2022) (https://arxiv.org/abs/2208.07038)

来自西方和乌克兰的宣传和虚假信息

官方叙事是西方和乌克兰战略的核心，其目的不仅是向乌克兰人民灌输胜利的信念，最重要的是破坏俄罗斯的稳定，动摇民众对政府的支持。但它的主要功能是维持西方对乌克兰的实质支持。

2023年11月初，泽连斯基的前顾问奥列克谢·阿雷斯托维奇承认，为了推动叙事，他对自己的同胞撒谎：[714]

> 让普通民众建立我们将迅速获得辉煌胜利的信心，这样的虚假宣传，很大一部分责任在于我个人。那时后，我创造了这个幻觉，以为这样我们就可以生存下去。今天我要戳穿它，只有面对现实，我们才能生存下来。

这里并没有什么新鲜事，我在以前的书中已经给出的许多信息，现在已经得到证实。在乌克兰散布虚假信息是理所当然的事，没有什么不妥，但在我们自己的国家放大这些谎言，从而有意识地鼓励发展一种形式的俄罗斯恐惧症，这既邪恶又可耻。毫无疑问，我们的记者应该在法庭上为蓄意煽动仇恨负责。

带着某种幼稚，西方发动了一场叙事战争，认为这足以给俄罗斯带来政治变革。特别是在欧洲，与西方主流叙事相左的所有信息被完全屏蔽。那些不走寻常路的人会被指责为"克里姆林宫的传话筒"，是"弗拉基米尔·普京网络的代理人"。即使信息来自乌克兰，如果与西方叙事不同步，也会被删除。

俄罗斯人所说的话总是被描述为"宣传"，而当乌克兰人提供虚假信息时，它更有可能被描述为"讲故事"。[715]

在许多场合，我们的媒体立即指责俄罗斯人故意以乌克兰平民为目标，而事件的模式表明，他们可能是由于乌克兰防空导弹未命中目标造成的。因此，我们的媒体没有表现出一些克制，而是试图火上浇油。

---

714. https://twitter.com/djuric_zlatko/status/1720923003742036309
715. https://youtu.be/bEv4-IJsl9k?t=270

2023年9月6日，一枚导弹击中了康斯坦丁诺夫卡的一个市场，RTS立即报道说瑞士政府"谴责俄罗斯的袭击"，并指出"国际人道主义法禁止对平民的袭击"。[716] 然而，不到两周后，《纽约时报》报道说：[717]

> 但《纽约时报》收集了证据并进行了分析，证据包括导弹碎片、卫星图像、目击者证词和社交网络帖子。强烈表明，这场灾难性的袭击是由一枚偏离轨道的乌克兰山毛榉防空导弹造成的。"

这是我们的媒体和政府在等待更多实质性信息之前故意指责俄罗斯的众多例子之一。事实上，这在西方是一种常见的做法，允许在不需要理由的情况下进行虚假指控。这是我在联合国负责保护平民原则时发现的一个问题。我注意到这种做法往往会鼓励针对平民的犯罪(打着虚假旗号的行动)。在这里，我们有一个政府和媒体鼓励针对平民的犯罪的例子。正如美国杂志《新闻周刊》在一篇题为《乌克兰从伊斯兰国那里学到了什么》的文章指出，[718]　乌克兰采用了伊斯兰国的沟通技巧[719]（几个小时后，标题改为"乌克兰如何应用伊斯兰国方案"）。

> 对于乌克兰来说，制作精美的战场场景视频背后的动机是吸引全世界足够多的观众，以确保该国与俄罗斯的斗争不会被遗忘，并证明西方对基辅的财政和军事支持，过去不会，将来也不会是徒劳无功的。。

西方传播的目标观众是俄罗斯人口，这并不是真的要支持乌克兰人民（事实上，我们的主流媒体都没有对基辅自2014年以来一直在向自己的人民开枪这一事实提出异议），而是要挑起俄罗斯的政治危机。这就是

---

716. https://www.rts.ch/info/monde/14293014-les-dix-premiers-chars-leopard-1-arrivent-en-ukraine.html#timeline-anchor-1694033722199

717. https://www.nytimes.com/2023/09/18/world/europe/ukraine-missile-kostiantynivka-market.html

718. Isabel van Brugen, "What Ukraine Learned From ISIS," *Newsweek*, May 31, 2023 (https://web.archive.org/web/20230531073952/https://www.newsweek.com/what-ukraine-russia-war-learned-isis-surveillance-drones-strikes-videos-1803199)

719. Isabel van Brugen, "How Ukraine Followed the ISIS Playbook," *Newsweek*, May 31, 2023 (https://www.newsweek.com/what-ukraine-russia-war-learned-isis-surveillance-drones-strikes-videos-1803199)

这就是为什么我们的媒体不如实告诉我们情况的原因，他们希望俄罗斯人能听信并接受这些虚假信息。

例如2023年4月13日，RTS[720] 提到了俄罗斯"常规军事能力的退化"。然而不到两周，美国欧洲司令部总司令克里斯托弗·卡沃利将军在美国国会委员会听证会上明确表示"俄罗斯的空中、海军、太空、数字和战略能力在这场战争中没有显着下降"。[721]

因此，我们的媒体不仅在对我们撒谎，他们还在对乌克兰人自己撒谎。例如乌克兰战俘说，上级军官为鼓动他们上战场，故意告知他们"俄罗斯人虚弱，装备落后，疲惫不堪"。[722] 正如乌克兰第32独立机械化旅的一名中士所说："一切都与你在每日新闻稿和媒体上读到的不同"。[723]

为写这些书，我查阅了的所有欧洲媒体的与俄乌冲突相关的报道，我发现，几乎没有一家媒体试图提供有关冲突的客观信息。人们普遍认为，冲突总是有情感成分，一定程度的主观性是不可避免的。正如我在书中所展示的那样，系统的贬低俄罗斯能力的媒体是：RTVS（比利时）、LCI、TF1、MFM TV和FRANCE 5(法国)、RTS、Le Temps Neue Zurcher Zeitung和小报Blick（瑞士）。我们的媒体以他人的鲜血为生。如果事态没有按照他们的叙事方向发展，他们就会寻求激化紧张局势，而不是采取缓和的步骤，这就是他们行事的逻辑。

更令人担忧的是西方的军事专家(比利时的尼古拉斯·戈赛特；法国的皮埃尔·瑟文特、米歇尔·雅科夫列夫、米歇尔·戈雅和多米尼克·特林昆德(瑞士)。他们代表了一种不开明的专制主义。在这种专制主义中，分析和判断都是在没有基本常识的基础下进行的。军事人员必须对他们的对手有一个真实客观的评估，而不是按自己的喜好来想象敌人的样子。认为对手软弱的人，实际是他害怕对手。

这样的叙事漏洞百出，前后矛盾。前面说俄罗斯已被乌克兰击败，奄奄一息，"它的工业已经支离破碎"，[724] 后面又说俄罗斯被视为对欧洲的主

---

720. https://www.rts.ch/info/monde/13940354-des-documents-classifies-decrivent-des-luttes-intestines-dans-les-cercles-de-pouvoir-russes.html

721. https://armedservices.house.gov/sites/republicans.armedservices.house.gov/files/04.26.23 Cavoli Statement v2.pdf

722. https://twitter.com/MyLordBebo/status/1672196798297899010

723. Igor Kossov, "New brigade bears heavy brunt of Russia's onslaught in Kharkiv Oblast", *The Kyiv Independent*, September 1, 2023 (https://kyivindependent.com/new-brigade-bears-heavy-brunt-of-russias-onslaught-in-kharkiv-oblast/)

724. https://youtu.be/R9n3s3CyZ9o

要威胁。[725] 正如我们将在本书中看到的那样，乌克兰媒体在压力和严格控制下，仍然设法为我们提供比西方媒体更客观的信息。这凸显了叙事在西方传播中的重要性，并解释了为什么这种叙事必须受到严格的审查。2023年10月，在乌克兰媒体Strata上，一名营长宣布:[726]

> 战争开始时，所有乌克兰人都准备好保卫国家，(有)许多志愿者。但在俄罗斯军队撤出基辅地区后，情况发生了变化。
>
> 紧接着，我注意到媒体正在传播观点，大意是我们在与流浪汉作战，俄罗斯军队不知道如何战斗，原则上，胜利将在一两周内到来，最多一个月。在春天，然后是夏天，然后是秋天，然后是冬天。没有具体说明是哪一年，我们将进入克里米亚。这场战争在原则上讲，乌克兰将必胜！这样，人们被放在热水浴缸里，等就可以了。但现实打破了我们的幻想。俄国人知道战争对他们来说并不容易，他们明白他们将不得不战斗很长时间。

正如我在之前的书中所说，转折点是乌克兰和西方对俄罗斯从基辅撤军的误解。这是一次主动撤退，而不是败退——但我们的媒体急于把它看作是俄罗斯的失败，这样的叙述给今天的乌克兰带来了沉重的负担，除了削弱乌克兰境内的防御意志外，西方虚假信息的作用是刺激仇恨。2023年10月中旬，RTS根据X(推特)上发布的一段黑人男子在人行道上小便的视频，指责俄罗斯试图影响议会选举。据称，这一指控是合理的，因为"播放这段视频的账户很可能是假的，而且受到了俄罗斯的影响"。换句话说，我们对此事一无所知。"俄罗斯影响力"一词绝不意味着俄罗斯政府参与其中，更不用说这类视频在社交网络上激增。在这里，RTS把一些毫不相关的猜疑和事件联系在一起，凭空编造了一个阴谋。这是典型的阴谋论，旨在煽动对俄罗斯的仇恨，也试图影响瑞士的民

725. Stefan Grobe, "Russia is the 'main and most direct threat to Alliance security'", *Euronews*, July 1, 2022 (https://fr.euronews.com/my-europe/2022/07/01/la-russie-est-la-menace-princi-pale-et-la-plus-directe-pour-la-securite-de-lalliance)
726. https://strana.news/news/449257-kombat-vooruzhjonnykh-sil-schitaet-ch-to-stratehicheski-ukraina-proihryvaet-rossii.html

主进程。值得称赞的是，据说一份机密的瑞士情报报告是这一荒唐指控的依据。[727]

俄罗斯的宣传和虚假资讯

在当今复杂的世界中，西方的主要弱点是它只通过自己的偏见来感知局势。自冷战以来，在西方，把凡是来自俄罗斯（以及之前的苏联）的一切官方信息一律按照宣传或虚假信息（这是我们记者心目中的同义词）看待。分析俄罗斯宣传和虚假信息的问题在于，我们无法了解这些信息。西方人设置了如此多的障碍和审查，以至于我们只能知道它们的存在，却无法验证这一点。

在乌克兰冲突期间，瑞士记者让-菲利普·夏勒找到了一个最好的例子，让我们相信俄罗斯在向我们提供虚假信息。这个例子是克格勃的"感染"行动，这一行动可以追溯到1985年。[728] 苏联人自己在1987年8月承认，[729] 这一行动旨在将艾滋病病毒的产生归咎于美国。[730] 夏勒拿出这个例子说事，反而证明了苏联（或俄罗斯）虚假信息的例子并不多，而这位瑞士记者在他的节目中，平均每3小时20分就会编造一条虚假信息。

因此，源自俄罗斯的社交网络上的恶意攻击会自动归咎俄罗斯政府，并被认定为虚假信息。相比之下，西方虚假信息，我们仅凭标题就觉得不可信（"普京大屠杀"）。对俄罗斯来说，所谓的"虚假信息"只不过是"讲乌克兰的故事"。[731]

俄罗斯网站上提供的信息表明，俄罗斯在开展行动时好像不太重视对人们精神控制。事实上，不尽然。只不过俄罗斯人试图通过实际行动来说服民众，这一点与乌克兰人不同。俄罗斯人因善待战俘而获得良好声誉，结果是有大量的乌克兰部队甚至没开一枪就投降。 反过来，由于乌克兰对待战俘的方式过于残酷，俄罗斯人不敢投降。结果，乌克兰人没有足够

727. "According to an SRC document, Russia would try to influence elections in Switzerland", *rts. ch*, October 15, 2023

728. https://youtu.be/bEv4-IJsl9k?t=1337

729. Thomas Boghardt, "Operation INFEKTION—Soviet Bloc Intelligence and Its AIDS", *Studies in Intelligence,* Vol. 53, No. 4, CIA, December 2009

730. https://cia.gov/resources/csi/studies-in-intelligence/volume-53-no-4/soviet-bloc-intelligence-and-its-aids-disinformation-campaign/

731. https://youtu.be/bEv4-IJsl9k?t=285

的囚犯与俄罗斯人进行交换。[732] 虐待俄罗斯战俘早已为人所知，但我们的媒体，如瑞士RTS或法国的LCI，掩盖了这些问题，以免破坏官方官方叙述，因此2022年3月20日，在乌克兰24频道上，根纳迪·德鲁岑科医生宣布，他已下令阉割所有俄罗斯人，"因为它们是蟑螂而不是人"。[733] 支持新纳粹思想的媒体既没有对这一信息发表评论，也没有对这一信息进行谴责。也就是说，这种宣传往往会鼓励俄罗斯人不投降。在这里，我们再次看到了西方和乌克兰叙事的不对称影响。

俄国人不投降的原因

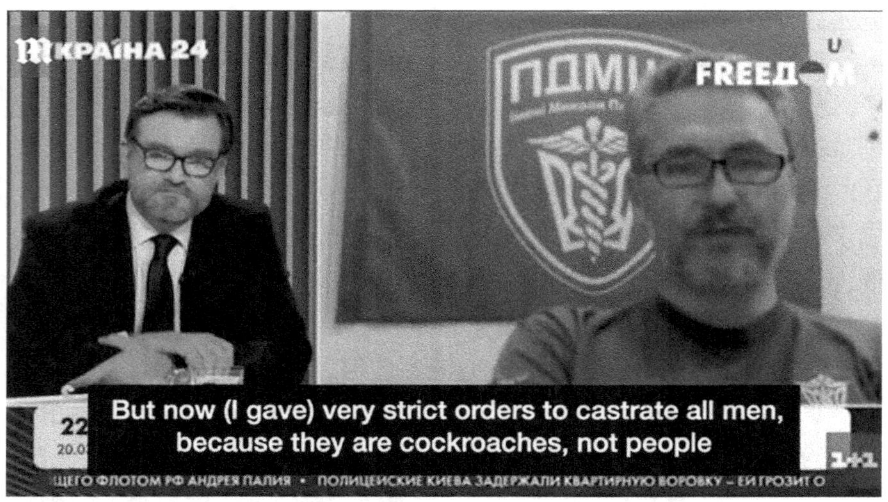

图94-虐待。2022年3月20日，根纳迪·德鲁岑科医生在Ukrainian 24上宣布："我一直是一位伟大的人道主义者，并说过受伤的人不再是敌人，而是病人，但我已下达严格命令，阉割所有人，因为它们是蟑螂而不是人。与海因里希·希姆莱非常相似的一句话："我们德国人是世界上唯一对动物有体面态度的人，也会对这些人类动物采取体面的态度"。【资料来源, https://www.jewishvirtuallibrary.org/remarks-by-himmler]】

我们可以看到，俄罗斯政府对外通报坚持事实，可能是为了避免被西方媒体找到漏洞来攻击。在社交网络上对通信进行地理定位的技术手段

<hr>

732. https://svidomi.in.ua/en/page/ukraine-has-problems-with-the-exchange-fund-ukraines-ombudsman

733. Will Stewart, "Ukrainian doctor tells TV interviewer he has ordered his staff to CASTRATE Russian soldiers because they are 'cockroaches'", *Daily Mail*, March 21, 2022 (updated March 22, 2022) (https://www.dailymail.co.uk/news/article-10636597/Ukrainian-doctor-tells-TV-interviewer-ordered-staff-CASTRATE-Russian-soldiers.html)

表明，国防部的公告与实际实际情况之间存在良好的相关性。这实际是进一步反驳我们媒体关于乌克兰取胜的种种谎言。虽然俄罗斯宣布的物质损失可以得到相对很好的验证，但人员损失并非如此。

也就是说，对于乌克兰人和俄罗斯人来说，计算伤亡人数有时很复杂，但公布的数字也未必是错误的。例如，当一辆战车被两名不同的狙击手瞄准时，每名狙击手都会报告一次命中。这就是为什么像Oryx[734]这样的网站不可靠的原因，因为他们经常从不同的角度或不同的背景多次统计相同的伤亡人数。但我们的媒体将这个网站作为他们关于俄罗斯伤亡的主要来源。[735]　可能正是因为这个原因，该网站在2023年10月初关闭了。

俄罗斯对外通报的逻辑与乌克兰截然相反。俄罗斯如实通告自己战果，而乌克兰会成倍夸大胜利成果。例如，俄罗斯军队从2023年夏末开始缓慢但坚定地向阿夫季耶夫卡推进，没有出现在任何公告中，我们的媒体也未提到它。到2023年11月，我们才意识到，与我们的媒体所说的相反，乌克兰在这个地区的所有攻势都失败了，包括横跨第聂伯河的相当疯狂的两栖行动。从更严肃的角度来看，我们本应想到，俄罗斯在故意隐藏自己的实力，他们在应用中国军事家孙子在两千多年前提出的作战原则："当你强大时，你要显得软弱"。

然而，这种虚假信息工作不是由俄罗斯自己进行的，而是由西方进行的。SMO爆发后，立即宣布俄罗斯已经输掉了战争。[736] 我们的媒体（法语LCI、TF1、MFM　TV和FRANCE　5、RTS、Le　Temps）系统性地低估了俄罗斯的能力，最终导致乌克兰人高估了自己的能力。他们投身于一场有把握会在短期甚至提前获胜的冲突。

西方的叙事在两个方面对乌克兰的毁灭作出了重要贡献：一是最小化俄罗斯的能力，二是迫使乌克兰坚守阵地。值得注意的是，我们的媒体高兴地谈论收回的面积，却系统地忽略了这些"收益"付出的的生命成本，几天后就失去了这些面积。我们得到的印象是乌克兰军队只是在前进；

---

734. https://www.oryxspioenkop.com/2022/02/attack-on-europe-documenting-equipment.html
735. https://www.rts.ch/info/monde/13492719-en-ukraine-de-plus-en-plus-dhelicopteres-russes-sont-abattus.html
736. https://legrandcontinent.eu/fr/2022/02/27/pourquoi-poutine-a-deja-perdu-la-guerre/

而总体而言，正如《纽约时报》在2023年9月底所显示的那样，它正在撤退，而"反攻"正在进行中。[737]

RT和Sputnik等俄罗斯媒体传播的信息——从逻辑上讲——集中在对乌克兰不利的因素上。然而，我们可以看到，所提供的信息通常是准确的，这与乌克兰官方信息不同，后者通常是虚假的。矛盾的是，俄罗斯倾向于宣传，而乌克兰则使用虚假信息。

人员损失

从俄罗斯干预一开始，西方的叙述就围绕着俄罗斯的失败，乌克兰人出人意料的抵抗以及弗拉基米尔·普京无法理性评估风险。据说俄罗斯人在这次行动中损失的人比乌克兰人还多。因此，人员损失成为成功的主要指标之一，因此也是叙事的核心要素。尽管双方都就对手遭受的损失发表了声明，但在乌克兰，这些数字具有非常重要的政治意义。一个典型的例子发生在2022年12月底，《新闻周刊》报道，在基辅最高建筑之一[738] 的墙面上出现"100K"巨型灯光投影，它表示自俄乌冲突开始以来，大约有10万俄罗斯军人在乌克兰战死。[739]

我们的媒体试图用诸如"乌克兰和俄罗斯高估了对方的死亡人数"之类的陈词滥调来掩盖他们的偏见。[740] 看似科学的研究，试图为俄罗斯的伤亡估计提供可信度，而不质疑乌克兰提供的数字。[741] 完全没有对乌克兰军队的死亡率进行认真研究，似乎是担心真实数字会破坏官方叙述。从那时起，估计变成了事实，事实变成了语言。

也就是说，这场信息战之所以成为可能，是因为真实数字是未知的，而且涉及的是两个国家—俄罗斯和乌克兰—双方都不愿分享这些数字。然

737. Josh Holder, "Who's Gaining Ground in Ukraine? This Year, No One", *The New York Times*, September 28, 2023 (https://www.nytimes.com/interactive/2023/09/28/world/europe/russia-ukraine-war-map-front-line.html)

738. https://www.newsweek.com/ukraine-marks-russian-100000-troop-death-milestone-100k-light-projection-kyiv-library-building-1769193

739. https://t.me/tymoshenko_kyrylo/3160

740. "Ukraine and Russia overestimate deaths on opposing side, study finds," *Le Temps*, August 15, 2023 (https://www.letemps.ch/monde/russie-12-morts-dans-une-explosion-dans-une-station-service-au-daguestan)

741. David Laitin (ed.) *et al*, "Estimating conflict losses and reporting biases", *PNAS*, Vol. 20, No. 34, *Stanford University*, Stanford, CA, August 14, 2023 (https://doi.org/10.1073/pnas.2307372120)

而应该指出的是，俄罗斯人和乌克兰人都不太可能实时知道他们的确切死亡人数，这就是所谓的"战争迷雾"：在一个事件的发生（士兵的死亡）和指挥级别的核实之间，可能会经过数小时甚至数天。当有逃兵时，情况变得更加复杂，主要是乌克兰方面的情况。

总的来说，准确计算双方死亡人数手段非常有限。目前主要通过俩种途径收集相关信息：一种是利用卫星图像跟踪军事墓地的数量变化，另一种是统计媒体和社交网络中散发的殡仪馆通告。

俄罗斯的损失：错误信息作为编辑政策

第一件事是，知道你在计算什么。我们区分"伤亡人数"和"死亡人数"，前者是一个通用术语，包括死亡、受伤、和失踪人员。我们的媒体刻意把这俩个术语混淆而且固定下来，他们干脆把这两个词当作同义词用。

2022年8月22日，瑞士广播电视台（RTS）宣布：[742]

> 特别是俄罗斯，自入侵开始以来，伤亡人数很少（1300人死亡，最后一次统计是在3月确定的），而美国估计俄罗斯的伤亡人数约为8万人。法国高级公务员西里尔·布雷特在《全世界》节目强调说"在8万到1300之间，我们可以衡量双方可能操纵的程度"。

瑞士官方媒体在三个方面对数字进行了操纵和欺骗：时间、来源和数字的性质。

- 俄罗斯国防部三月份公布的阵亡士兵人数是1300，实际上是1351[743]（高于RTS声称的），而5个月后的2022年8月发布的估计数字是8万人。[744] 瑞士媒体在时间问题方面已经不诚实了。

742. https://www.rts.ch/info/monde/13323492-larmee-ukrainienne-concede-9000-morts-en-six-mois-dinvasion-russe.html

743. "Some 1,351 Russian troops killed since start of special operation in Ukraine—top brass", *Tass*, March 25, 2022 (https://tass.com/politics/1427515)

744. Caroline Anders, "Russia has lost up to 80,000 troops in Ukraine. Or 75,000. Or is it 60,000?", *The Washington Post*, August 9, 2022 (https://www.washingtonpost.com/politics/2022/08/09/russia-has-lost-up-80000-troops-ukraine-or-75000-or-is-it-60000/)

- 8万的数字首先出现在美国网站military.com.[745] 它是五角大楼根据乌克兰的消息来源做出的估算,这里有一个重要细节::虽然英语媒体提到的死亡人数在7万至8万人之间,但RTS自动采用了更高的数字。这是另一个不诚实的例子。
- 俄罗斯公布的1351人是"阵亡",而8万人是"损失"("死亡"+受伤+失踪)。因此,RTS在这里比较苹果和橙子。不言自明!

统计死亡人数的一种方法是追踪社交网络和俄罗斯媒体上的死亡事件。这是俄罗斯反对派媒体Mediazona在SMO开始时与BBC合作估算俄罗斯人在乌克兰死亡人数的做法。由于这家媒体强烈反对普京,不难想象,它的数据被高估了,而且往往对俄罗斯人不利。但它的方法似乎是可靠的,不像我们的媒体,没有任何方法。

话虽如此,至少在法国,亲乌克兰和亲俄罗斯的人在根据他们自己研究和验证的数据来获取信息时,遇到了同样的困难。例如,来自旨在重建真实信息的"自由研究所"(Institut des Libertés) 的雅克·萨皮尔声称,Mediazona在2023年8月初宣布6万名俄罗斯人死亡,[746] 而在10月底,该网站宣布伤亡人数为34857人(截至10月20日)。即使考虑到这些是伤亡的事实,我们的专家也不合理的将俄罗斯的死亡人数翻了一番,8月份的死亡人数刚刚超过3万人。正如我们所看到的,我们对这场冲突的态度严重缺乏严谨性。

Mediazona网站小有名气,但西方媒体尽量避免提及它,因为它给出的数字远低于西方媒体自己公布的数字。8月22日,Mediazona和BBC给出的死亡人数为5185人(截至7月29日)。[747]

事实上,俄罗斯国防部只正式宣布了两次死亡人数:2022年3月25日(1351人死亡)和2022年9月21日(5937人死亡),[748]在随后的公报中没有提到俄罗斯的死亡。乌克兰国防部公布的数字是,3月24日俄罗斯死亡人数为15000人,[749] 9月22日为55510人死亡。[750]

---

745. Travis Tritten, "Russia Has Suffered Up to 80,000 Military Casualties in Ukraine, Pentagon Says," *military.com*, August 8, 2022 (https://www.military.com/daily-news/2022/08/08/russia-has-suffered-80000-military-casualties-ukraine-pentagon-says.html)
746. https://youtu.be/89vMt9tsPxQ?t=434
747. https://zona.media/casualties
748. https://meduza.io/en/news/2022/09/21/shoigu-says-5-937-russian-soldiers-have-died-in-ukraine
749. https://www.reuters.com/technology/ukraine-uses-facial-recognition-identify-dead-russian-soldiers-minister-says-2022-03-23/
750. https://kyivindependent.com/general-staff-russia-has-lost-55-510-troops-in-ukraine-since-feb-24/

但在俄罗斯官方宣布之日，Mediazona网站宣布的数字为1316人和6219人死亡（截至2022年9月9日），[751] 因此，官方数据与反对派的数据之间存在相当好的相关性。

假设Mediazona做得很认真，有两个明显的结论：

- 俄罗斯国防部给出的数字很可能是正确的。
- 乌克兰人（以及我们的媒体）倾向于报道俄罗斯的损失比实际情况高出十倍。

西方媒体与Mediazona关于俄罗斯士兵死亡统计数字的比较

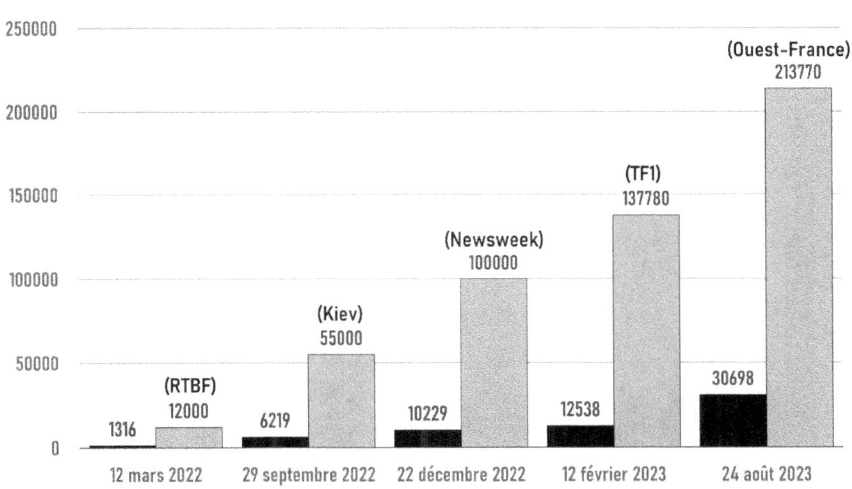

图95-各种媒体（灰色）和俄罗斯反对派媒体Mediazona与英国BBC（黑色）合作提供的数字比较。我们的媒体向我们提供的数字直接来自乌克兰的宣传，未经任何验证。事实上，他们用其他媒体的信息证实了他们的数字，这是循环往复的信息。从技术上讲，他们的结论不是基于独立信息。【资料来源, Mediazona,[752] RTBF,[753] Libération,[754] Newsweek,[755], TF1,[756] Ouest-France[757]】

751. https://web.archive.org/web/20220921032116/https://en.zona.media/article/2022/05/20/casualties_eng

752. https://en.zona.media/article/2022/05/20/casualties_eng

753. https://www.rtbf.be/article/la-guerre-en-ukraine-est-aussi-une-guerre-des-chiffres-moscou-et-kiev-ne-saccordent-pas-sur-le-nombre-de-morts-10953528

754. https://www.liberation.fr/checknews/guerre-en-ukraine-y-a-t-il-eu-6000-morts-russes-comme-laffirme-moscou-ou-55000-comme-le-revendique-kiev-20220923_AL4JKOEZ-4BFQDJWMEKPJSFZYEI/

755. https://www.newsweek.com/ukraine-marks-russian-100000-troop-death-milestone-100k-light-projection-kyiv-library-building-1769193

756. https://www.tf1info.fr/international/guerre-ukraine-russie-avec-plus-800-morts-par-jour-en-moyenne-les-pertes-russes-au-plus-haut-en-fevrier-2023-2247923.html

757. https://www.ouest-france.fr/europe/ukraine/guerre-en-ukraine-la-contre-offensive-commentee-lourdes-pertes-russes-le-point-sur-la-nuit-34004d91-be82-45b4-a577-2c2bf8776bd5

至于俄罗斯和乌克兰的死亡人数比例，这主要是基于猜测。在2023年3月，根据一位北约"官员"的说法，每有1名乌克兰人伤亡，就会有5名俄罗斯人伤亡。而乌克兰安全与国防委员会秘书奥列克西丹·尼洛夫则将这一比例定为1∶7。[758]

从俄罗斯的损失数字来看，我们可以看到，乌克兰系统性地应用了"投射"或"镜像"技术来对外通告。因此，乌克兰对外公布的双方损失数字，我们必须颠倒过来看，这样才能更接近真相。

根据Mediazona的数据，俄罗斯军队每周的死亡人数

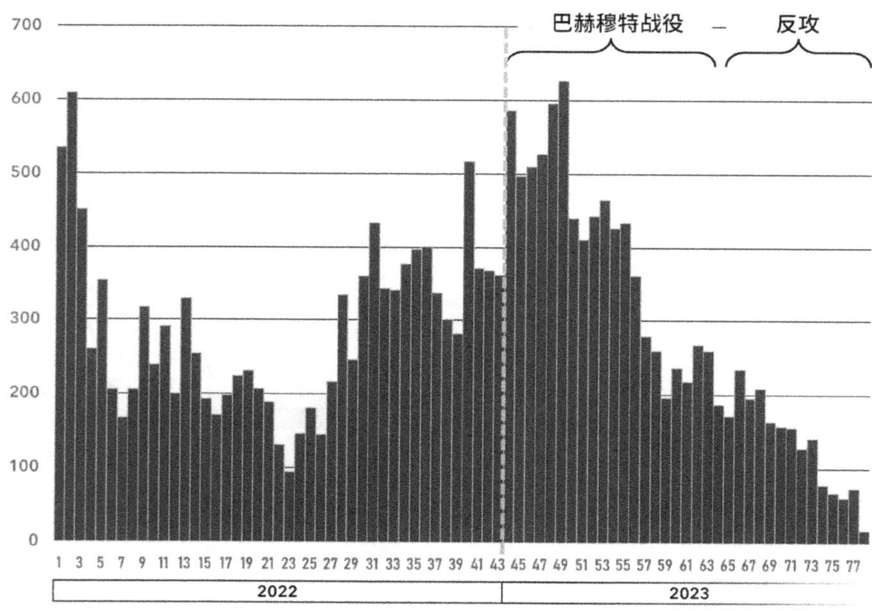

图96-根据反对派媒体Mediazona与英国BBC的数据。俄罗斯联军每周的死亡人数。很难确定这些数字的波动。我们可以认识到2023年初巴赫穆特战役的影响，但我们也可以看到，在乌克兰反攻期间，俄罗斯的损失正在下降。在X轴上，显示冲突持续周数。

758. Roman Olearchyk, Ben Hall & John Paul Rathbone, "Bakhmut: Ukrainian losses may limit capacity for counter-attack", *The Irish Times/The Financial Times*, March 9, 2023 (https://www.irishtimes.com/world/europe/2023/03/09/bakhmut-analysis-ukrainian-losses-may-limit-capacity-for-counter-attack/)

2023年9月30日,媒体Ukraineform报道称,根据乌克兰总参谋部的数据,俄罗斯军队在乌克兰的死亡人数约为278130。[759]

同一天,Mediazona网站给出的俄罗斯方面总共死亡人数为32656人(截至2023年9月22日),[760]这个数字主要包括作战部队,还有特种编队人员的死亡:[761]

俄罗斯特种编队的死亡人数

兵种	人数
空降部队	1872
海军陆战队步兵	720
国民警卫队特种分遣队	486
格鲁乌特种部队	345
军事飞行员	178
FSB 军官	55
总计	**3656**

图97-专业训练死亡人数表。来源,VC新闻2023年8月4日

2023年6月,"专家"亚历山大·沃特拉弗斯声称,俄罗斯空降部队已从1.5万人减少到5000人,因此损失了60%的兵力。[762] 事实上,他们的人数在4.5万到6万[763]人之间。在8月,据英国广播公司新闻报道,俄罗斯空降部队损失了1872人,约占俄罗斯空降部队总兵力的4%,这样俩者估算值相差了15倍。

759. https://www.ukrinform.net/rubric-ato/3767984-russian-military-death-toll-in-ukraine-rises-to-about-278130.html

760. https://en.zona.media/article/2022/05/20/casualties_eng

761. https://www.bbc.com/russian/features-66401153

762. https://www.lemanbleu.ch/fr/Emissions/189661-Geneve-a-Chaud.html

763. https://en.wikipedia.org/wiki/Russian_Airborne_Forces

乌克兰损失

军事人员伤亡

乌克兰军人死亡人数不详，乌克兰方面不愿意给出具体数字，这是有充分理由的，因为他们担心，如果西方公众舆论知道确切的死亡人数，就会反对其政府对这场战争的支持。

通过实地观察和从返回西方的志愿者那里了解到，乌克兰军队遭受的损失远比俄罗斯人高的多。值得注意的是，虽然我们的媒体试图估计俄罗斯的损失，但他们并没有为乌克兰人这样做，他们重申乌克兰的官方声明——毫无疑问，他们太害怕他们可能会发现什么。

乌克兰将每一平方米领土保卫到底的战略只会导致其自身力量的毁灭。法国人和德国人在1914至1918年一战时，就是这么干的。但这一次不同，俄罗斯人是高度机动的。如果进行历史比较，我们出现了1914年的防御和1940年攻击者的情况。其结果是 — 到2022年夏天，乌克兰的军事潜力已被摧毁。

西方受到惊吓，开始向乌克兰提供武器，希望扭转局势。俄罗斯人意识到西方不会允许乌克兰人进行谈判，并会寻求延长冲突，直到俄罗斯筋疲力尽。因此他们改变了方法——如果他们不能阻止武器的流动，他们就必须摧毁那些使用武器的人。

一场不同的战争开始了，目标仍然是军事潜力，但不只是摧毁武器，而是摧毁使用武器的人。泽伦斯基总统报告说，每天损失60至100人。[764] 6月9日，泽连斯基的顾问米哈伊洛波·多利亚克告诉英国广播公司(BBC)，乌克兰军队每天损失100至200人。[765] 6月中旬，泽伦斯基的首席谈判代表兼亲密顾问大卫·阿拉哈米亚谈到，每天有200到500人死亡，并估计每天的总损失(死亡、受伤、被俘、逃兵)为1000人，[766] 据"商业内幕"报道，乌克兰将损失相当于整个英国步兵，或超过18000人[767]。

764. Mazurenko Alona, "Подоляк: Щодня гине 100-200 українських захисників," *Ukrainska Pravda*, June 9, 2022 (https://www.pravda.com.ua/news/2022/06/9/7351600/)

765. "У війні гине 100—200 українських військових щодня—Офіс президента", *BBC News*, June 9, 2022 (https://www.bbc.com/ukrainian/news-61752749)

766. Dave Lawler, "Ukraine suffering up to 1,000 casualties per day in Donbas, official says", *Axios*, June 15, 2022 (https://www.axios.com/2022/06/15/ukraine-1000-casualties-day-donbas-arakhamia)

767. Katie Anthony, "Ukraine has lost more troops during the Russian invasion than there are infantry in the British army, defense expert says," *Business Insider*, June 28, 2022 (https://www.businessinsider.com/ukraine-has-lost-more-troops-than-there-are-in-the-british-army-expert-2022-6)

这些数字是否准确尚不清楚。一些接近情报部门的专家认为这些数字远低于真实值，甚至高于俄罗斯军方对乌克兰损失的估计。也有人声称乌克兰军队有6万人死亡，5万人失踪。截至2022年6月，美国前将军斯蒂芬·特维蒂估计乌克兰军队损失了20万人。[768]

2022年9月，根据一名乌克兰士兵在《华盛顿邮报》的说法，乌克兰与俄罗斯人损失比为5:1。[769] 正如我们所看到的，这与北约告诉我们的情况完全相反。

2022年11月30日，欧盟委员会主席乌尔苏拉·冯德莱恩宣布，[770]"迄今为止，已有超过2万名乌克兰平民和超过10万名军事人员丧生，[771] 这立即引起了基辅的愤怒，基辅要求撤回这一数字，冯德莱恩当场照办了。[772] 这表明了几件事，首先，死亡人数具有高度敏感性，对乌克兰内部稳定的至关重要。其次，这个数字肯定不是冯德莱恩夫人个人捏造出来的，这个数字很可能在集体西方的权力宫殿里秘密流传。第三，鉴于冯德莱恩夫人倾向于淡化乌克兰的损失，10万人的死亡的数字很可能被低估了。

2023年1月，土耳其媒体Hürseda Haber [773]公布了以色列摩萨德的一个报告，报告提到有15.7万乌克兰人死亡。无法验证，但很现实。

火炮是战场上造成伤亡的主要原因之一，约占死亡总数的65%到75%。[774] 因此，发射的炮弹数量可能是评估前线两侧损失比率的的良好指标。根据乌克兰和西方军方官员的说法，乌克兰人每天发射约2000至4000发炮弹，俄罗斯人每天发射大约4万到5万发炮弹，俩者的比例在1:10到1:25之间。据西班牙报纸《国家报》的说法，这个比例是1:10，[775] 因此，我们可以估计乌克兰人的死亡人数是俄罗斯人的10到11倍。根据计算，到

768. "US-General verwundert: "200.000 ukrainische Soldaten verschwunden"", *Exxpress.at*, June 8, 2022 (https://exxpress.at/us-general-verwundert-200-000-ukrainische-soldaten-verschwunden/)
769. John Hudson, "Wounded Ukrainian soldiers reveal steep toll of Kherson offensive," *The Washington Post*, September 7, 2022 (https://www.washingtonpost.com/world/2022/09/07/ukraine-kherson-offensive-casualties-ammunition/)
770. https://t.me/wartearsorg/79
771. https://twitter.com/AZgeopolitics/status/1597913370023579648
772. "Von der Leyen statement about death of 100,000 Ukrainian soldiers cut from speech", *The New Voice of Ukraine*, November 30, 2022 (https://english.nv.ua/nation/von-der-leyen-statement-about-death-of-100-000-ukrainian-soldiers-cut-from-speech-50287771.html)
773. "ddia: MOSSAD'a göre Ukrayna ve Rusya kayıpları", *Hürseda Haber*, January 25, 2023 (https://perma.cc/FD7T-LQU8)
774. https://matthew.krupczak.org/2021/04/10/medical-department-u-s-army-wound-ballistics-causative-agents-of-battle-casualties-in-wwii/
775. https://english.elpais.com/international/2023-03-01/ukraine-outgunned-10-to-1-in-massive-artillery-battle-with-russia.html

2023年2月，乌克兰方面将有14万至35万人死亡。很难断定这些数字的真伪，但这要比起媒体凭空抛出的那些东拉西扯的数字更有说服力。

我们可以看到，乌克兰和我们媒体公布的俄罗斯损失数字要比Mediazona观察到的数字高出10至11倍。乌克兰很可能人为地夸大了这些数字，使其高于自己的损失。这意味着如果我们接受该网站在2023年2月公布的俄罗斯有1.4万人死亡的这个数字，那么，估计乌克兰死亡人数超过15万人是不矛盾的。这了侧面印证了以色列摩萨德在1月底提到的那些数字可靠性。

事实上，这些数字仍然是估计值。我们的媒体总是告诉我们一些毫无根据的信息，反而对乌克兰士兵的一些访谈似乎更可信，他们证实了乌克兰方面的损失要比俄罗斯高得多。

2023年初，乌克兰方面的一名美国前志愿者告诉《新闻周刊》，乌克兰人在巴赫穆特战场的平均预期寿命为4个小时左右。[776] 2023年3月，一名乌克兰军官报告说，他的部队每天损失1至2个连，每周损失大约1个营，[777] 2023年3月，《华盛顿邮报》援引驻扎在巴赫穆特的乌克兰第46伞兵旅的一名指挥官的证词，他声称自己是原来的部队唯一的幸存者，部队现在全由没有任何战斗经验的新应征入伍者组成。[778] 3天后，他被开除了。[779]

2023年7月17日，乌克兰著名记者罗曼·雷维朱克在他的Facebook账户上透露，乌克兰军队有超过31万人死亡，[780] 难以核实，但这相当于Mediazona在2023年7月28日公布俄军死亡28,652人的11倍。[781]乌克兰网站Wartears.org做了与Mediazona类似的工作，但对乌克兰军队来说，用数学模型填补缺失的数据。到2023年9月底，估计有28.5万人死亡。[782]

776. Anna Skinner, "Bakhmut Life Expectancy Near Four Hours on Frontlines, Fighter Warns," *Newsweek*, February 20, 2023 (https://www.newsweek.com/bakhmut-life-expectancy-near-four-hours-frontlines-ukraine-russia-1782496)
777. https://www.bitchute.com/video/WFZMB0E15Yl7/
778. Isabelle Khurshudyan, Paul Sonne & Karen DeYoung, "Ukraine short of skilled troops and ammunition as losses, pessimism grow," *The Washington Post*, March 13, 2023 (https://www.washingtonpost.com/world/2023/03/13/ukraine-casualties-pessimism-ammunition-shortage/)
779. Olga Kyrylenko & Olena Roshchina, "Battalion commander of 46th Brigade demoted after Washington Post interview and resigns", *Ukrainska Pravda*, March 26, 2023 (https://www.pravda.com.ua/eng/news/2023/03/16/7393733/)
780. https://youtu.be/0uAh19aQF58
781. https://web.archive.org/web/20230801021222/https://en.zona.media/article/2022/05/20/casualties_eng
782. https://wartears.org/posts/math-model/

2023年9月，《伦敦泰晤士报》描绘了拉博蒂诺村周围局势的悲惨画面，据说那里的损失高达90%，这无疑是夸大其词。一名军官在接受采访时承认，他已经损失了75%的士兵，[783] 这确实让我们对乌克兰的损失程度有所了解。我们的媒体为了让乌克兰继续战斗而淡化了乌克兰的损失程度。

当然，这些只是数字，但基辅国际社会学研究所6月29日的一份报告显示，63%的乌克兰人知道至少三人在战斗中丧生，78%的人知道至少七人被杀或受伤。[784]

在乌克兰冲突中，被夸张地称为"OSINT"(开源情报)的情报变得越来越重要，但是这些业余"分析师"的方法论和专业精神往往不尽人意，这就是为什么应该谨慎对待他们的数字。也许是因为数据失真太严重，Oryx网站在2023年10月1日停止运营[785]。

此外，应该指出的是，在评估乌克兰死亡人数方面，没有任何西方组织试图做与BBC和Mediazona相同的工作。乌克兰士兵的证词被系统地忽略，以免损害西方的叙述，影响对乌克兰的军事和财政支持。这表明我们媒体给出的数字很可能被低估了，因为他们竭尽全力让乌克兰人继续战斗，并不断被杀。

英国广播公司(BBC)报道，一名乌克兰军官告诉记者，那些增援第聂伯河克林基桥头堡"海军陆战队"，它们甚至都不会游泳。[786]

最终，乌克兰由于动员新兵而影响了国家经济生活的正常运行。也就是说，在2022年3月，泽连斯基决定放弃他自己提出解决冲突的倡议而选择继续战斗后，现在遇到了乌克兰的人口下降的实际限制，这是西方物质援助无法弥补的。因他的决定，泽连斯基让普京成为了时钟的主人。[787]

平民伤亡

2022年3月22日，在RTS拍摄现场，俄罗斯大使根纳季·加蒂洛夫解释说，俄罗斯正试图"谨慎"地进行SMO，并尽可能把附带伤害降到最低。

---

783. Anthony Loyd, "Ukraine counteroffensive: 'I'm ready to die… 90% of the guys here will die too'", *The Times*, September 5, 2023 (https://archive.ph/IGjVe#selection-851.0-915.25)

784. https://www.kiis.com.ua/?lang=eng&cat=reports&id=1254&page=1&y=2023&m=6

785. https://twitter.com/oryxspioenkop/status/1670723829713215489

786. James Waterhouse, "Ukraine war: Soldier tells BBC of front-line 'hell'", *BBC News*, December 4, 2023 (https://www.bbc.com/news/world-europe-67565508)

787. Robert Clark, "Ukraine's army is running out of men to recruit, and time to win," *The Telegraph*, August 22, 2023 (https://www.telegraph.co.uk/news/2023/08/22/ukraines-army-is-running-out-of-men-to-recruit/)

但采访他的瑞士记者菲利普·雷瓦斯指责俄罗斯军方屠杀妇女和儿童[788]（没有提供任何支持证据）。

　　然而同一天，在美国《新闻周刊》杂志上，一位国防情报局（DIA）分析师宣称：[789]

> 我知道，人们很难相信，实际破坏情况远没有想象的那么严重。但事实就是如此，在我看来，无论如何，这表明普京并不是故意攻击平民。他可能意识到需要限制附带损害，为将来的谈判保留一条出路。几乎没有被波及基辅的中心位置，所有的远程打击都是针对军事目标的。

　　2023年1月，时任弗拉基米尔·泽连斯基私人顾问的奥列克谢·阿雷斯托维奇在接受乌克兰媒体采访时，用了根纳季·加蒂洛夫大使几乎相同的词语来描述俄罗斯进行的特别军事行动：[790]

> 他们（俄罗斯人）不想杀任何人，他们想打一场聪明的战争…….一次优雅、出色、快如闪电的特殊行动。那里的人彬彬有礼，没有对小猫或孩子造成任何伤害，清理了为数不多的抵抗者，他们不喜欢杀戮，更喜欢乌军主动投降，或逃跑，或求得谅解，等等。他们不想消灭任何人，他们要做的就是让对手签署一份弃权书。

　　菲利普·雷瓦兹仅仅根据未经证实的资料就散布虚假信息，常与乌克兰人自己的言论相矛盾。

---

788. https://www.rts.ch/play/tv/redirect/detail/12960214
789. William M. Arkin, "Putin's Bombers Could Devastate Ukraine But He's Holding Back. Here's Why", *Newsweek*, March 22, 2022 (https://www.newsweek.com/putins-bombers-could-devas-tate-ukraine-hes-holding-back-heres-why-1690494)
790. https://en.mriya.news/58331-they-didnt-want-to-kill-anyone-arestovich-spoke-about-the-beginning-of-the-nwo

俄罗斯人的目标不是摧毁或占领这个国家，而是消除乌克兰军队对顿巴斯地区的潜在威胁。这就是为什么他们没有像西方在伊拉克或阿富汗所做的那样，在推进中进行会对平民带来附带伤害的大规模轰炸：：[791]

> 在24天的冲突中，俄罗斯进行了大约1400次袭击，发射了近1000枚导弹。（相比之下，美国在2003年伊拉克战争的第一天进行了更多的打击。发射了更多的导弹。）

对于乌克兰人来说，情况大不相同。当权者和权力贩子周围的人对本国的少数群体有歧视问题，他们认为少数民族低人一等。正因为如此，乌克兰军队在俄语区开战，对危及本国非乌克兰族民众的行为几乎毫无顾虑。[792]2014年至2022年，乌克兰政府与本国民众开战，迫使他们组织民兵。

10月18日，在TV5 Monde上，法国国际和战略事务研究所（IRIS）的主任，帕斯卡尔·博尼法斯试图将俄罗斯在乌克兰的袭击与以色列在加沙的袭击进行比较。[793] 以色列针对哈马斯在2023年10月7日对以色列发起的攻击做出了回应，这为我们提供了在平民保护问题上进行比较的可能性。从2022年2月24日起，到2023年10月8日，在这591天内，乌克兰有9806名平民丧生，其中包括560名儿童，在基辅控制的领土上，乌克兰有7649名平民死亡，平均每天13人。在加沙，[794] 2023年10月7日至31日期间，以色列杀害了8525名巴勒斯坦人。根据联合国人道主义事务协调办公室（UN OCHA）的说法，在这25天里，有大约有5729名巴勒斯坦被杀。因为没有具体说明这些被杀巴勒斯坦人的身份性质，不能确定他们是平民还是战斗人员，在此我们只统计妇女和儿童的死亡率，结果是67%是妇女和儿童，至少有3542人是儿童，[795] 即每天有379名巴勒斯坦人被杀。[796]

---

791. William M. Arkin, "Putin's Bombers Could Devastate Ukraine But He's Holding Back. Here's Why", *Newsweek*, March 22, 2022 (https://www.newsweek.com/putins-bombers-could-devastate-ukraine-hes-holding-back-heres-why-1690494)

792. https://www.amnesty.org/en/latest/news/2022/08/ukraine-ukrainian-fighting-tactics-endanger-civilians/

793. https://youtu.be/0pleiz2H4T4

794. https://ukraine.un.org/en/248799-ukraine-civilian-casualties-8-october-2023

795. https://www.ochaopt.org/content/hostilities-gaza-strip-and-israel-reported-impact-day-25

796. https://ochaopt.org/content/hostilities-gaza-strip-and-israel-flash-update-13

因此,俄罗斯(和乌克兰)每天造成0.94名儿童死亡,而以色列每天造成141.7名儿童死亡。这些数字表明俄罗斯和以色列的作战策略完全不同,来自乌克兰的数字往往表明是附带伤害;而对于加沙来说,对平民的清除这更像是以色列计划的一部分。这得到以色列官员证实,他们更喜欢"破坏和毁灭。",而不是精确的打击。[797]

然而,在这些死亡人数之外,还必须加上2014年至2022年间顿巴斯地区累计的受害者人数,如果乌克兰、法国和德国同意执行明斯克协议。如果英国和美国尊重联合国安理会授权,这些死亡本来是可以避免的。更重要的是,如果英国、美国和法国允许和支持泽连斯基就他2022年3月中旬的提议进行谈判,那么,所有这些受害者今天都还活着。

---

797. James Rothwell, "Israel abandons precision bombing in favour of 'damage and destruction'", *The Telegraph*, October 11, 2023 (https://www.telegraph.co.uk/world-news/2023/10/11/israel-abandon-precision-bombing-eliminate-hamas-officials/)

第八章 结论

乌克兰和西方对待乌克兰冲突的态度，就像行人过马路一样不看一眼。

尽管我们的政客和其他文职人员（坐办公室的人）论点似是而非，但西方正在与俄罗斯交战。这是一场主要服务于美国利益的冲突。这就是为什么西方没有采取任何措施来执行明斯克协议，并反对乌克兰在2022年2月[798]、3月[799]和八月[800]提出的所有谈判解决方案。

西方敦促乌克兰继续战斗，并承诺提供"不管需要多久"的援助，他们对自己的叙述深信不疑，高估了乌克兰的战斗力，低估了俄罗斯的实力。西方因而预测俄罗斯将迅速崩溃，这就是泽连斯基同意挑衅俄罗斯的原因。

就俄罗斯人而言，他们也认为这将是一次短期军事行动。但与西方不同的是，俄罗斯几周内就实现了他们预设的目标——早在2月25日，乌克兰就准备进行谈判。但在欧洲人的持续施压下，这些谈判在几天后就破裂了。2022年3月中旬，泽连斯基起草了一份提案重返谈判。提案的核心是，俄罗斯从乌克兰撤军，乌克兰同意不加入北约。此时，俄罗斯已经实现了"去纳粹化"（3月28日实现）的目标，"去军事化"（泽连斯基的提议）也接近尾声。英国和欧盟对乌克兰和俄罗斯双边对话的干预，破坏了泽连斯基的努力，也推迟了"去军事化"的进程，五月底，"去军事化"的目标也得以实现，当时乌克兰已经失去了大部分资源，不得不依赖西方。"去军事化"本来可以通过3月底的谈判实现，却在5月底通过武力实现。

---

798. Maïa de La Baume & Jacopo Barigazzi, "EU agrees to give €500M in arms, aid to Ukrainian military in 'watershed' move", *Politico*, February 27, 2022 (https://www.politico.eu/article/eu-ukraine-russia-funding-weapons-budget-military-aid/).
799. https://www.pravda.com.ua/eng/news/2022/05/5/7344206/
800. Tom Balmforth & Andrea Shalal, "UK's Boris Johnson, in Kyiv, warns against 'flimsy' plan for talks with Russia", *Reuters*, 24 August 2022 (https://www.reuters.com/world/europe/uks-johnson-kyiv-warns-against-flimsy-plan-talks-with-russia-2022-08-24/)

但俄罗斯比预期的更有弹性，它并没有崩溃。西方盟国不断地为乌克兰的供应武器，这意味着俄罗斯不再只是"去乌克兰的军事化"，而是"去北约本身的军事化"——因为慢慢地，西方无法再维持它的努力--它的资源已经耗尽。

问题在于，我们知道我们正走向死胡同。情报部门和一些诚实的评论员从SMO一开始就分析了局势，并发现了西方叙事的漏洞。为了保证能对乌克兰持续施压，我们的媒体系统地屏蔽了暴露出来的真相和分析人员有见地的信息。

西方的介入已经让自己掉进了陷阱——他们要求泽连斯基撤回他2022年3月的和平计划，并保证乌克兰将获得一场我们都心知肚明的虚幻胜利之后(因为目的不是获胜，而是破坏俄罗斯的稳定)，我们今天把他置于一个更尴尬的境地。正如我在《战争与和平之间的乌克兰》一书中指出的那样，乌克兰和西方是"沉没成本谬误"理论的俘虏。[801]正如我们从惯例中知道的那样，仅仅为了证明已经进行的投资是合理的。紧抱一个糟糕的项目不松手，这是打开了一扇通往灾难的大门。[802] 这就是我们今天在乌克兰看到的。

你不能赢得一场带有偏见的战争——你会输的。我们助长了这些偏见。因为我们的政客，正如我们在加拿大议会给纳粹老兵行起立鼓掌礼貌的例子中看到的那样。他们通常没有受过很好的教育，孤陋寡闻，只关心他们自己的职位，而不是他们所代表的人民的福祉，因此容易受到未经证实的和有偏见信息的影响和左右。我们的媒体不断向我们提供信息。

正如乌克兰国会议员杰拉琴科在2023年10月的《华盛顿邮报》上所说：[803]

> 我们都想要这一切。但这是现实世界，我们必须根据真实的选 择做出决定。我们没有无限的时间，也没有无限数量的公民。

801. https://youtu.be/GCmfXMMhRzk

802. Caeleigh MacNeil, "Sunk costs: a trap influencing our decisions?", *asana*.com, January 10, 2022 (https://asana.com/fr/resources/sunk-cost-fallacy)

803. David Ignatius, "A hard choice lies ahead in Ukraine, but only Ukrainians can make it," *The Washington Post*, October 5, 2023 (https://www.washingtonpost.com/opinions/2023/10/05/ukraine-kyiv-russia-war-united-states-support/)

我对这场冲突的客观分析指出了乌克兰的弱点，却被贴上了"俄罗斯虚假信息"的标签，并被主流媒体彻底封杀，但在2023年11月，扎卢日尼将军几乎一字一句地印证了我的这些分析。[804]

这就是为什么我们（即我们的媒体和政客）因此成为——不论是否同意——他们是导致乌克兰项目失败的主要设计者。正是因为我们屏幕上那些自诩专家，还有业余战略家的蛊惑，乌克兰才会陷入今天的境地。

俄罗斯成功的原因

截至2023年9月底，俄罗斯显然正走在通往成功的道路上——弗拉基米尔·普京在2022年2月设定的目标已经实现，而乌克兰则靠西方援助来维持，显然，西方的援助一天比一天少。我们在这里使用"成功"这个词，而不"是胜利"，因为我们还不知道这个"胜利"意味着什么。然而，即使是那些强烈反对俄罗斯的人也开始谈论俄罗斯的胜利。去年12月，英国《每日电讯报》刊登了以"普京的俄罗斯即将取得难以置信的胜利，欧洲的根基在颤抖"为题的文章。[805]

俄罗斯成功的主要原因是，我们只是通过偏见和盲目来了解它，我们的"精英"和记者把我们囚禁在这种偏见和盲目中。

2022年12月7日，在参议院的一个委员会面前，布鲁诺·克莱蒙将军分析了这场冲突，并提到了"俄罗斯人在三点上的分析完全错误"：[806]

- "第一点是乌克兰存在民族问题"。 不对。与克莱蒙不同，俄罗斯人对乌克兰局势有深入的了解。因为正是乌克兰对其少数民族的政策，导致讲俄语的人（和讲马扎尔语的人）不再觉得自己是乌克兰人。顿巴斯自治的起点是2014年2月23日关于官方语言的"基瓦洛夫-科列斯尼琴科法"的废除。2021年7月1日《土著居民权利法》扩大了极端民族主义政策，在某种程度上该法相当于1935年的《纽伦堡法律》，根

804. "Ukraine's commander-in-chief on the breakthrough he needs to beat Russia", *The Economist*, November 1, 2023 (https://www.economist.com/europe/2023/11/01/ukraines-commander-in-chief-on-the-breakthrough-he-needs-to-beat-russia)

805. Daniel Hannan, "Putin's Russia is closing in on a devastating victory. Europe's foundations are trembling", *The Telegraph*, December 9, 2023 (https://www.yahoo.com/news/putin-rus-sia-closing-devastating-victory-170326959.html)

806. "War in Ukraine: 'It's a 20th-century war'", *Public Sénat/YouTube*, December 7, 2022 (https://youtu.be/kIJtZmzK1mc)

据公民的种族血统赋予公民不同的权力。[807] 这促使弗拉基米尔·普京于2021年7月12日写一篇文章，呼吁乌克兰将讲俄语的人视为乌克兰民族的一部分，而不要像新法律所提议的那样歧视他们。顺便说一句，克莱蒙应该注意到，在俄罗斯占领区没有民众抵抗。据美国媒体《福布斯》报道，在俄罗斯占领的赫尔松州，乌克兰语一直被保留为官方语言，而在乌克兰方面，俄语已经失去了这种地位。[808]

- "第二个是高估了俄罗斯军队的实力"。在这里，克莱蒙特 的想法又一次建立在偏见的基础上。臆想一些俄罗斯从未预设的目标，他们甚至说俄罗斯想"接管"整个乌克兰。事实上，俄罗斯的设计的目标很快就实现了——到2022年2月25日，乌克兰已准备好进行谈判；到3月28日已经达到了"去纳粹化"的目标；到2022年6月初，"去军事化"的目标也事实上已经实现。自2022年6月以来，西方的干预延长了冲突。俄罗斯可能确实低估了西方为实现自身目标而牺牲乌克兰军队的决心。

- "第三是低估了乌克兰军队的实力"。这个说法也是错误的。正是因为乌克兰人军队以执行弗拉基米尔·泽连斯基2021年3月24日关于收复克里米亚和该国南部的法令，正在顿巴斯集结兵力。俄罗斯人才发动了进攻。这位将军自己也承认，俄罗斯人并没有为这场冲突做好充分准备，这清楚地表明他们被逼迫采取行动。乌克兰的物质能力在2022年5月至6月被摧毁，现在完全依赖西方，而其人力资源在12月也已耗尽。俄罗斯人可能低估了西方保持冲突活跃的决心。尽管乌克兰缺乏人力和物力资源，已经被榨干了。

克莱蒙完美的说明了为什么西方人会输掉战争——他们根据自己的偏见而不是事实来判断对手。克莱蒙正在重复他的前任甘美林将军在1939年8月23日犯的同样的错误——将他的愿望误认为是现实。一个真正的军人知道，你在战争中可能犯的最严重的错误就是低估你的对手。

---

807. "Нардеп від 'Слуги народу' Семінський заявив про 'позбавлення конституційних прав росіян, які проживають в Україні'", *AP News*, July 2, 2021 (https://apnews.com.ua/ua/news/nardep-vid-slugi-narodu-seminskii-zayaviv-pro-pozbavlennya-konstitutciinikh-prav-rosiyan-ya-ki-prozhivaiut-v-ukraini/)
808. https://www.forbes.ru/society/490766-vlasti-hersonskoj-oblasti-priznali-ukrainskij-azyk-oficial-nym-naradu-s-russkim

我们的"专家"有条不紊地比较北约部队在类似情况下会怎么做。问题是，俄罗斯人对战争的看法与我们并不相同。西方人无法跳出固有的思维模式。这解释了他们在北非和中东的屡屡失败的原因。

到2022年12月，2022年2月的那支乌克兰军队已不复存在。他们被经验不足的部队所取代，其主要装备主要来自西方。

西方将哈尔科夫（2022年9月）和赫尔松（2022年10月）事件视为俄罗斯软弱无力的标志。俄罗斯的假情报做得再好不过了。这些由政治宣传主导的分析，以及对乌克兰虚幻胜利的痴迷，导致西方很长一段时间将其武器交付集中在进攻性装备（装甲和火炮）上，而忽视了防御装备的供应。

俄罗斯的目标本质上是定性的，因此它们无法在地图上表示出来，也无法来确定俄罗斯军队将在哪里结束战斗行动。他们寻求的最终目标在变化，起初他们试图为在乌克兰的俄罗斯人提供保护，寻求为俄罗斯的安全提供一系列安全保障。如果乌克兰和西方国家履行其承诺，这些目标本完全可以在没有干预的情况下实现。如果西方没有向泽连斯基施压，要求其撤回他的冲突解决方案，这也目标可能在2022年3月就实现了。西方出尔反尔的做法向弗拉基米尔·普京表明，西方不想要政治解决方案。冲突很可能只有在军事威胁被实际消除时才会结束。实现这个目的手段，要么通过占领更多的乌克兰土地，要么消耗对方的人力资源。自2022年3月以来，这些资源逐渐被侵蚀，而泽连斯基提出的协议本可以保护它们，因为俄罗斯并没有想通过干预获取领土利益的计划。

有利于俄罗斯成功的另一个因素是其开展行动的战略连贯性。由于自2014年以来一直受到制裁，俄罗斯已经建立了一个减少对西方依赖的环境。这种形式的经济稳健性，在使决策过程独立于外部影响方面具有决定性作用。

相反，欧洲国家的决策独立性有限，因为他们受到政治和经济制约。因此，通过推动俄罗斯巩固其经济，同时增加对顿巴斯居民的压力，西方创造了一个双输的环境。

真正的问题在于西方人对俄罗斯的印象——低估对手是失败的最佳秘诀。我们可以争论俄罗斯民主的本质，但如果我们参考2023年民主感知指数，我们会看到，对民主的期望与其应用的现实之间的差距超出了我们的偏见，[809]这种差距被称为"民主赤字"，瑞士为11%，俄罗斯为18%（与瑞典，丹麦和加拿大一样高），比利时为29%，法国为32%。诚然，俄罗斯的期望低于在法国或比利时，但这表明该系统适应了人们的期望。

换句话说，与其操心改善他国的治理，不如先看看自己的问题有多少。

乌克兰失败的原因

乌克兰失败的主要原因是泽连斯基扮演了三军总司令的角色，亲自领导了军事行动。他扮演了我们的媒体指派给他的身穿军装的战斗指挥官的角色。因此，他把自己推向了前台，而不是依靠他的军队。然而，他显然缺乏领导军事行动的技能，从而与武装部队关系紧张。自2022年底以来，部队对他们的指挥失去了信心。泽连斯基不顾幕僚的建议，命令死守巴赫穆特，这是一场彻底的灾难。[810] 无独有偶，和《基辅独立报》一样，我在之前的文章中已经指出过这个问题，但这被我们的媒体统统贴上了"阴谋论"的标签。

众所周知，乌克兰领导层存在问题，这可能会导致失败。2023年12月初，乌克兰媒体斯特拉纳提到，泽连斯基应对在克林基定居点的第聂伯河渡河行动的灾难负有责任，并援引英国《金融时报》的话说，泽连斯基是带着玫瑰色眼镜看待现实的。[811]

在军事方面，乌克兰受到了军事学说转变的影响，不同时代成长起来的军事指挥人员对军事条令有不同的理解。从苏联时代形成的军事学说过渡到北约军事学说产生许多缺陷。例如，作为北约概念中的关键要素——优势概念，乌克兰从来没有充分应用过。

正如《乌克兰真理报》在2023年12月宣称的那样：[812]

809. https://www.allianceofdemocracies.org/initiatives/the-copenhagen-democracy-summit/dpi-2023/

810. Kate Tsurkan, "Zelensky, Zaluzhnyi have conflicting views on Bakhmut," *The Kyiv Independent*, March 6, 2023 (https://kyivindependent.com/bild-zaluzhnyi-and-zelensky-have-conflicting-views-on-bakhmut/)

811. https://strana.today/news/452665-itohi-656-dnja-vojny-v-ukraine.html

812. Alona Mazurenko, "US and the West insisted on Ukraine's targeted counteroffensive to cut off Russia from Crimea", *Ukrainska Pravda*, December 4, 2023 (https://www.pravda.com.ua/eng/news/2023/12/4/7431593/)

据一位乌克兰高级军官称，战争游戏"行不通"。乌克兰士兵正在进行的战争，与北约部队面临的任何其他战争都不同。这是一场重大的常规冲突，没有美国武装部队在他们最近参与的每一场冲突中所享有的空中优势。第一次世界大战的战壕，被无处不在的无人机和其他未来主义武器完全封堵。

我们所有的电视"专家"都无法跳出固有的思维模式。在法国，记者成为军事"专家"，军事人员成为政治评论员。二者都没有严格遵守各自的职业原则——在整个乌克兰危机期间，俩组人都呈现出业余爱好者的水准。他们的无能对乌克兰来说是致命的。这些"专家"在法国议会听证会上的表现，说明了影响北约军队——从而影响乌克兰军队——在开展行动方式上存在的两个概念弱点：

- 在战术规划中，存在忽视对手的倾向。这有点意外，但它确实源于这样一个事实：即三十年来，我们的军队以压倒性的优势作战，对手的反应微不足道。
- 无法将作战成功视为作战协同效应的产物。我们的将军们继 续将作战/战略上的成功视为战术成功的总和。
- 由于其他两个弱点，无法制定真正的战略。

乌克兰失败的主要因素是政治和叙事在军事决策中的压倒一切的作用。正如我们所看到的，乌克兰认为自己是在北约大规模参与下进行的一场短期冲突。因此，政治和叙事作用在基辅起着决定性的作用。问题在于，这种叙事是自话自说。我们的记者到处转载这些叙事，根本不在乎真假。显然，在物质上支持一个获胜的主角与帮助一个失败者是截然不同的。2023年初，法国决定将对乌克兰的支持增加一倍，每月提供2000枚155毫米炮弹。2023年11月，扎卢日尼将军向美国国防部长劳埃德·奥斯汀索要1700万枚炮弹和3500亿至4000亿美元的援助。[813]这表明我们的

813. Alona Mazurenko, "Commander-in-Chief Zaluzhnyi asked Pentagon chief for 17 million rounds of ammunition", *Ukrainska Pravda,* December 4, 2023 (https://www.pravda.com.ua/eng/news/2023/12/4/7431543/

军事长官和政客与实的现实脱节有多严重，也印证了我在随后的法国国会议员"专家"平庸听证会上的看到的。

但西方并没有真正满足乌克兰的期望。

2023年12月初，《华盛顿邮报》注意到，我在之前的书中已经提出过的观点，即西方大大低估了俄罗斯的能力。同一天，《英国广播公司BBC》报道了曾参加第聂伯河渡河行动，试图突破克林基防线的乌克兰士兵的经历，他们透露，他们没有准备任何主要的后勤资源，因为他们被告知，一接近俄罗斯人，他们就会被吓跑。[814]

通过低估对手，从而影响我们的政策，我们的媒体无疑已成为乌克兰失败的设计师。早在2022年2月，我们就可以看到西方和乌克兰的目标在愿望和现实之间摇摆不定。但无论人们如何看待SMO的长处，很明显，乌克兰无意延长战斗。这个问题早在2022年2月就被发现了（并在我之前的书中提到过）；但西方被自己的叙述和对俄罗斯的仇恨所困扰。西方故意让乌克兰陷入困境。

当然，在巴黎、布鲁塞尔或日内瓦的报纸上，舒舒服服地用他人的鲜血发动战争更容易。

俄国人完全明白，战争不仅仅在战场上进行；它也可以在外交领域进行。这就是为什么他们在2014年9月、2015年2月、2021年12月、2022年2月、3月和8月进行了尝试。每次都是我们的媒体和政客反对解决方案。欧盟外交政策负责人何塞普·博雷尔本人曾表示，"这场战争必须在战场上获胜"。[815] 也许吧。

因此，2023年9月25日，俄罗斯议会议长维亚切斯拉夫·沃洛金宣布，冲突将以"基辅政权安装俄罗斯联邦的条件投降，或（以）乌克兰作为一个国家的存在结束"。[816]

截至2023年11月底，这些情况可以总结如下：

- 泽连斯基和他的政府高官可能知道，他们的政治（可能是身体 上的）生存与战斗的继续有关，因此只能迫使俄罗斯军队无条件投降。

---

814. "Ukraine war: Soldier tells BBC of front-line 'hell'", *BBC News,* December 4, 2023 (https://www.bbc.com/news/world-europe-67565508)

815. https://www.courrierinternational.com/article/vu-de-russie-l-ue-veut-balayer-la-diplomatie-au-profit-de-la-guerre-estime-moscou

816. http://duma.gov.ru/en/news/57887/

- 美国人寻求"冻结"冲突，并敦促泽连斯基与俄罗斯人展开对　话，但也拒绝妥协。

- 俄罗斯人已经明白，"冻结"冲突只是一种休息的方式，可以　让乌克兰重新武装，而不会解决最初导致冲突的任何问题。

乌克兰人开始意识到，他们正走在一条死胡同里，他们没有为自己提供出路。未能定义什么是"胜利"，这留下了多种选择的机会，可惜，基辅似乎没有人有政治勇气抓住这些机会。大卫· 阿拉哈米亚对乌克兰媒体1+1的声明表明，2022年3月就有和平解决方案[817]，但泽连斯基把它放在一边，仅仅过去一年半，乌克兰就陷入了更严峻的境地。这是爆炸新闻，有趣的是，我们在欧洲的媒体没有一家媒体报道这次采访。反倒是俄罗斯反对派媒体Meduza援引了这篇报道，并引用了泽连斯基前顾问奥列克谢·阿雷斯托维奇的证词。阿雷斯托维奇证实战争本可以在2022年4月初结束，从而"挽救了数十万乌克兰人的生命"。[818] 请注意，"西方人所浪费了数十万乌克兰人的生命"。

这两人只是在陈述我在我的书"Z行动"中提到的内容。"布鲁塞尔自由大学"的一位教授，即所谓的乌克兰问题"专家"，在2023年6月的一次辩论中认为这是谎言。在前线，乌克兰指挥官开始拒绝泽连斯基的前进命令，[819] 泽连斯基和他的总司令扎卢日尼将军之间的相互抱怨正在变成一场权力斗争。扎卢日尼将军的一名副官被暗杀，[820] 随后有人企图杀害军事情报局首脑的妻子。[821] 似乎是这种斗争的表现。

一方面，除了打仗，泽连斯基不考虑针对俄罗斯的任何其他策略，但他又没有真正明确预期目标。他严厉批评扎卢日尼将军造成当下的灾难性

---

817. "Interview with David Arakhamia, head of the Ukrainian delegation at the peace talks", *1+1*, November 25, 2023 (https://youtu.be/0G_j-7gLnWU)

818. "'We had to buy time' A Ukrainian negotiator said Moscow offered peace in exchange for Kyiv ending its NATO bid. Russia's propagandists were thrilled", *Meduza*, November 28, 2023 (https://meduza.io/en/feature/2023/11/28/we-had-to-buy-time)

819. Matthew Dooley, "Ukraine's top commanders refuse orders to advance against Putin in major blow to Zelensky," *Express*, November 2, 2023 (https://www.express.co.uk/news/world/1830656/ukraine-refuse-zelensky-vladimir-putin-russia)

820. Veronika Melkozerova, "Aide to Ukraine's top general killed by explosive in birthday present", *Politico*, November 6, 2023 (https://www.politico.eu/article/aide-to-ukrainian-armed-forces-commander-killed-by-explosive-in-birthday-present/)

821. Luke Harding, "Ukraine spy chief's wife recovering after being poisoned", *The Guardian*, November 28, 2023 (https://www.theguardian.com/world/2023/nov/28/ukraine-spy-chiefs-wife-recovering-after-being-poisoned)

局面。[822] 尽管乌克兰方面的战争行为更多的是政治性的，而不是军事性的。乌克兰军队人手不足，妇女不得不被派往前线。而关于即将进行总动员的传言也越来越多。在战场上，军方已经对国家的的政治领导层失去了信心。

另一方面，扎卢日尼将军现在承认，对俄罗斯发动消耗战是一个错误，[823] "旷日持久的冲突对敌人有利，而不是对乌克兰有利"。[824] 他批评了他的总统，，似乎得到了军方和美国人的信任。

泽连斯基掌权，但不能而解雇他的将军，因为扎卢日尼在军队中广受受欢迎。与欧洲人不同，美国人意识到他们与乌克兰的关系已经陷入僵局。2023年11月，在将泽连斯基评为"年度风云人物"一年后，《时代》杂志称它为"救世主"和"妄想症"，[825] 这俩个词也曾用在弗拉基米尔·普京身上。[826]

至于战场上的局势，前线移动不大并不意味着我们处于僵局，正我们的"专家"也这么说。这个仅仅意味着俄罗斯正在谨慎推进——因为与乌克兰不同，俄罗斯拥有继续战斗的物质、人力和经济资源。正如《经济学人》所说，"这场战争不是僵局。俄罗斯显然具有优势，因为它可以在前线自由地机动，选择哪里就攻击哪里"。[827]

问题在于，弗拉基米尔·泽连斯基对他所期望的最终结果没有一个现实的。很容易理解他希望看到俄罗斯撤军，从而重新恢复乌克兰对整个领土的主权，但就目前情况而言，很难找到实现这一目标的办法。他和

---

822. Dinara Khalilova, "Zelensky's administration official criticizes Commander-in-Chief Zaluzhnyi's comments in press", *The Kyiv Independent*, November 4, 2023 (https://kyivindependent.com/presidential-office-on-zaluzhnyis-article-military-should-refrain-from-disclosing-front-line-situation/)

823. "It was mistake to hope for exhaustion of Russian Federation, situation reached dead end,—Zaluzhnyi," *Censor.NET*, November 2, 2023 (https://censor.net/en/news/3453121/it_was_mistake_to_hope_for_exhaustion_of_russian_federation_situation_reached_dead_end_zaluzhnyi)

824. "'It was my mistake': Ukrainian Commander-in-Chief on counteroffensive and 'gunpowder' for victory", *RBC-Ukraine*, November 2, 2023 (https://newsukraine.rbc.ua/news/it-was-my-mistake-commander-in-chief-on-counteroffensive-1698929719.html)

825. Simon Shuster, "'Nobody Believes in Our Victory Like I Do.' Inside Volodymyr Zelensky's Struggle to Keep Ukraine in the Fight", *TIME Magazine*, October 30, 2023 (https://time.com/6329188/ukraine-volodymyr-zelensky-interview/)

826. Taras Kuzio, "Putin weaponizes history with new textbook justifying Ukraine invasion," *The Atlantic Council*, August 22, 2023 (https://www.atlanticcouncil.org/blogs/ukrainealert/putin-weaponizes-history-with-new-textbook-justifying-ukraine-invasion/)

827. "Ukraine's commander-in-chief on the breakthrough he needs to beat Russia", *The Economist*, November 1, 2023 (https://www.economist.com/europe/2023/11/01/ukraines-commander-in-chief-on-the-breakthrough-he-needs-to-beat-russia)

他的官员们以及媒体继续宣扬对俄罗斯的全面胜利的想法，但这似乎已经遥不可及。到2023年底，他的支持率下降，与他迄今为止所取得的成功相称的。塔佩岩靠近国会大厦，这句拉丁语是暗示"一个人很快就会失宠的警告"。今天，泽连斯基一定在自责，因为他上台以来，没有抓住任何一个机会来改善局势。他现在处于最糟糕的境地，对手已经取得了胜利，不再有兴趣与他谈判，因为俄罗斯人已经明白他无法控制自己的决定。

面对无法取得胜利的前景为时已晚，西方和乌克兰人都来不及给出一幅清晰、具体和现实的胜利图景，乌克兰外交部长德米特罗·库莱巴问道："如果西方不能赢得这场战争，谁能赢得这场战争？"从而承认乌克兰正在为西方而战。[828]

乌克兰人似乎不明白（或不想承认）的是，西方不是想帮助他们，而是要削弱俄罗斯。这就是为什么美国国会对继续投资于这场冲突的有用性表示怀疑。2023年12月，泽连斯基前往美国，试图说服国会批准乔·拜登承诺的对乌610亿美元援助法案。但是，他没有回应国会对如何使用这笔钱或他打算使用什么策略来取得胜利的担忧。而是指责他们通过优柔寡断来支持弗拉基米尔·普京。[829]把你的盟友称为叛徒，并不是一个成功的外交策略。

我们可以理解泽连斯基被迫放弃和平以换取援助时的痛苦。这些援助本应是"不管需要多久"，但在2023年12月变成了"只要我们能"。[830]

在乌克兰，变得人人自危。保证的胜利让人欣喜若狂过后，现实正在沉重打击乌克兰社会。据NBC新闻报道，政治暗杀事件呈上升趋势，前社会党议员伊利亚·基瓦（曾声称，布查大屠杀是由SBU和英国军情六处策划的）被乌克兰服务机构谋杀。[831]

828. Iryna Balachuk, "If the West cannot win this war, then what war can it win?—Ukraine's Foreign Minister", *Ukrainska Pravda*, November 6, 2023, (https://www.pravda.com.ua/eng/news/2023/11/6/7427407/)

829. Paul McLeary, "Zelenskyy says Putin is 'inspired' by Capitol Hill deadlock on Ukraine," *Politico*, December 11, 2023 (https://www.politico.com/news/2023/12/11/zelenskyy-says-putin-is-inspired-by-capitol-hill-deadlock-on-ukraine-00131145)

830. https://www.whitehouse.gov/briefing-room/speeches-remarks/2023/12/13/remarks-by-president-biden-and-president-zelenskyy-of-ukraine-in-joint-press-conference-2/

831. https://www.nbcnews.com/news/world/ukraine-assassinated-ilya-kiva-moscow-traitors-russia-rcna128479

　　2023年12月14日，弗拉基米尔·普京在莫斯科参加了一个长达四个小时的答记者问，泽连斯基的前顾问奥列克谢·阿雷斯托维奇在推特上评论道：

> 普京举行的新闻发布会以黄-蓝色做背景的。如果泽连斯基是在白-蓝-红背景下讲话，他猜现在已经被烤熟了。普京称我们为兄弟和团结的人民，我们叫他们为猪和兽。在银幕上，普京直面俄罗斯人自己提出的各种难缠问题。
>
> 你认为谁有优势：我们还是他们？

图98——奥列克谢·阿雷斯托维奇的推文，在乌克兰观点开始发生变化。【来源：https://twitter.com/arestovych/status/1735247972252664208】。

西方继续讨论可能的胜利，但还可信吗？这场危机表明，欧洲不仅失去了全球政治和工业领导地位，而且凸显了在广泛问题上存在分歧。实际上，唯一能团结欧洲的是俄罗斯恐惧症。

在冷战结束时，我们的军火工业围绕着对国际安全采取更加合作的方式进行了重塑，外交在其中重新获得了应有的地位。在基于法律的国际秩序与基于规则的国际秩序选择中，我们创造了一个更具对抗性的环境，而这个行业不再适合这种环境。

我们的记者和政客的平庸早已为人所知。现在我们发现了我们军队同样平庸。缺乏勇气，缺乏想象力，无法理解对手或缺乏同情心，似乎这些已成为现代军官的标志——以至于乌克兰人没有得到足够的训练来应对他们正在发动的战争。所有这些品质都伴随着一种极度的愚蠢。回想一下，在2019年4月，美国政府利用乌克兰削弱俄罗斯的战略，兰德公司警告说：

> 这可能会给乌克兰以及美国的声望和信誉带来重大代价。这可能会导致不成比例的乌克兰的人员和领土损失，以及难民潮。它甚至可能导致乌克兰走向不利的和平。[832]

我们早就知道这一点——而且我们就这么干了。
一小撮狂热的西方政客和记者故意葬送乌克兰。

832. James Dobbins, Raphael S. Cohen, Nathan Chandler, Bryan Frederick, Edward Geist, Paul DeLuca, Forrest E. Morgan, Howard J. Shatz, Brent Williams, "Extending Russia: Competing from Advantageous Ground", *RAND Corporation*, 2019 (p. 100)

目录

9 782315 023189